WIDERSPRUCH
75

SCHWERPUNKT

Raum und Boden

Grundlagen und Konzepte

Ideologien und Utopien

Arbeit und Technik

DISKUSSION

REZENSIONEN

Editorial

Wir erleben gerade, dass die Konflikte um Verteilung und Herstellung von Eigentum nach einer langen Periode der Unsichtbarkeit wieder zunehmend gesellschaftliche Debatten prägen. Auf den Wegfall des Realsozialismus folgte in den 1990er-Jahren ein Burgfriede, der erstmals von der globalisierungskritischen Bewegung in Frage gestellt wurde; nicht zuletzt mit Blick auf dasjenige Privateigentum, das der globale Norden auf Kosten des globalen Südens ansammelte. Heute steht ausser Frage, dass der Kapitalismus in globaler Dimension negative soziale, ökologische, ökonomische, kulturelle und mentale Folgen hat. In den letzten Jahrzehnten hat die Einkommens- und Vermögensungleichheit weltweit zugenommen. Auch in Europa sind längst nicht mehr nur prekarisierte Bevölkerungsteile negativ von deregulierten Finanzmärkten, Massenarbeitslosigkeit, Unterfinanzierung von Sozial- und Bildungssystemen, Steuerschlupflöchern und regressiven Steuerpolitiken betroffen.

Vor diesem Hintergrund ist es der Berliner Mieter*innenbewegung gelungen, eine über Deutschland hinaus wirkende Debatte um Privateigentum und Enteignung zu entfachen. Die Kampagne «Deutsche Wohnen und Co. enteignen» will in Berlin mittels Volksbegehren die Wohnungen der grossen Immobilienkonzerne vergesellschaften. Nach Jahren der Immobilienspekulation und explodierender Mieten ist das eine Notwendigkeit, die zum einen zeigt, wie zumeist anonyme Player auf den Kapital- und Immobilienmärkten in konkreten Schritten zurückgedrängt werden können. Zum anderen ruft die Kampagne in Erinnerung, dass Eigentum und Besitz keine natürlichen, sondern – aus historischer Perspektive – relativ offene und bewegliche Konzepte darstellen. Menschen verschiedener Epochen, Kulturen und Regionen pflegten unterschiedliche Formen des Besitzens, Teilens und Austauschens. Zudem ist Enteignung keineswegs eine Strategie, die – wie das Grundrauschen der Leitmedien vermittelt – allein auf soziale Kämpfe von unten gegen oben zielt. Das Umgekehrte ist genauso wahr: Enteignung stellt eine alltägliche Praxis und ein Charakteristikum des Kapitalismus dar.

Vor diesem doppelten Hintergrund diskutiert das *Widerspruch*-Heft 75 «Enteignung» als Auseinandersetzung zwischen kapitalistischen und nichtkapitalistischen Wirtschaftsprämissen, als Spannungsfeld zwischen emanzipatorischen Widerstandsstrategien und territorialer sowie ökonomischer Annexion und Privatisierung. Denn eine der wesentlichen Fragen lautet, wer enteignet eigentlich wen?

Karl Marx hat analysiert, wie der Kapitalismus in England über die Enteignung der Bäuer*innen von ihrem Grund und Boden aus dem Feudalismus hervorgegangen ist. Die «Enclosures of the Commons» haben das Gemeingut Boden zur Quelle des Kapitals werden lassen und Bäuer*innen von ihren Produktionsmitteln getrennt und zu landlosen, «doppelt freien» Arbeiter*innen gemacht, die nun gezwungen waren, ihre Arbeitskraft zu verkaufen. Rosa Luxemburg definierte später diesen Prozess der «politischen Gewalt» und «primitiven Akkumulation» als elementaren Bestandteil des Kapitalismus. In jüngster Zeit wandte David Harvey die «Akkumulation durch Enteignung» auf den Neoliberalismus an und beschrieb die Privatisierung von staatlichem Eigentum und Sozialwerken respektive die Spekulation mit Boden und Wohnraum durch globale Immobilienfonds als Enteignungspraktiken. Silvia Federici wiederum verknüpft die Landnahme und die Prozesse der «Enclosures» mit der Aneignung des weiblichen Körpers und der unbezahlten Sorgearbeit.

Im vorliegenden Heft beziehen sich diverse Artikel kritisch auf diese theoretischen Ansätze, um die Entstehung von Eigentum der einen und die kausal damit verbundene Enteignung der anderen zu analysieren (Gelinsky; Herrigel; Kellermann; Liepold; Schutzbach; Siegl). Begleitet wurden und werden diese Prozesse stets von Diskursen, die Enteignung und Plünderung moralisch und philosophisch legitimieren (Peter; Marti-Brander). Denn die Plünderer sollen mit ruhigem Gewissen schlafen können – was freilich nicht verhindert, dass sich Legitimierungsdiskurse regelmässig in Widersprüche verstricken.

Mit den neuen Technologien werden Enteignungssformen in den Arbeitsprozessen weiter vorangetrieben. Die konstante Überwachung zwecks Optimierung der Arbeitsabläufe führt beispielsweise zu fortlaufender Enteignung bisher zumindest ansatzweise noch existierender individueller Gestaltungsmöglichkeiten im Arbeitsprozess. Menschen werden noch umfassender an die Maschine oder den Algorithmus gekoppelt (Akman/Scheer; Weber), oft ohne die Möglichkeit, die zugrunde liegenden Parameter zu beeinflussen. Brisant bleibt dabei die alte Frage nach dem Umgang mit den neuen Technologien, gerade unter dem Aspekt, dass wir im Alltag bereits umfassend mit und in ihnen leben (Smartphone, Online-Versandhandel et cetera). Neben (gewerkschaftlicher) Organisierung ist es deshalb wichtig, auch die Schnittstelle der Mensch-Maschine-Koppelung daraufhin zu untersuchen, ob und welche Möglichkeiten ihre Aneignung für Selbstbestimmung bietet (Weber).

Inspiration in Bezug auf das Mögliche bietet nicht zuletzt die Literatur, besonders das Genre der Science-Fiction: Es schärft die Vorstellungskraft und diskutiert Situationen, nach denen im Normalfall nicht gefragt wird (Scolari). Dass dieses Feld, wo Möglichkeiten diskutiert und Gegebenes reflektiert wird, häufig von prekären Verhältnissen geprägt ist, ist indessen kein Zufall, sondern unter anderem den Entwicklungen auf dem Buchmarkt geschuldet (Klebs).

Enteignung stellt eine komplexe soziale Kategorie dar, die auf zahlreichen juristischen und ökonomischen Setzungen beruht. Prägnant zeigt sich dies in Boden- und Wohnungsfragen sowie in den Kämpfen um den öffentlichen Raum (Aebi/Gehriger; Hänggi; Liepold; Scherr). Das vorliegende Heft beschränkt sich jedoch nicht auf diesen Bereich. Bewusst wurde eine möglichst offene Perspektive gewählt, um Enteignung als vielschichtiges Phänomen zu diskutieren. Dazu gehört auch die Enteignung der jüdischen Bevölkerung im Nationalsozialismus, von der sehr viele Einzelpersonen, die NSDAP und die Staatskasse profitierten (Stengel). Aus dieser Form der Enteignung lässt sich auch ableiten, wo linke Enteignungs- und Vergesellschaftungsformen im Gegensatz zu totalitär-rechten Enteignungspraktiken ansetzen sollten: nicht beim persönlichen Eigentum oder einzelnen Menschen, sondern bei den Produktionsmitteln, dem Boden, dem Verkehr, dem Handel und dem gesellschaftlichen Wissen. Bei jenen Stellschrauben also, die von vielen benötigt und hergestellt werden, die gegenwärtig aber in den Händen weniger sind und zu einer enormen Kumulation von ökonomischer und gesellschaftlicher Macht führen.

Enteignung bezeichnet sowohl die kapitalistische Praxis, über Gewalt, Privatisierung oder Handelsverträge kommunalen Besitz in Privateigentum umzuwandeln, als auch die antikapitalistische Praxis, die auf die Vergesellschaftung von ökonomischen Bereichen und von Privateigentum setzt. Daran schliesst die vieles entscheidende – und auch in diesem Heft nur unzureichend diskutierte – Frage an, wie man die Enteigner*innen enteignet. Dass Enteignungskämpfe zum gegebenen Zeitpunkt immer noch primär von oben geführt werden, widerspiegelt sich auch im Verhältnis der vorliegenden Artikel, die auf der Seite der Kämpfe und Zukunftsvorstellungen von Selbstermächtigung und anderen Eigentumsverhältnissen noch eher dünn ausfallen (Hänggi; Kellermann; Komposch; Mühlebach; Notz; Schneider). Jedoch ist es ein Anfang, wenn es gelingt, das Enteignungsthema auf der politischen Agenda weiter nach oben zu rücken. Dazu will das *Widerspruch*-Heft 75 beitragen.

Die Redaktion, im August 2020

Enteignen fürs Gemeinwohl

Die besitzende Klasse verschluckt die Welt: Boden und Ozeane, Arbeit, Kultur und Bildung. Wie in der kapitalistischen Konkurrenz Besitz ideologisch gerechtfertigt und juristisch abgesichert wird – und wo Initiativen zur breiten Verteilung und subversive Projekte ansetzen können.

Der Schwerpunkt ist in die Themen «Raum und Boden», «Grundlagen und Konzepte», «Ideologien und Utopien» sowie «Arbeit und Technik» gegliedert.

Jonas Aebi / Luisa Gehriger

Dem Finanzkapitalismus den Boden entziehen

Ansätze einer «Sozialisierung von hinten»

Das Wohnen sei die soziale Frage des 21. Jahrhunderts, stellten in den letzten Jahren selbst Vertreter*innen der deutschen Bundesregierung fest (BMI 2020). Doch was bedeutet es für sozialistische Politiken, das Wohnen als soziale Frage zu verstehen? Mit einer Vorbemerkung zu Marx' ursprünglicher Akkumulation, einer Betrachtung des «Roten Wiens» als Versuch einer Sozialisierungsstrategie «von hinten» sowie einer kurzen Diskussion aktueller Verknüpfungen von Finanzkapitalismus und urbanem Boden in der Schweiz möchten wir in diesem Text unterstreichen, wie zentral Kämpfe um neue Eigentumsordnungen an Grund und Boden für das Projekt einer emanzipatorischen Linken sein können.

Marx und Engels: Das Wohnen als Nebenwiderspruch?

Im 24. Kapitel des ersten Bandes des *Kapitals* widmet sich Karl Marx der «sogenannten ursprünglichen Akkumulation». Er befasst sich dort nicht mit den ökonomischen Logiken des Kapitalismus, sondern mit seiner Entstehungsgeschichte. Für Marx beginnt diese mit einer Enteignung: «Die Expropriation des ländlichen Produzenten, des Bauern, von Grund und Boden bildet die Grundlage des ganzen Prozesses.» (MEW 23, 744). Die «Enclosures of the Commons», also die Einhegungen der gemeinwirtschaftlich betriebenen Felder durch den niederen Landadel, waren nach Marx für die Entstehung des Kapitals wie auch des Proletariats grundlegend: Von ihren Produktionsmitteln (u. a. dem Boden) getrennt, zogen die «doppelt freien Arbeiter» umher und schliesslich in die sich industrialisierenden Städte, um ihre Arbeitskraft zu verkaufen. Das leergefegte Land diente dem Landadel dazu, Schafweiden anzulegen, um damit etwa über den Handel mit Wolle für die

Textilindustrien das Einkommen zu vermehren – aus dem Boden wurde Kapital. Die dadurch gewonnene politische Macht manifestierte sich in der Machtübernahme des heute ironischerweise noch immer House of Commons genannten parlamentarischen Unterhauses gegenüber dem House of Lords. Fortan wurden die Einhegungen nicht mehr nur über «Eroberung, Unterjochung, Raubmord, kurz Gewalt» (MEW 23, 742) vorangetrieben, sondern auch über parlamentarische Beschlüsse, die «Bills of Enclosures». Obwohl die Widersprüche des Kapitalismus in der Folge in vielen Bereichen der Produktion und Reproduktion zu sozialen Verwerfungen führten, hat der frühe Marxismus die Ausbeutung der (meist männlichen) Arbeiter in den Industrien als bevorzugten Ort verstanden, diese Verwerfungen zu politisieren.

Das Rote Wien: Wohnbau als Sozialisierung von hinten

Trotzdem blieb die Boden- und Wohnungsfrage in der politischen Praxis Treiber sozialistischer Strömungen. Speziell das Rote Wien verfolgte einen auf Boden und Wohnen basierenden städtischen Reformsozialismus, der hier eine kurze Betrachtung verdient. Die Rotes Wien genannte Ära dauerte von der ersten Gemeindewahl in der neuen österreichischen Republik 1919, als die Sozialdemokratische Arbeiterpartei SDAP die absolute Mehrheit in Wien errang, bis ins bürgerkriegsähnliche Jahr 1934. Bekanntestes Merkmal des Roten Wiens war der Bau von ungefähr 65 000 Gemeindewohnungen, die noch heute im Besitz der Stadt sind. So bekannt dieser soziale Wohnungsbau ist, bleibt dessen politische und ökonomische Entstehung laut Klaus Novy (1979, 14 f.) dennoch unterbeleuchtet, birgt sie doch radikale Ansätze eines reformpolitischen und demokratischen Sozialismus. Zwei Entstehungsbedingungen sind dabei zentral: Auf der einen Seite «erbte» die SDAP 1919 die vom verlorenen Krieg gebeutelte Hauptstadt, in der Hunger und Wohnungsnot grassierten. Gegen letztere begannen sich die Arbeiter*innen in der sogenannten Siedlerbewegung (Novy 1981) zu organisieren, besetzten leerstehende Ländereien und begannen in Selbsthilfe selbstverwaltete Genossenschaftssiedlungen aufzubauen. Sie forcierten so auch die SDAP, ein eigenes Wohnbauprojekt in grösserem Massstab aufzubauen. Auf der anderen Seite konnte die Stadt auf die noch bestehenden Notstandsgesetze des Krieges zurückgreifen, durch welche die Wohnungsmieten eingefroren waren. Die strikte Mietzinskontrolle verhinderte, Rendite aus Wohnimmobilien zu ziehen, private Investitionen in den Wohnungsmarkt lohnten sich kaum mehr. Da die neue österreichische Gesetzgebung den

Gemeinden keine Enteignungen ermöglichte, konnte der Boden für den Gemeindewohnungsbau so indirekt angeeignet werden. Faktisch wurde die Stadt Wien so zum monopolistischen Nachfrager von Boden und konnte bis zum Ende der roten Ära gegen dreissig Prozent des städtischen Bodens aufkaufen (Novy 1979, 20). Diese Reformpolitik war massgeblich deshalb erfolgreich, weil sie der Austrocknung der privaten Investitionen mit einem über ein ganzes Arsenal von Wohnbau- oder Luxussteuern finanzierten, massiven städtischen Investitionsprogramm entgegenwirkte. Als Resultat betrugen die Mieten damals noch etwa 2 bis 7 Prozent des Einkommens der Arbeiter*innen (ebd. 16).

Mit dieser Dekommodifizierung des Wohnens ging zudem der Ausbau eines gemeinwirtschaftlichen Bausektors sowie dezentralisierter Gesundheits- und Bildungseinrichtungen einher, die direkt in die Wohnblöcke integriert wurden. Novy bezeichnet die Reformpolitik des Roten Wiens deshalb als «Sozialisierung von hinten»:

> **«‹Von hinten› heisst Wirtschaftsreform nicht vom industriellen Herz her – wie in den meisten Sozialisierungsstrategien –, sondern von Randsektoren her wie etwa dem Boden- und Wohnungsmarkt, dem Verkehr, dem Handel.»** (ebd. 13)

Entgegen der marxistischen Revolutionsauffassung also belässt die Sozialisierung von hinten zuerst das kapitalistische Arbeitsverhältnis und die Wirtschaftsfreiheit in der Produktion, doch stellt dieser schrittweise gemeinwirtschaftliche Sektoren gegenüber. Novys Bezeichnung weist so auch augenzwinkernd auf den Stellenwert dieses Sozialismusverständnis gegenüber jenem vieler Gewerkschaften und Parteien: «Die für Wien spezifischen Schritte stehen dementsprechend ‹hinten› in den sozialistischen Parteiprogrammen.» (Ebd.) Mit Blick auf die heutige Situation vermag diese «Vernachlässigung» erstaunen, unter anderem, weil das Reformprojekt im Gegensatz zu anderen realsozialistischen Systemen nicht aufgrund innerer Widersprüche kollabierte – das Experiment endete 1934, sinnbildlich mit dem Artilleriebeschuss des Vorzeigewohnprojekts Karl-Marx-Hof durch die Austrofaschisten.

Finanzialisierung des Wohnens

Blicken wir mithilfe von David Harvey auf die heutige, globale «Enteignungsökonomie» (Zeller 2004), lässt sich zudem fragen, ob eine Sozialisierung des Wohnungssektors den Kapitalismus nicht von hinten, sondern eher mitten aus dem Herzen heraus treffen würde. Mit Verweis auf Rosa Luxemburgs Analyse der kolonialen «Landnahme» beschreibt Harvey, dass Marx' ursprüngliche Akkumulation nicht einfach eine spezifische historische Periode darstellt, sondern gerade im Zuge der neoliberalen Globalisierung noch an Bedeutung gewinnt (Harvey 2004a, siehe auch Federici 2012). Von der Privatisierung staatlicher Infrastrukturen und sozialstaatlicher Dienstleistungen, der neokolonialen Landnahme durch Rohstoff- und Agrarkonzerne im globalen Süden, der Ökonomisierung der (unbezahlten) Sorgearbeit bis hin zur Finanzialisierung des Wohnens oder der Kommerzialisierung des öffentlichen Raums zielen neoliberale Politiken auf die Inwertsetzung nicht-kapitalistischer Produktionsweisen, Eigentums- und Lebensverhältnisse. Treffend bezeichnet Harvey diese Prozesse als «Akkumulation durch Enteignung» (Harvey 2004a): Neue Möglichkeiten zur Kapitalakkumulation werden erschlossen, indem Menschen mit politischen und rechtlichen Mitteln ihrer Lebensgrundlagen enteignet werden – sei es ihrer Umwelt, ihrer Gesundheit und Körper, ihrer Nahrungsmittel, ihrer Wohnung oder ihres Lebensraums (ebd. 2004b).

Für Harvey (1982, 373 f.) stellt die von Marx hauptsächlich analysierte (industrielle) Produktion bloss den ersten Kapitalkreislauf dar, während Investitionen in die Reproduktion der Arbeitskraft auch den zweiten und dritten Kreislauf bedingen: Wird im zweiten Kapitalkreislauf in die gebaute Umwelt (also etwa das Wohnen) investiert, so im dritten Kapitalkreislauf in Bildung, Forschung, Kultur et cetera. Diese kapitalintensiven und wenn, dann erst langfristig rentablen Investitionen benötigen entweder einen investierenden Wohlfahrtsstaat – oder aber einen spekulativ agierenden Finanzmarkt, durch den Kapital in die Bereitstellung dieser Güter geleitet wird. Investitionen in den Boden und in Immobilien dienen gleichzeitig der Bewältigung von Überakkumulationskrisen: Überschüssiges Kapital wird sozusagen im Boden versenkt – die drohende Kapitalentwertung wird laut Harvey damit allerdings nicht gelöst, zumindest aber zeitlich und räumlich verschoben. Finanzkapitalismus und Immobilienwirtschaft sind demnach über die Krisendynamik des Kapitalismus eng ineinander verwoben. Gleichzeitig bedeutet das heutige, finanzmarktgetriebene Akkumulationsregime auch, dass es zu einer «Entkoppelung von Kapitalverwertungsprozess und ‹realem› Produktionsprozess» (Krätke 1995, 225) kommt, während die Kopplung von Finanzkapitalverwertung mit Boden und Immobilien gleichzeitig an Bedeutung gewinnt.

Institutionelle Anleger in der Schweiz

Boden wird heute vermehrt als «reine Finanzanlage» behandelt (Krätke 1995, 222): Der Wert des Bodens wird – ähnlich einer Aktie – spekulativ durch die potenziell in Zukunft damit zu erreichende Grundrente berechnet. Dazu müssen sich jedoch die lokalen Bodenmärkte verändern, was unter anderem über die Zerschlagung der historisch gewachsenen Eigentümerstrukturen geschieht: Weltweit zeigt sich dies in der Zurückdrängung von oftmals sich noch eher am Gebrauchswert orientierenden Privatpersonen oder Familienverbünden, genauso wie von gemeinnützigen und staatlichen Bauträgern. Auf der anderen Seite gewinnen finanzialisierte institutionelle Investoren wie BlackStone oder BlackRock an Boden. In der Schweiz wurde diese Entwicklung durch die Lex Koller bisher abgeschwächt. Noch immer verbietet das protektionistische Gesetz ausländischen Investoren, in der Schweiz Wohngebäude zu besitzen. Allerdings ist auch die Lex Koller stetigen Angriffen seitens der Finanz- und Immobilienlobby ausgesetzt – so ist es seit 2007 ausländischen Investoren erlaubt, in Büroimmobilien zu investieren, seit 2011 dürfen sie auch Anteile an börsenkotierten Immobilienunternehmen erwerben – was gerade BlackRock seither in grossem Masse zum Beispiel bei Swiss Prime Site tut. Die Finanzialisierung des Grundeigentums in der Schweiz wird zudem trotz Lex Koller durch den global agierenden Schweizer Finanzplatz selbst vorangetrieben. So hat in der Schweiz der Anteil der institutionellen Anleger und der Immobiliengesellschaften am gesamten Mietwohnungsbestand von 29 Prozent im Jahr 2000 auf 39 Prozent im Jahr 2017 zugenommen (Young 2019).[1]

Auffallend ist, dass nicht nur Versicherungen und Banken vermehrt in Betongold investieren, sondern auch Pensionskassen und deren Anlagestiftungen spätestens seit der Finanzkrise 2007 zu aktiveren Playern geworden sind. Die mit gesetzlich festgelegten Renditevorgaben agierenden Pensionskassen drängen mangels profitabler Anlagemöglichkeiten auf den schweizerischen Markt. Hier ergibt sich auch für die Gewerkschaften ein Zielkonflikt: Zwischen der Sicherstellung der kapitalgedeckten Altersvorsorge des BVG und bezahlbarem Wohnraum (als bester Altersvorsorge!)[2] stehen die Vertreter*innen der Arbeiter*innen aufgrund der Anlagestrategien der Pensionskassen nicht auf der Seite der Mieter*innen. Denn viele Pensionskassen ändern die Anlagestrategie ihres bisherigen Immobilienbesitzes: Ziel ist nicht mehr, die Immobilien als langfristige Wertanlage zu belassen («buy and hold»), sondern aus dem bestehenden Portfolio zum Beispiel mittels Luxussanierungen möglichst viel Rendite herauszupressen (KPMG 2017, 25; Theurillat u.a. 2010). Diese Strategie führt in den letzten Jahren vermehrt zu Massenkündigungen ganzer Bestände, so etwa an der Mülhauserstrasse 26 in Basel, wo die Pensionskasse Basel-Stadt teilweise ihre eigenen Rentner*innen vor die Türe setzen wollte.

Umgekehrte Landnahme: Ansätze für eine Vergesellschaftung von Wohnraum

Im Wohnen zeigen sich (wie in anderen reproduktiven Bereichen wie Gesundheit oder Bildung) die eklatanten sozialen Verwerfungen, die die Akkumulation durch Enteignung im Leben der Stadtbewohner*innen produziert. Doch gerade deshalb kann der Widerstand gegen den ansonsten sehr abstrakten, hypermobilen und «raumlosen» Finanzmarkt an diesen Orten artikuliert werden. Die marktwirtschaftliche Allokation und Kontrolle der Ressourcen Boden und Wohnraum befriedigt für eine wachsende Zahl von Menschen eines der zentralsten Grundbedürfnisse nicht und verursacht wachsende soziale Kosten, während sich aufgrund der Konzentration des unvermehrbaren Guts Boden eine enorme ökonomische und gesellschaftliche Macht in den Händen weniger kumuliert. Ausgehend von diesen sozialen Konflikten, lässt sich heute wieder eine «Sozialisierung von hinten» denken, die auf eine demokratische Vergesellschaftung des Bodens und Wohnens zielt. Aber mit welchen politischen Instrumenten kann eine Reformstrategie angegangen werden, die nicht nur auf sozialstaatliche Sicherheit, sondern auf eine Vergesellschaftung zielt? Und welche Eigentümerstrukturen und Verteilungsinstanzen können eine stärkere demokratische Kontrolle dieser Ressourcen begünstigen?

1. Von der Subjekt- zur Objekthilfe: War die Tradition des Gemeindebaus in der Schweiz niemals so stark wie in Wien, so haben Privatisierungen und Anpassungen an marktwirtschaftliche Kriterien der letzten dreissig Jahre die wenigen staatlichen Bestände an kostengünstigen Wohneinheiten zusätzlich verringert. In vielen Kantonen wurden stattdessen Formen der Subjekthilfe – Wohnzulagen über die Sozialhilfe, Ergänzungsleistungen oder Familienbeiträge – eingeführt. Während über Subjekthilfe Millionen von Franken an private Immobilienbesitzer fliessen und dort versickern, ermöglichen Investitionen in Boden- und Immobilieneigentum neben einer grösseren planerischen Gestaltungsmöglichkeit auch eine langfristige Bewirtschaftung in staatliche Taschen. Diese Einkommensquellen müssen allerdings für bezahlbare Mieten sorgen.

2. Genossenschaften: Um gemeinwohlorientiertes Eigentum nicht erneut den Unsicherheiten politischer Mehrheitsverhältnisse auszusetzen, kann eine Vergesellschaftung des Wohnens von demokratischen, öffentlich-rechtlichen Stiftungen und Genossenschaften getragen werden. Mit der Trennung von staatlichem Bodenbesitz und gemeinwirtschaftlichem Bauen über die Vergabe von langfristigen Baurechten kann eine demokratische Kontrolle über diese Ressourcen ausgeweitet werden. Die gesetzlich auf die Kostenmiete verpflichteten Wohnbaugenossenschaften stellen eine zentrale Akteurin für eine Sozialisierung des Wohnens dar. So könnten äussert zahlungskräftige, oftmals ältere Genossenschaften mit vielen Rücklagen jüngeren Schwestern Solidaritätsanleihen vergeben. Im Hinblick auf die zunehmende Aggressivität von Finanzplayern sollten zudem neue, genossenschaftliche Finanzinstrumente oder europäische Syndikatsstrukturen aufgebaut werden. Da kostengünstige Wohnungen vorwiegend im Altbau zu finden sind, müssen die – heute noch – meist durch traditionelle Eigentümerstrukturen geprägten Altbaubestände jetzt durch eine basisorganisierte Nachlasspolitik genossenschaftlich gesichert werden.

3. Bodenpolitik: Deutlich wird, dass sich die Ausdehnung genossenschaftlicher Wohnungswirtschaft nicht von Bodenpolitik trennen lässt: Die Vergesellschaftung des Wohnens hängt unweigerlich mit der Vergesellschaftung des Bodens zusammen. Einige Städte und Kantone haben in letzter Zeit (zum Teil durch Bodeninitiativen wie in Basel-Stadt oder durch den Kampf um die Industriestrasse in Luzern) eine aktivere Bodenpolitik zu betreiben versucht (Gerber/Kriese 2019). Meist jedoch beschränkt sich diese darauf, zumindest keinen weiteren städtischen Boden zu privatisieren. Einige Gemeinden und Kantone kennen zudem Vorkaufsrechte. Diese sollten wiederum an gemeinnützige Bauträger abgetreten werden können. Allerdings haben solche Vorkaufsrechte erst dann einen den generellen Bodenwert drückenden Charakter, wenn sie nicht zu Marktpreisen, sondern zu gedeckelten Bodenpreisen ausgeübt werden können.

4. Steuerpolitik: Das Beispiel des Roten Wiens zeigt, wie wichtig steuerpolitische Vorstösse wie die Ausweitung der Liegenschafts- und Grundsteuer sind. Die SP-Nationalrätin Jacqueline Badran (2019) betont, dass die Immobilienbranche die am meisten subventionierte Branche sei, da Wertsteigerungen des Bodens durch öffentliche Investitionen in Infrastrukturen direkt den Grundbesitzern zufliessen. Diese Subventionierung lässt sich durch eine Ausweitung der bestehenden Mehrwertabgabe verhindern – gleichzeitig müsste diese zweckgebunden in die staatliche Boden- und Wohnpolitik zurückfliessen.

5. Mietzinskontrolle: Ebenfalls lässt sich von Wien lernen, dass das Mietrecht wichtiger Teil einer aktiven Bodenpolitik sein kann. Jedenfalls dann, wenn es darauf zielt, die potenziell zu erzielende Grundrente zu verringern. Dabei sollte nicht vergessen werden, dass die Mietzinskontrolle nicht etwa eine ferne sozialistische Träumerei darstellt, sondern für etwa die Hälfte des 20. Jahrhunderts Schweizer Realität war. Auslöser waren jeweils Notstandsgesetze während der Kriege, doch die Gesetzgebung hatte in der Schweiz zumindest in von Wohnungsnot betroffenen Städten bis 1970 Bestand, einige Kantone kennen heute wieder punktuelle Mietzinskontrollen (siehe Beitrag Scherr in diesem Band). Aktuell steht in Bezug auf das Mietrecht jedoch eine entscheidende Abwehrschlacht auf nationaler Ebene bevor: Die Immobilienlobby will mit verschiedenen Vorstössen das Kostenmietprinzip des Mietrechts schwächen und das Prinzip der Marktmiete stärken. Um aus dieser Defensive zu gelangen, braucht die Mieter*innen- und Genossenschaftsbewegung stärkere Koalitionen und eine aktivere Basisorganisation.

Schlussbetrachtungen: Allianzen für eine Basisbewegung

Die Landnahme von Akteuren, die das Wohnen hauptsächlich als Anlagestrategie sehen, bedeutet auf politischer Ebene eine enorme Gestaltungsmacht der Immobilienlobby. Gleichzeitig sind die sozialen Folgen zunehmender institutioneller Anleger auf überhitzten Immobilienmärkten besonders in den städtischen Zentren spürbar, weshalb dort auch das Grundrecht auf Wohnen politisiert werden kann, wie verschiedene gewonnene Initiativen und Mieter*innenkämpfe zeigen (Balmer/Bernet 2016). Verstehen wir die Verfügungsgewalt über den städtischen Boden als eine der ökonomischen Grundlagen des heutigen Kapitalismus, bieten Verdrängung, Massenkündigungen und soziale Isolation im Quartier wichtige konkrete Anknüpfungspunkte für eine antikapitalistische Basisorganisation. Auch hier lohnt sich der Blick auf die Wiener Siedlerbewegung wie auf die Bewegung «Deutsche Wohnen & Co. enteignen» in Berlin, die neben der öffentlichen Kampagne auch eine Basisorganisation anstrebt, indem sie mittels Community-Organizing die betroffenen Mieter*innen in den Wohnblöcken vernetzt. Legt der Schweizerische MieterInnenverband in den letzten Jahrzehnten seinen Fokus auf juristische Einzelfallbearbeitung und parlamentarische Politik, so hat ein unabhängiges Komitee während der Corona-Krise zu einem landesweiten Mietstreik aufgerufen. Die Lehre aus dieser wenig beachteten Online-Kampagne ist jedoch, dass solche Strategien auf eine organisierende Quartierarbeit angewiesen sind, welche unterschiedliche Bevölkerungsgruppen und mit ihnen eine diverse Quartierzusammensetzung und deren Anliegen politisieren kann. Eine solche Basisorganisation braucht eine stärkere Unterstützung und Allianzen bereits etablierter Organisationen wie Mieter*innenverbände und Gewerkschaften, quartiernahe Vereine und progressive Regierungsvertreter*innen sowie ältere und neuere Genossenschaften: eine Allianz, die Alternativen dagegen aufzuzeigen vermag, dass Eigentumsstrukturen entscheiden, wer wie an der Stadt und der Gesellschaft teilnehmen kann.

Anmerkungen

1 Die Versicherung SwissLife mit Hauptaktionär BlackRock ist die grösste Immobilieneigentümerin der Schweiz. Auch der UBS-Gruppe gehören etwa 30 500 Wohnungen, was dem Wohnungsbestand der Stadt Biel entspricht, die Credit Suisse (CS-Gruppe) besitzt mit 9000 Wohnungen sozusagen den Bestand der Stadt Solothurn (Young 2019, 6 f.).

2 Das BVG verstärkt nicht nur den Druck auf Boden- und Mietpreise, sondern zementiert – anders als die AHV – auch die Ungleichheit zwischen den Geschlechtern (Fluder u. a. 2016) und den Einkommen (Kuhn 2020).

Literatur

Badran, Jacqueline, 2019: «Die Politik behandelt den Boden wie ein Joghurt». Interview von Gabriel Brönnimann. In: Gerber, Brigitta / Kriese, Ulrich (Hg.), 2019: Boden behalten – Stadt gestalten. Zürich

Balmer, Ivo / Bernet, Tobias, 2016: Strategien für bezahlbares Wohnen. Genossenschaftliche Selbstorganisation und städtische Politik. In: Widerspruch 68, 127–139

BMI, Bundesministerium des Innern, für Bau und Heimat, 2020: Bundesinnenminister Seehofer: Wohnen ist die soziale Frage unserer Zeit. www.bmi.bund.de/SharedDocs/kurzmeldungen/DE/2020/01/kongress-bauen.html (Abfrage 17.7.2020)

Federici, Silvia, 2012: Caliban und die Hexe. Frauen, der Körper und die ursprüngliche Akkumulation. Wien

Fulder, Robert u. a., 2016: Gender Pension Gap in der Schweiz. Geschlechterspezifische Unterschiede bei den Altersrenten. Beiträge zur sozialen Sicherheit. Forschungsbericht 12/16. Neuchâtel

Gerber, Brigitta / Kriese, Ulrich (Hg.), 2019: Boden behalten – Stadt gestalten. Zürich

Harvey, David, 1982: The Limits to Capital. Oxford

Harvey, David, 2004a: The New Imperialism. Accumulation by Dispossession. In: The Socialist Register 40, 63–87

Harvey, David, 2004b: Der neue Imperialismus und die globale Enteignungsökonomie. Ein Interview. In: Z. Zeitschrift Marxistische Erneuerung 59. zeitschrift-marxistische-erneuerung.de/article/907.der-neue-imperialismus-und-die-globale-enteignungsoekonomie.html (Abfrage 15.6.2020)

KPMG, 2017: Pensionskassen Real Estate Benchmark. Zürich

Krätke, Stefan, 1995: Stadt – Raum – Ökonomie. Einführung in aktuelle Problemfelder der Stadtökonomie und Wirtschaftsgeographie. Basel/Boston/Berlin

Kuhn, Ursina, 2020: Wie die AHV die soziale Ungleichheit mindert. In: Republik, 9.12. www.republik.ch/2019/12/09/pensionsguthaben-und-vermoegensungleichheit (Abfrage 9.7.2020)

MEW: Marx, Karl, 1968: Das Kapital, Bd. 1. In: Marx, Karl / Engels, Friedrich: Werke, Bd. 23. Berlin/DDR

Novy, Klaus, 1979: Der Wiener Gemeindewohnungsbau. «Sozialisierung von unten». Zur verdrängten Dimension der Gemeinwirtschaft als Gegenökonomie. In: ARCH+ 45, 9–25

Novy, Klaus, 1981: Selbsthilfe als Reformbewegung. Der Kampf der Wiener Siedler nach dem 1. Weltkrieg. In: ARCH+ 55, 26–41

Staub, Peter / Rütter, Heinz, 2014: Die Volkswirtschaftliche Bedeutung der Immobilienwirtschaft der Schweiz. Kurzbericht. Im Auftrag des Bundesamts für Wohnungswesen, hg. von HEV / pom+. Zürich

Theurillat, Thierry / Corpataux, José / Crevoisier, Olivier, 2010: Property Sector Financialization. The Case of Swiss Pension Funds (1992–2005). In: European Planning Studies 18 (2), 189–212

Young, Chris, 2019: Das Geschäft mit den Mieten. In: Mieten + Wohnen Nr. 5, 5–7

Zeller, Christian (Hg.), 2004: Die globale Enteignungsökonomie. Münster

Niklaus Scherr

«Eigentum verpflichtet»?!

Gedanken zu Miet- und Bodenrecht und Eigentumsfreiheit in der Schweiz und Deutschland

Die heftige Kontroverse um Mietreduktionen wegen Covid-19-Betriebsschliessungen und der Verzicht des Bundesrats auf Massnahmen haben deutlich gezeigt: Grundeigentum ist hierzulande eine heilige Kuh.

Die Bundesverfassung (BV) hält in Art. 26 lapidar und schnörkellos fest: «Das Eigentum ist gewährleistet.»

Art. 641 des Zivilgesetzbuchs (ZGB) deutscht das aus: «Wer Eigentümer einer Sache ist, kann in den Schranken der Rechtsordnung über sie nach seinem Belieben verfügen. Er hat das Recht, [...] jede ungerechtfertigte Einwirkung abzuwehren.»

Der Jurist Peter Noll (1984, 169) hat das als «exakte Definition des nihilistischen Eigentums» bezeichnet:

> **«Ich kann eine Villa am Zürichsee, eine in der Toscana, eine weitere in Kalifornien usw. haben, daneben noch viele leerstehende Häuser in manchen Städten; ich benütze keine der Villen oder keines der Häuser. [...] Ich habe nichts davon, aber ich kann wenigstens allen anderen verbieten, etwas davon zu haben.»**

Die Bundesverfassung erlaubt Eigentumsbeschränkungen bis hin zur Enteignung. Voraussetzung sind eine gesetzliche Grundlage und ein hinreichendes öffentliches Interesse, zudem müssen sie verhältnismässig sein und voll entschädigt werden (BV Art. 26 Abs. 2). Klassische Anwendungsfälle sind öffentliche Infrastrukturen wie Waffenplätze, Strassen, Eisenbahnen, Kraftwerke, Stromleitungen oder Flugplätze.

Eigentumsgarantie: Erst seit 1969 in der Bundesverfassung

Pikantes Detail: Die sakrosankte Eigentumsgarantie wurde erst 1969 in die Bundesverfassung aufgenommen. Vorher galt sie als ungeschriebenes, völlig selbstverständliches und vom Bundesgericht regelmässig bestätigtes Grundrecht. Auslöser für die Aufnahme in die BV waren die verstärkte Urbanisierung und Bodenspekulation der 1960er-Jahre und die Notwendigkeit, auf Bundesebene eine Verfassungsgrundlage für die Raumplanung zu schaffen. Mit der gleichzeitigen Verankerung der Eigentumsgarantie in der BV sollte eine klare Schranke gegen allzu starke Staatseingriffe im Bodenrecht gesetzt werden.

Ebenso pikant: Ohne gesetzliche Grundlage, einzig gestützt auf Generalvollmachten der Bundesversammlung während der Weltkriege erliess der Bundesrat von 1914–1926 und 1936–1952 Miet-Notrechtsverordnungen oder ermächtigte die Kantone dazu. Sie enthielten einschneidende Eigentumseingriffe wie die Pflicht zur amtlichen Bewilligung von Mieterhöhungen und drastische Einschränkungen der Kündigungsfreiheit. Gestützt auf befristete, vom Stimmvolk jeweils mit Dreiviertelsmehr abgesegnete Verfassungszusätze wurde die staatliche Mietzinskontrolle ab den 1950er-Jahren zwar schrittweise gelockert, aber bis 1970 in allen grossen Städten weitergeführt.

Boden- und Mietrecht: Klare Hackordnung in der BV

In Sachen Grundeigentum, Raumplanung, Wohnen und Miete enthält die Bundesverfassung eine klare Hackordnung. Als «must» zuoberst stehen die Eigentumsgarantie und die Wirtschaftsfreiheit (Art. 26 und 27) als Grundrechte, die in ihrem Bestand geschützt werden. Als «nice zu have» folgen eine Stufe tiefer in Art. 41 die – im Gegensatz zu den Grundrechten nicht einklagbaren – «Sozialziele». Danach setzen sich etwa Bund und Kantone «in Ergänzung zu persönlicher Verantwortung und privater Initiative dafür ein, dass [...] Wohnungssuchende für sich und ihre Familie eine angemessene Wohnung zu tragbaren Bedingungen finden können». Im Kapitel «Zuständigkeiten» wird der Bund schliesslich in Art. 75 zum Erlass von «Grundsätzen der Raumplanung» zuhanden der Kantone und in Art. 109 zum Erlass von «Vorschriften gegen Missbräuche im Mietwesen» verpflichtet.

Dieser Hierarchie von Grundrechten, Sozialzielen und Zuständigkeiten folgen die meisten Kantonsverfassungen, so etwa die der Kantone Zürich und Bern.

Spezialfall Genf

Ganz anders der Kanton Genf. Hier figuriert Wohnen nicht bloss als Sozialziel, sondern das «Recht auf Wohnen» («droit au logement») wird ein Grundrecht in der Kantonsverfassung (Art. 38). Unter dem Druck einer starken, vom Mieterinnen- und Mieterverband (ASLOCA) im «Rassemblement pour une politique sociale du logement» organisierten MieterInnenbewegung verfolgt Genf seit den 1960er-Jahren eine offensive Boden-, Planungs- und Wohnpolitik. Dies manifestierte sich auch von 1981 bis 2009 in der kontinuierlichen Einsitznahme ehemaliger ASLOCA-Präsidenten in der Kantonsregierung, meist in der Baudirektion (Christian Grobet, Bernard Ziegler, Laurent Moutinot).

Verschiedene Gesetze erlauben Eingriffe in das Grundeigentum:

- Loi sur les démolitions, transformations et rénovations (LDTR, Abbruch und Renovationsgesetz): Bewilligungspflicht für Abbruch und Renovation von Wohnungen, Zweckentfremdung zu Büros sowie Umwandlung von Miet- in Eigentumswohnungen, mit behördlich festgesetzten Maximalmieten nach Renovation;
- Loi générale sur les zones de développement (LGZD, Gesetz über die Entwicklungszonen): Festsetzung spezieller Zonen mit hohen Anteilen preisgünstiger Wohnungen und Vorkaufsrechten der öffentlichen Hand zu gedeckelten Landpreisen;
- 5- bis 10-jährige Mietzinskontrolle bei privaten Wohnungen nach Renovation, analoge Kontrolle von Mieten und Verkaufspreisen in den Entwicklungszonen.

Bundesgericht schützt Genfer Praxis

Die Genfer Immo-Haie haben mit zahllosen Eingaben versucht, diese Regulierungen vor Bundesgericht zu kippen. Überwiegend ohne Erfolg. Das Bundesgericht hat regelmässig ein hinreichendes öffentliches Interesse des Kantons an öffentlich-rechtlichen Schutzmassnahmen im Wohnbereich bejaht. BGE 129 Ia 59 fasst die Kernpunkte dieser Rechtsprechung zusammen:

> **«Hingegen werden gemäss Art. 6 ZGB die öffentlichrechtlichen Befugnisse der Kantone durch das Bundeszivilrecht nicht beschränkt. Die Kantone können im öffentlichen Interesse Vorschriften aufstellen, welche die zivilrechtliche Ordnung ergänzen. [...] Nach der Rechtsprechung des Bundesgerichts ist der Erlass öffentlichrechtlicher kantonaler Vorschriften in einem vom**

Bundeszivilrecht geregelten Bereich gestützt auf Art. 6 ZGB zulässig, sofern der Bundesgesetzgeber nicht eine abschliessende Ordnung geschaffen hat, die kantonalen Bestimmungen einem schutzwürdigen öffentlichen Interesse entsprechen und nicht gegen Sinn und Geist des Bundeszivilrechts verstossen.» (S. 62)

Nach Genf (LDTR, 1962) erliessen auch die Kantone Basel-Stadt (1968), Zürich (1974) und Bern (1976) Wohnerhaltungs- und Abbruchgesetze. Während die Genfer LDTR dank zahlreicher Volksinitiativen schrittweise ausgebaut und verschärft wurde, wurden die Deutschschweizer Wohnschutzgesetze im Vollzug schrittweise ausgehöhlt und schliesslich ganz aufgehoben (Zürich 1998, Bern 2011, Basel-Stadt 2014).

Basel-Stadt als Pionier in der Deutschschweiz

Gestützt auf eine im Juni 2018 angenommene Volksinitiative, hat Basel-Stadt als erster Deutschschweizer Kanton das «Recht auf Wohnen» übernommen und damit eine tragfähige Verfassungsgrundlage für wirksame wohnpolitische Eingriffe geschaffen. Gleichzeitig wurde eine Verfassungsinitiative des Mieterinnen- und Mieterverbands Basel (MV Basel 1891) zum Schutz vor Abbruch und Verdrängung angenommen, die die Einführung einer Mietzinskontrolle beinhaltet. Allerdings zeigten Regierung und Parlamentsmehrheit wenig Bereitschaft, die MV-Initiative umzusetzen, sodass der MV im Juni 2020 mit einer Gesetzesinitiative nach dem Muster der Genfer LDTR nachfassen musste.

In Zürich figuriert im Planungs- und Baugesetz (PBG) seit 1991 ein exotisches Einsprengsel: § 60 erklärt den Bau von Alterswohnungen explizit zum öffentlichen Interesse. Dank dieser – bis jetzt allerdings noch nie angewendeten – Bestimmung können Standorte in Richtplänen gesichert und der Bau durch Werkpläne bis hin zur Enteignung durchgesetzt werden. «Gewöhnlicher» Wohnungsbau verfügt nicht über dieses Privileg. Seit 2019 erlaubt der hart erkämpfte, von der Regierung über Jahre verschleppte § 49b PBG den Gemeinden zudem die Festsetzung von Mindestanteilen preisgünstiger Wohnungen in Kostenmiete – allerdings nur im Zusammenhang mit Ein-, Um- und Aufzonungen.

Blick über den Zaun: «Eigentum verpflichtet» im deutschen Grundgesetz

Dass es auch anders geht, zeigt ein Blick über den Zaun. In Art. 14 Abs. 2 des deutschen Grundgesetzes steht der bemerkenswerte Satz:

«Eigentum verpflichtet. Sein Gebrauch soll zugleich dem Wohle der Allgemeinheit dienen.»

Urheber dieser Formulierung ist der jüdische Sozialdemokrat und Arbeitsrechtler Hugo Sinzheimer (1875–1945), der sie als Mitglied des Verfassungsrats bereits praktisch wortgleich als § 153 in die Weimarer Verfassung von 1919 einbrachte. Sein Schüler Carlo Schmid hat diesen Satz 1949 ins Grundgesetz importiert.

Die im Grundgesetz angesprochene Sozialpflichtigkeit des Eigentums hat viele Wurzeln, von der Antike über die jüdische Verantwortungsethik bis zur christlichen Soziallehre. Sie findet deutlichen Niederschlag in der deutschen Rechtsprechung zum Boden-, Miet- und Wirtschaftsrecht. So hält das Bundesverfassungsgericht 1967 in einem Grundsatzentscheid fest:

> **«Das Grundgesetz gebietet [...] nicht, dass der ländliche Grundstücksverkehr so frei sein müsse wie der Verkehr mit jedem anderen ‹Kapital›. Die Tatsache, dass der Grund und Boden unvermehrbar und unentbehrlich ist, verbietet es, seine Nutzung dem unübersehbaren Spiel der freien Kräfte und dem Belieben des Einzelnen vollständig zu überlassen; eine gerechte Rechts- und Gesellschaftsordnung zwingt vielmehr dazu, die Interessen der Allgemeinheit beim Boden in weit stärkerem Masse zur Geltung zu bringen als bei anderen Vermögensgütern. Grund und Boden [...] kann im Rechtsverkehr nicht wie eine mobile Ware behandelt werden.» (BVerfG, 12.01.1967 – 1 BvR 169/63, Erw. III.1)b)**

Mietrecht: Markante Unterschiede zwischen Deutschland und der Schweiz

Im Mietrecht zeigen sich markante Unterschiede zwischen Deutschland und der Schweiz. In der Schweiz muss der Mieter die «Missbräuchlichkeit» der Kündigung beweisen, ansonsten herrscht Kündigungsfreiheit. In Deutschland darf ein Vermieter nur kündigen, wenn er ein «berechtigtes Interesse» geltend machen kann (§ 573 BGB). Besonders streng ist die deutsche Gerichtspraxis bei sogenannten «Verwertungskündigungen» wegen Sanierung oder Ersatzneubau:

> **«Das Eigentum gewährt dem Vermieter [...] keinen Anspruch auf Gewinnoptimierung oder auf Einräumung gerade der Nutzungsmöglichkeit, die den grösstmöglichen wirtschaftlichen Vorteil verspricht. Denn auch das Besitzrecht des Mieters an der gemieteten Wohnung ist Eigentum im Sinne von Art. 14 Abs. 1 Satz 1 GG und deshalb grundgesetzlich geschützt. Folglich begründet nicht bereits jeder aus dem Fortbestand des Mietverhältnisses dem Vermieter erwachsende wirtschaftliche Nachteil einen Anspruch des Vermieters auf Räumung der Mietwohnung.» (Bundesgerichtshof BGH VIII ZR 243/16, Rn. 21, Urteil vom 29. März 2017)**

Das muss man sich auf der Zunge zergehen lassen – undenkbar, solche Sätze in einem Urteil des Schweizer Bundesgerichts zu finden!

Immo-Haie enteignen – auch bei uns?

Das Grundgesetz geht noch weiter. Es enthält in Art. 15 einen expliziten Sozialisierungs-Paragrafen: «Grund und Boden, Naturschätze und Produktionsmittel können zum Zwecke der Vergesellschaftung durch ein Gesetz, das Art und Ausmass der Entschädigung regelt, in Gemeineigentum oder in andere Formen der Gemeinwirtschaft überführt werden.» Dieser wird erstmals in der Geschichte der Bundesrepublik angerufen von der Berliner Bürgerinitiative «Deutsche Wohnen & Co enteignen» mit ihrem Volksbegehren, das 240 000 Wohnungen in Gemeineigentum überführen will. Zurzeit ist immer noch offen, ob der Senat die Initiative überhaupt für zulässig erklärt. In der Schweiz fände ein kantonales Volksbegehren mit einem solchen Inhalt keine Gnade beim Bundesgericht, so sehr es auch öffentlich-rechtliche Eingriffe der Kantone im Bereich des Bodenrechts schützt. Denn hier wird nicht nur in die Eigentums-, sondern auch massiv in die Wirtschaftsfreiheit eingegriffen.

Fazit

Vereinfacht lässt sich festhalten: In Deutschland ist das Eigentum bereits in seinem Wesenskern stärker in Pflichten eingebunden, in der Schweiz wird es in der Regel erst nachträglich und nur am Rande durch gesetzgeberische

Einschränkungen begrenzt. Ausser in Kantonen wie Genf, die ihre öffentlich-rechtliche Gesetzgebungskompetenz gegenüber dem Bundeszivilrecht voll ausspielen – ein Spielraum, der in der Deutschschweiz leider viel zu wenig bekannt ist und entsprechend selten genutzt wird.

Botschaften des Bundesrats zu Bodenrecht und Grundeigentum

BBl 1950 I 331: 5764 Bericht des Bundesrates über das Volksbegehren zum Schutz des Bodens und der Arbeit durch Verhinderung der Spekulation (Jungbauern-Initiative)

BBl 1966 I 878: 9473 Bericht des Bundesrates über ein Volksbegehren gegen die Bodenspekulation

BBl 1967 II 133: 9716 Botschaft des Bundesrates über die verfassungsrechtliche Ordnung des Bodenrechts

BBl 1969 II 887: 10356 Bericht des Bundesrates über das Volksbegehren für das Recht auf Wohnung und den Ausbau des Familienschutzes

BBl 1986 I 153: 85.073: Botschaft über die Stadt-Land-Initiative gegen die Bodenspekulation

Literatur

De Wolf, Abraham, 2015: Hugo Sinzheimer und das jüdische Gesetzesdenken im deutschen Arbeitsrecht. Jüdische Miniaturen 159. Berlin

Noll, Peter, 1984: Diktate über Sterben & Tod. Zürich

Scherr, Niklaus, 2016: Nur noch für die Miete schaffen …? 125 Jahre Zürcher Mieterbewegung (1891–2016). Zürich

Christian Hänggi

Glänzende Werbewelten

Enteignung mit behördlichem Segen

Am 25.5.2019 titelte der *Tages-Anzeiger:* «Sammelt dieses mysteriöse Kästchen am HB unsere Daten?» (Metzler 2019). Das «mysteriöse Kästchen» war ein Beacon, ein Leuchtturm gewissermassen, der digitale und analoge Signale aussendete, platziert an der Oberkante von Werbeplakaten. Diese Signale konnten von den Smartphones der Passantinnen und Fahrgäste unter bestimmten Voraussetzungen erkannt werden. Über ihre Internetverbindung sollten diese dann Push-Nachrichten auf den Bildschirm bekommen, um an einem Gewinnspiel teilzunehmen oder weitere Informationen über das beworbene Produkt zu erhalten.[1] Die Technologie, die nicht nur als Werbetechnologie, sondern auch als Überwachungstechnologie einsetzbar ist, hatte aber viele Probleme, einerseits aus Sicht von Daten- und Persönlichkeitsschutz, andererseits, weil das Audio-Signal für Kinder und manche Erwachsene hörbar war.

Zwei Tage später stellte sich heraus, dass an der Einführung und Nutzung dieser Technologie nicht nur die Plakatgesellschaft APG|SGA (im Folgenden: APG), sondern auch Tamedia, das Mutterhaus von *Tages-Anzeiger,* Bluewin, das Online-Nachrichtenportal *Watson,* die SBB, der Werbevermarkter Admeira (und über Admeira Ringier und der öffentliche Rundfunk SRG SSR) und weitere involviert waren. Hauptverantwortlich war Beem, ein Start-up von Swisscom. Es folgte ein Shitstorm, und das Ganze endete in einem Desaster. Zwei Tage nach der vollmundigen Ankündigung der Werberevolution (Pressemitteilung von Swisscom: Huber 2019) sistierte die SBB die geplante Kampagne zum Auftakt, dann stieg *Watson* aus, wenig später legte *20 Minuten* sein Engagement auf Eis. In der *Werbewoche* folgte ein verzweifelter Lobby-Artikel, der die Vorzüge von Beem aufzeigen sollte. Die Fernsehsendung «10 vor 10» brachte einen Beitrag, die Stiftung für Konsumentenschutz empfahl, Beem nicht zu verwenden, schliesslich gab es zwei parlamentarische Anfragen an den Bundesrat. Beem hatte weder bei Datenschutzbeauftragten, beim Konsumentenschutz, beim Bundesamt für Umwelt oder einer unabhängigen Zertifizierungsstelle Abklärungen zur Technologie durchgeführt und einzig auf eine – vermutlich inexistente – «wissenschaftliche» Studie verwiesen, von der Beem behauptete, sie mit einer ungenannten Schweizer Tierklinik durchgeführt zu haben. Benjamin von Wyl (2019) hat in der *Medienwoche* die Chronik dieses Niedergangs dargelegt.

Weshalb diese Einführung zu einer neuen Werbetechnologie, die allem Anschein nach ein Reinfall war und wieder verschwinden wird? Einerseits, und dies steht im Zentrum des vorliegenden Artikels, ist das Vorgehen exemplarisch für den Umgang mit Werbung im öffentlichen Raum, auch Aussenwerbung oder, im Fachjargon, Out-of-Home Advertising genannt: Unter Umgehung demokratischer Prozesse entscheiden private Unternehmen, Betriebe der öffentlichen Hand und Gemeindeverwaltungen darüber, wo Werbung dem öffentlichen Raum privaten Charakter geben soll. Andererseits dürfte Beem Hinweise darauf geben, wo die Reise in einem Zeitalter hinsteuert, in dem jahrhundertealte Medien technologisch hochgerüstet werden, der Stromverbrauch zunimmt und die Möglichkeit des Trackings von Bürgerinnen und Konsumenten und die Monetarisierung dieser Kontakte so manchem Werber und bestimmt auch einigen Werberinnen als der einzige Ausweg erscheint, ihre gesellschaftlich obsoleten und ökologisch fragwürdigen Geschäftsmodelle bis zur Pensionierung hinüberzuretten. Und schliesslich lässt die gescheiterte Einführung von Beem darauf hoffen, dass es Möglichkeiten gibt, dieser Entwicklung da und dort einen Riegel vorzuschieben.

Die Stadt Zürich als wirtschaftlich bedeutendste Stadt der Schweiz ist ein guter Ort, um Mechanismen der Enteignung des öffentlichen Raums durch private Interessen zu beobachten. Unter Alt-Stadträtin Kathrin Martelli (FDP) waren Werbebildschirme ein Tabu. Erst als SP-Stadtrat André Odermatt das Amt übernahm, begannen diese an allen Ecken zu spriessen, selbst in der Altstadt, die vormals als werbefreie Zone deklariert war. Um den Paradigmenwechsel zu rechtfertigen, wurde 2013 ein Pilotversuch mit Werbebildschirmen gestartet, begleitet von einer Strassenumfrage, die das Meinungsforschungsinstitut Demoscope durchführte (Demoscope 2013). Trotz vieler Suggestivfragen und obwohl keinerlei Fakten zur Verbreitung von oder den Einnahmen durch Aussenwerbung mitgeliefert wurden, führte die Umfrage mit 313 Teilnehmenden zu vernichtenden Resultaten. So meinten 57 Prozent, dass es in der Schweiz zu viel Werbung gebe. In der Altersgruppe 41–64 waren es 67 Prozent, bei über 65-Jährigen 86 Prozent. 49 Prozent meinten, dass es in Zürich zu viel Werbung im öffentlichen Raum gebe.

Doch das Hochbaudepartement liess sich weder von der eigenen Umfrage noch von einer Petition der IG Plakat | Raum | Gesellschaft (IG PRG), die den Verzicht auf diese Werbeform forderte, beeindrucken und führte die Werbebildschirme permanent ein. Inzwischen sind in der Stadt Zürich 58 bewilligte Werbebildschirme auf öffentlichem Grund und 35 auf Privatgrund installiert.[2]

Desinteresse in der Politik

Obwohl Aussenwerbung in der ganzen Schweiz präsent ist, ist das Interesse am Thema seitens der Bevölkerung und der Politik gering. Beispielhaft zu nennen wäre ein von Andreas Kirstein (AL) im Gemeinderat Zürich eingereichtes Postulat, das den Stadtrat zu prüfen aufforderte, «wie die Stadt Zürich die Werbung auf öffentlichem Grund sowie auf städtischen Grundstücken in Zukunft deutlich reduzieren kann bzw. auf diese verzichten kann» (GR Nr. 2015/79). Die Grünen und die AL unterstützten das Postulat, alle anderen lehnten es ab. Selbst die SP folgte den irreführenden und faktisch unhaltbaren Ausführungen ihres Stadtrats (beispielsweise: «wichtig für die KMU»). Vier Jahre später hat mir SVP-Gemeinderat Stefan Urech geschrieben, dass sich die Stadtzürcher SVP-Fraktion nur knapp dagegen entschieden hat. Gemäss einer Wortmeldung an der Gemeinderatsversammlung war wohl der Hauptgrund, dass das Postulat von der AL eingereicht wurde.

Dabei wäre eine saubere Grundlage für eine sachliche Diskussion über Aussenwerbung aus demokratiepolitischer Sicht nicht nur wünschenswert, sondern eine Notwendigkeit, bedenkt man, dass die Botschaften auf den Werbeträgern die einzigen legalen Botschaften im öffentlichen Raum sind. Sie prägen nicht nur das Stadtbild, sondern auch das Selbstverständnis der Gesellschaft. Eigentlich wäre der öffentliche Raum dazu da, zu verhandeln, wie wir miteinander zusammenleben wollen. Als öffentliches Gut sollte niemand von seiner Nutzung ausgeschlossen werden – auch nicht dadurch, dass alle mitmachen dürfen, *sofern sie den Preis dafür bezahlen können.* Mit Ausnahme von Kampagnen im Vorfeld zu Wahlen und Abstimmungen wird der Zweck der öffentlichen Debatte jedoch weitgehend entfremdet. Während der Covid-19-Massnahmen (März bis Juni 2020) beispielsweise wurden fast keine Werbeplakate gebucht. Kaum wurden die Massnahmen gelockert, waren drei Kampagnen in Zürich dominant. Die eine war eine Werbung für Nespresso, die behauptete, das Unternehmen engagiere sich für die Kaffeebauern (während die NGO Public Eye fast zeitgleich auf Kinderarbeit in der Kaffeesparte von Nestlé hingewiesen hat). Die andere war eine Kampagne von AMAG, dem grössten Schweizer Autohändler, illustriert durch, man kann es nur zynisch nennen, Tulpen, Rosen, Sonnenblumen, Hortensien und Gerbera. Und schliesslich die Eigenwerbungen der Plakatgesellschaften: ein «Merci» (Neo Advertising) beziehungsweise «Danke» (Clear Channel) an alle, die in der Zeit des Ausnahmezustandes Aussergewöhnliches geleistet haben, sowie die Aufforderung, endlich wieder shoppen zu gehen und Plakate zu buchen (APG). Wenn in der Zeit von Klimastreiks dies die Botschaften sind, die von überlebensgrossen Plakatwänden auf die Menschen herabblicken, dann ist offensichtlich etwas schief in der Auffassung davon, was der öffentliche Raum leisten kann und soll.

Konfrontiert mit den gesellschaftlichen, ökologischen, gestalterischen und demokratiepolitischen Problemen der Aussenwerbung im öffentlichen und privaten Raum, haben Alt-Stadträtin Kathrin Martelli, Stadtrat André Odermatt und Bernard Liechti (Leiter Reklamebewilligungen beim Amt für Städtebau) bestenfalls ausweichend geantwortet.[3] Das Totschlagargument, das alle anderen Überlegungen auflaufen liess, lautete jeweils: Das sind willkommene Einnahmen für die Stadtkasse. Das Argument blieb unverändert, egal ob die Einnahmen mit circa 2,2 Mio. Franken 0,026 Prozent der städtischen Einnahmen ausmachten (vor den Werbebildschirmen) oder mit zwölf Mio. Franken rund 0,136 Prozent (seit ihrer grossflächigen Einführung). Doch wer profitiert tatsächlich davon?

Privatisierte und globalisierte Profite

Das Geschäft mit der Aussenwerbung war in der Schweiz über viele Jahrzehnte ein Duopol, in dem sich APG (ca. 75 Prozent des Schweizer Marktes) und Clear Channel Schweiz (ca. 25 Prozent) den Markt teilten.[4] Die Allgemeine Plakatgesellschaft APG wurde 1900 in Genf gegründet, beschäftigt heute rund 550 Menschen in der Schweiz und in Serbien und erwirtschaftete 2019 Werbeeinnahmen von 318 Mio. Franken, 95 Prozent davon in der Schweiz. Das Unternehmen mit dem rot-weissen Logo ist aber keineswegs so schweizerisch, wie es den Anschein macht. Einer der global grössten Aussenwerber, JCDecaux SA mit Sitz im französischen Neuilly-sur-Seine, hält seit vielen Jahren dreissig Prozent der APG-Aktien. Gemäss Forbes war Firmengründer Jean-Claude Decaux, ein Kumpel des früheren französischen Präsidenten Nicolas Sarkozy, bei seinem Tod 2016 sieben Mrd. US-Dollar wert (Forbes 2016). Die weitere grosse Beteiligung an der APG (25,3 Prozent) gehört der Pargesa Asset Management beziehungsweise der Stichting Administratiekantoor Frère-Bourgeois, beide mit Sitz in Rotterdam.[5]

Während die APG an der Schweizer Börse kotiert ist und in der öffentlichen Wahrnehmung eine gewisse Bekanntheit geniesst, hat der Schweizer Ableger von Clear Channel keine Offenlegungspflicht, weshalb es auch weniger zu berichten gibt. Das 1924 als Plakat und Propaganda AG gegründete Unternehmen wurde nach verschiedenen Fusionen und Namenswechseln 1999 an die Clear Channel Gruppe verkauft. Clear Channel Schweiz hat den Firmensitz in Hünenberg, einer der steuergünstigsten Gemeinden der Schweiz. Nachdem Clear Channel von 2007 an den beiden Private-Equity-Firmen Bain Capital und Thomas H. Lee Partners gehörte, wurde die Clear Channel Outdoor Holdings, Inc., im Mai 2019 an die New Yorker Börse gebracht. Clear Channel Outdoor ist in 22 Ländern in Nord- und Südamerika, Europa und Asien tätig. Der operative Sitz ist in San Antonio, Texas, aber die Holding ist in Delaware registriert, ein Bundesstaat, der dafür bekannt ist, Briefkastenfirmen und Holding-Gesellschaften Hand zu bieten, um Steuern zu optimieren, will sagen: zu vermeiden.

Seit der letzten Ausschreibung der Plakatflächen im öffentlichen Grund in Zürich ist ein weiterer Teilnehmer dazugekommen: Neo Advertising. 2003 gegründet, hat das Unternehmen verschiedene Besitzwechsel durchgemacht und gehört derzeit zu 49 Prozent den Gründern, zu 51 Prozent der TX Group, dem Medien- und Gemischtwarenkonzern formerly known as Tamedia. Die Besitzverhältnisse der drei Mitbewerber zeigen: Die Gewinne, die erzielt werden, wenn globale Brands im lokalen öffentlichen Grund Werbeplakate aufhängen lassen, werden mit hoher Wahrscheinlichkeit von Investmentgesellschaften oder den Aktionären der beiden weltgrössten Unternehmen in der Aussenwerbung eingestrichen, mit geringerer Wahrscheinlichkeit vom umsatzstärksten Medienkonzern der Schweiz.

Perspektivenwechsel. Ein dem Kommunikationstheoretiker Marshall McLuhan zugeschriebenes Bonmot besagt: «All advertising advertises advertising», jede Werbung wirbt für Werbung.[6] Dabei ist nicht gemeint, dass Unternehmen wie die Plakatgesellschaften für relativ moderate Summen ihr Logo legal und fast omnipräsent im öffentlichen Raum anbringen können. Es meint, dass jede Werbung für die Tatsache Werbung wirbt. Umgemünzt auf die Aussenwerbung, bedeutet das, dass Aussenwerbung an sich das Bild zementiert, dass der öffentliche Raum für Geld zu haben ist, dass es vollkommen normal ist, werben zu dürfen, dass die Botschaften im öffentlichen Raum kommerzieller Natur zu sein haben oder zumindest Eigeninteressen anstatt öffentliche Interessen verfolgen dürfen, können, sollen. Das bedeutet auch, dass ein Plakat für, sagen wir, den WWF oder Greenpeace, so gut sie gemeint sind und so wichtig die Arbeit dieser Organisationen sein mag, sich der kapitalistischen Logik der Abschöpfung des Mehrwerts und der neoliberalen Logik der Privatisierung von öffentlichen Gütern beugen muss. Selbst wenn sie einen nicht unüblichen Buchungsrabatt von fünfzig Prozent erhalten, fliesst der Mehrwert in die Taschen der oben aufgeführten Profiteure. Oft helfen sie auch, die Tatsache zu verdecken, dass eine Plakatstelle gar nicht gebucht wurde. Dadurch, dass NGOs und Kulturbetriebe ihre Werbung aufhängen dürfen, wenn nicht gerade ein finanziell interessanteres Interesse an der Plakatfläche vorliegt, verhelfen sie den globalen Akteuren zu Legitimation, die für allerlei – im besten Fall sinnlose, im üblicheren Fall ökologisch fragwürdige – Produkte, Dienstleistungen und Verhaltensweisen werben.

Fakten auf den Tisch, Menschen an die Urne

Welche Voraussetzungen wären nötig, um das geltende Regime der Vergabe und Verwaltung von Werbeflächen umzubauen, damit die Bevölkerung, also der Souverän, sich den durch die privaten wirtschaftlichen Interessen enteigneten öffentlichen Raum aneignen kann? Je nach politischer Überzeugung sind verschiedene Szenarien denkbar, von anarchistischen bis zu bürokratischen. In jedem Fall aber wäre es die erste Aufgabe der Verwaltung, sämtliche Akteure einzuladen, anzuhören und ernst zu nehmen. Im Fall der Stadt Zürich kann davon nicht die Rede sein, wurden doch die zivilgesellschaftlichen Akteurinnen und die Bevölkerung bestenfalls angehört, aber weder aktiv eingeladen noch hatten ihre Argumente Konsequenzen. Eine Einladung für ein öffentliches Podiumsgespräch wurde von den Entscheidungsträgern und Verwaltern, sowohl der Stadt Zürich als auch der Plakatgesellschaften, ausgeschlagen.

Weiter wäre eine solide, wissenschaftliche Grundlage zu erstellen, die eine demokratische Entscheidungsfindung unterstützen soll. Diese soll einerseits empirisch sein, andererseits wären auch demokratie- und finanzpolitische, ökologische und soziale Überlegungen auf angemessenem Niveau anzustellen, um die verschiedenen Werte, die unserem gesellschaftlichen Gefüge zugrunde liegen, zu berücksichtigen. Die Forschungsdesiderata sind zahlreich. Beispielhaft zu nennen wären die Rolle der SBB als grösster Eigentümerin von Werbeflächen in der Schweiz (die Ertragszahlen bleiben unter Verschluss); der steigende Energieverbrauch durch die Digitalisierung; die Frage, wofür tatsächlich geworben wird und ob die Werbung Wirkung zeigt oder nur verschleudertes Geld ist; die Diskrepanz der Einnahmen und Einflussnahme der öffentlichen Hand auf privatem versus öffentlichem

Grund; die Verstrickung von Politik und Plakatgesellschaften über Verwaltungsratsmandate, Lobbyarbeit, Freundschaften oder Investitionen; die direkte Auslagerung der Verwaltung von kostenlosen politischen Plakaten durch die Stadt Zürich an die APG oder die Delegierung der Verwaltung von bewilligungsfreien Promotionsplätzen für politische und nichtkommerzielle Kommunikation in den Bahnhöfen an die APG.

Das von mir derzeit präferierte Szenario wäre, erst einmal die rechtliche Grundlage zu schaffen, dass Werbeflächen auf Privatgrund, die unter geltendem Recht nicht entfernt werden können, auch wenn sie schon fünfzig Jahre hängen, abgebaut werden können. In der Stadt Zürich machen diese geschätzte drei Viertel der Plakatflächen aus. Werbebildschirme wären komplett abzubauen, da sie aus ökologischen und städtebaulichen Gründen nicht zu vertreten sind und zudem in der Bevölkerung keinen Rückhalt geniessen.[7] Die verbleibenden Plakatflächen wären zu reservieren für behördliche Mitteilungen, Plakate im Vorfeld von Wahlen und Abstimmungen, Veranstaltungshinweise und Schwarze Bretter, auf denen alle ihre Anliegen und Meinungen kundtun dürfen. Denkbar ist auch, dass eine Quote von Plakatflächen für lokales Gewerbe in einem bestimmten Umkreis des Geschäfts reserviert wird und ungenutzte Flächen Kunstschaffenden zur Verfügung gestellt werden. Für das Aufhängen und die Verwaltung der Plakate müsste eine dafür zu schaffende Stelle auf der Gemeindeverwaltung zuständig sein, damit der Mehrwert nicht irgendwohin, sondern vollumfänglich ans Gemeinwesen zurückfliesst. Doch dies ist nur eines der denkbaren Szenarien, und letztlich muss der Souverän darüber entscheiden, wenn der öffentliche Grund seinen öffentlichen Charakter zurückerhalten soll.

Anmerkungen

1 Ich hatte das Gerät ein paar Tage zuvor entdeckt, aufgeschraubt, die Modellnummern der Chips abgelesen und die Schlüsse gezogen, die in den Folgetagen bestätigt wurden. Anschliessend habe ich es wieder an den ursprünglichen Ort gebracht und die Informationen an den *Tages-Anzeiger* weitergereicht.

2 Telefonische Auskunft von Bernard Liechti, Leiter Reklamebewilligungen beim Amt für Städtebau, vom 2.6.2020. Wenn in diesem Artikel von Privatgrund die Rede ist, dann ist damit Privatgrund gemeint, der vom öffentlichen Grund aus einsehbar ist und seinen Marktwert für die Werbewirtschaft lediglich aus dieser Tatsache generiert.

3 Ich beziehe mich auf die Antworten auf die von der IG PRG eingereichten Petitionen zur Halbierung der Werbeflächen (2007) und zum Verzicht auf Werbebildschirme und Leuchtdrehsäulen (2015); einen 2011 eingereichten Vorschlag für die Neuausschreibung der Plakatverträge ab 2013; ein Schreiben vom 10.11.2019 sowie auf persönliche Gespräche mit André Odermatt und Bernard Liechti.

4 Das sind die Zahlen, die über Jahre von den beiden Firmen kommuniziert wurden. Ein mir von Mitbewerberin Neo Advertising zugestelltes Dokument nennt als Marktanteile: 62 Prozent APG, 22 Prozent Clear Channel, 6 Prozent Neo Advertising und 11 Prozent andere.

5 Der Link im APG-Geschäftsbericht 2019 für detaillierte Angaben zum Verhältnis dieser beiden Gesellschaften verläuft ins Leere. Vor Jahren habe ich ein Diagramm gefunden, das die Beteiligungen der Pargesa Asset Management aufzeigte, ein unlesbares, undurchdringliches Konstrukt. Wie die Pargesa Asset Management mit Sitz in Rotterdam und die Pargesa Holding SA mit Sitz in Genf (und indirekten Beteiligungen unter anderem an Adidas, SGS und LafargeHolcim) zusammenhängen, konnte ich nicht in Erfahrung bringen, ausser, dass der stellvertretende Verwaltungsratspräsident Gérald Frère auch Verwaltungsratspräsident der obgenannten Frère-Bourgeois SA ist.

6 Ich konnte den genauen Ursprung nicht eruieren.

7 Es fehlt eine wissenschaftliche Erhebung, doch mehrere Online-Umfragen bei der Leserschaft von *20 Minuten* geben unmissverständliche Hinweise in diese Richtung.

Literatur

Demoscope, 2013: Evaluation der Akzeptanz bezüglich neuer Aussenwerbungsformen auf öffentlichem Grund. www.demoscope.ch/fileadmin/files/medienberichte/Umfrageergebnisse-Pilot-Werbescreens-2013_1_.pdf (Abfrage 5.6.2020)

Forbes, 2016: #176 Jean-Claude Decaux & family. www.forbes.com/profile/jean-claude-decaux/#65cebd207989 (Abfrage 5.6.2020)

Huber, Sepp, 2019: «Beem» macht Plakate und Spots interaktiv. www.swisscom.ch/de/about/news/2019/05/27-beem.html (Abfrage 5.6.2020)

Metzler, Beat, 2019: Sammelt dieses mysteriöse Kästchen am HB unsere Daten? www.tages-anzeiger.ch/zuerich/stadt/sammelt-dieses-mysterioese-kaestchen-am-hb-unsere-daten/story/25173695 (Abfrage 5.6.2020)

von Wyl, Benjamin, 2019: Revolutioniert Beem den Werbemarkt? medienwoche.ch/2019/11/12/revolutioniert-beem-den-werbemarkt/ (Abfrage 5.6.2020)

Mira Liepold

Wer vor Alkohol geschützt werden soll

Wie Verdrängungspolitiken soziale Ungleichheit im öffentlichen Raum verstärken

In mehreren europäischen Städten wurden bereits Alkoholkonsumverbote eingeführt, unter anderem am Hauptbahnhof in München, am Amalie-Dietrich-Platz in Dresden oder im gesamten Stadtgebiet von Chur in der Schweiz. Auch in Wien wurde im April 2018 das erste Alkoholkonsumverbot eingeführt. Alkoholkonsumverbote finden sich in der Regel an Orten sichtbar gewordener Devianz (Benkel 2010, 7) und zielen auf die Befriedung der dort vorherrschenden, angeblich bedrohlichen Zustände. Bevor auf das in Österreich intensiv diskutierte Beispiel des Verbots von Alkoholkonsum am Wiener Praterstern eingegangen wird, soll dem vorliegenden Artikel eine theoretische Überlegung zum öffentlichen Raum vorangestellt werden.

Orte sichtbar gewordener Devianz

Öffentliche Räume werden als Sozialräume gesellschaftlich gestaltet. Diesem Verständnis nach werden Räume nicht als Container, sondern als sozial produzierbar verstanden. Sie sind nicht natur- oder gottgegebene Gebilde, die unabhängig von menschlichem Handeln existieren. Im Sinne Bourdieus bedeutet das, dass sich AkteurInnen an unterschiedlichen Positionen im sozialen Raum befinden, was sich in ihren Handlungsoptionen widerspiegelt (Kessel/Reutlinger 2010, 25 f.). Die Positionen im Räumlichen entsprechen jenen im Gesellschaftlichen: Marginalisierte werden in der Regel auch räumlich exkludiert.

Räume sind also Abbild gesellschaftlicher Verhältnisse. Der Sozialraum ist demnach nicht herrschaftsfrei, sondern unterliegt gesellschaftlichen Ordnungssystemen. Unter anderem sind das kollektive Vorstellungen von

Sicherheit und Unsicherheit und damit zusammenhängende sicherheitspolitische Interventionen. Sicherheitspolitische Interventionen im öffentlichen sozialen Raum können personenbezogen, beispielsweise in Form polizeilichen Handelns, sein. Sie können aber auch über technische Mittel wie Überwachungskameras stattfinden oder die räumliche Gestaltung in Form von Hausordnungen oder baulichen Massnahmen bedeuten. Letzteres stellt den Versuch dar, über eine gewisse Distanz Ordnung im öffentlichen Raum zu schaffen. Oft kommen diese Interventionsformen nicht unabhängig voneinander, sondern in Kombination vor.

Wie sich diese in der Praxis gestalten, wird an sogenannten städtischen «Hotspots» deutlich. Dort kommen Interventionen wie Alkoholkonsumverbote – zusätzlich zu den bereits bestehenden Gesetzen – besonders häufig vor. Meist handelt es sich um gut erreichbare Räume, die eine gewisse Aufenthaltsqualität bieten, wie beispielsweise innerstädtische Bahnhofsviertel. Über die Kategorie Devianz werden disziplinierende Interventionen in öffentlichen Räumen legitimiert und Verhaltensformen und Lebensstile als störend oder gar gefährlich stigmatisiert und eingeschränkt. Die tatsächlichen Ursachen für deviantes Verhalten, wie Armut oder Krankheit, werden von den Massnahmen jedoch nicht verbessert, was lediglich zur Verschiebung der Probleme führt.

Fehlende Thematisierung der Ursachen sozialer Problemlagen

Auch der Wiener Praterstern stellt einen solchen Ort dar, der in zentraler Lage und in seiner Beschaffenheit unter anderem als Bahnhof eine hohe Frequenz aufweist und gut erreichbar ist. Ausserdem bietet der Vorplatz einige Sitzgelegenheiten im Freien, die zum Verweilen einladen, sowie Zugang zum inneren Bahnhofsbereich, der mit diversen kommerziellen Angeboten eine hohe Attraktivität birgt. Vonseiten der Wiener Stadtregierung wird die gewünschte Verbesserung des subjektiven Sicherheitsgefühls als Grund für die Einführung des Alkoholkonsumverbots genannt.

Ein Problem dieser Vorgehensweise ist, dass vor dem Hintergrund des Arguments der Verbesserung des subjektiven Sicherheitsgefühls Ursachen für soziale Problemlagen weitgehend nicht oder unzureichend thematisiert werden. Die subjektive Sicherheit der Mehrheitsgesellschaft wird angeblich von Verhaltensformen gestört, die sich aus dem Kapitalismus immanenten Faktoren wie Armut, Wohnungslosigkeit oder Suchterkrankungen ergeben.

Hinter der von den politischen AkteurInnen beanstandeten Devianz steht eine räumliche Segregation in Form der Verbannung der «gefährlichen Klassen» aus den Augen der «glücklichen Klassen» (Reinprecht 2013, 56).

Der Begriff der «räumlichen Segregation» (ebd., 10) beschreibt die räumliche Manifestierung von Herrschaftsverhältnissen, die sich nationalstaatlich und global zeigen und negative Auswirkungen auf die Reputation bestimmter Viertel und die dort lebenden und sich aufhaltenden Menschen haben. Diese Dynamiken sind mit einem Diskurs verflochten, in dessen Zug Orte wie der Praterstern als «Hotspot» markiert werden. Dabei wird im Interesse der mittleren und höheren gesellschaftlichen Klassen agiert, wenn Massnahmen wie das Alkoholkonsumverbot eingeführt werden (Diebäcker, 2014), die den Raum für selbige attraktiver machen sollen.

Ein Wohnzimmer für die, die keines haben

Marginalisierte Menschen sind auf den öffentlichen Raum besonders angewiesen. Eingeschränkte oder fehlende private Rückzugsorte machen es notwendig, den Grossteil des Alltags im Freien zu verbringen. Den gesellschaftlichen Herrschaftsverhältnissen inhärente Inklusions- und Exklusionsprozesse (Ataç/Rosenberger 2013; Kronauer 2013) führen dazu, dass der öffentliche Raum unterschiedliche Bedeutungen für verschiedene Gruppen hat, die sich an deren Angewiesenheit auf den öffentlichen Raum festmacht.

Für marginalisierte Menschen ist der Praterstern nicht nur ein sozialer Treffpunkt, sondern bedeutet auch Schutz vor Gewalt durch soziale Kontrolle und einen Rückzugsort vor Nässe, Kälte und Hitze. Zudem bietet er eine Infrastruktur zur Versorgung diverser Grundbedürfnisse. Das ist in diesem Zusammenhang besonders wichtig, da sich am Beispiel Praterstern eine besondere Diskrepanz zeigt: Obwohl marginalisierte Menschen stärker auf den öffentlichen Raum angewiesen sind, werden sie in seine Gestaltung nicht einbezogen. Nicht ihre Aufenthaltsmöglichkeit, sondern das subjektive Sicherheitsgefühl von PassantInnen und BewohnerInnen steht im Vordergrund. Aufgrund der gesellschaftlichen Herrschaftsverhältnisse, die zwischen sozioökonomisch Privilegierten und Nicht-Privilegierten unterscheiden und anhand derer Handlungsoptionen genauso entstehen wie gesellschaftliches Gehör für die eigenen Forderungen, sind sich marginalisierte Menschen am Praterstern darüber im Klaren, welche untergeordnete Rolle sie einnehmen. Sie machen dennoch ihr Bedürfnis nach gesellschaftlicher Teilhabe deutlich: Sowohl der Wunsch, als Mensch und nicht als Problem wahrgenommen zu werden, als auch die Legitimation des eigenen Aufenthalts und ein ausgeprägtes Stigmabewusstsein prägen ihr Denken über die Situation vor Ort (Liepold 2020, 80). Mit dem Alltag im öffentlichen Raum sind diverse Kontrollerfahrungen verbunden, die zu einer weiteren Kriminalisierung und Stigmatisierung führen, wenn beispielsweise auf Basis von Social Profiling bestimmte Personen(-gruppen) auf Alkohol durchsucht werden.

Mangelnde Bekämpfung struktureller Probleme

Zu kritisieren ist aber nicht das Verhalten der problematisierten Gruppen, sondern die fehlenden politischen Strategien, Ungleichheitsstrukturen gesellschaftlich zu bearbeiten. Zwar wurden für das Alkoholkonsumverbot begleitende sozialarbeiterische Massnahmen angekündigt, die zur «Verbesserung der somatischen und psychischen Gesundheit sowie realistischen Einschätzung von Zukunftsperspektiven im nicht-berauschten nüchternen Zustand» (Magistratsdirektion Organisation und Sicherheit – Gruppe Leitungsinstrumente, 2019) führen sollen. Diese in unverhohlen paternalistischem Ton vorgebrachten Massnahmen, können jedoch als Befriedungsinstrumente interpretiert werden, die an der strukturellen Problematik wenig zu verändern vermögen. Zudem scheint ihnen ein gewisser Zynismus inhärent, der die strukturellen Gründe für Rauschmittelkonsum durch Nichtbeachten eher negiert als behebt.

Soziale Ungleichheiten entlang der Kategorien Staatsbürgerschaft und sozio-ökonomische Verhältnisse können Ursachen für soziale Problemlagen sein (Diebäcker 2014, 172). Was Marc Diebäcker für die Diskurse zum Praterstern feststellt, gilt auch für die sicherheitspolitischen Massnahmen vor Ort: Im Zuge der Bearbeitung subjektiver Sicherheit werden die strukturellen Ursachen sozialer (Un-)Sicherheit weitgehend nicht thematisiert, was soziale Ungleichheit auf ihren sichtbaren Status reduziert (ebd., 173). Dadurch werden «sicherheits- und ordnungspolitische Problematisierungen als Bedrohung für die personale Sicherheit umcodiert» (ebd., 173), was in der Kriminalisierung bestimmter Gruppen mündet. Neben Devianten werden auch MigrantInnen und nicht-weisse Menschen kriminalisiert und zu potenziellen TäterInnen (Rolfes 2015, 30). Verbinden sich die Kategorien, wird es umso schwieriger, nicht als Problemfaktor und Gefährdung wahrgenommen zu werden.

Dass es weniger um die Bearbeitung tatsächlicher Problemlagen wie Suchterkrankungen, Armut oder Traumata geht, sondern viel eher um räumliche Segregation in Form der Verbannung der stigmatisierten und marginalisierten Menschen, zeigt sich an den Begründungsdiskursen, die im Zusammenhang mit der Einführung diverser Alkoholkonsumverbote stehen. Vor dem Hintergrund des verstärkten Aufenthalts von als deviant wahrgenommenen Menschen am Praterstern wurde das Alkoholkonsumverbot mit dem Ziel einer sogenannten «Musterunterbrechung» eingeführt. Dabei ging und geht es der rot-grünen Wiener Stadtregierung darum, «Menschen ohne Beförderungsabsichten» (Krutzler 2018), wenn nicht zu verdrängen, zumindest zu mobilisieren. Konkret bedeutet das: Der Aufenthalt am Praterstern soll für die betroffenen Gruppen so unbequem werden, dass sie ihre Gewohnheit, dort zu verweilen, ändern, indem sie sich neue Aufenthaltsorte suchen oder mobiler werden und sich nicht mehr längerfristig an öffentlichen Orten niederlassen (Magistratsdirektion Organisation und Sicherheit – Gruppe Leitungsinstrumente 2019). Auch in München wurde die Verdrängung bestimmter Gruppen als ausdrücklich erwünschtes Ziel des Alkoholkonsumverbots formuliert. Es gehe darum, die Verfestigung einer Szene zu verhindern, die den «normalen» BesucherInnen des Bahnhofs nicht zuzumuten sei, so ein Münchner SPD-Stadtrat (Hutter 2018). In Dresden ging es in der Phase der Planung der Alkoholverbotszone auch um die Frage, ob der Amalie-Dietrich-Platz als «Gefährlicher Ort» eingestuft werden könne, damit die Polizei künftig ohne konkreten Verdacht Personen kontrollieren könne (Kositz/Hofmann 2018). Dort komme es zu einem Aufeinandertreffen mehrerer «problematischer Personengruppen», so der CDU-Oberbürgermeister des Stadtteils Gorbitz (Baumann-Hartwig 2019). In Chur in der Schweiz gab es bis im Frühling 2020 ein derartiges Verbot. Dem Stadtpräsidenten der liberalen Freisinnigen (FDP) zufolge sei es aber sinnlos gewesen, da die wirklichen Probleme woanders lägen und mit den geltenden Gesetzen bekämpft werden könnten. Daher wurde das Verbot wieder aufgehoben (Gorgé 2019).

Dass die Massnahme Alkoholkonsumverbot für bestimmte problematisierte Gruppen besonders einschneidend ist, liegt daran, dass der öffentliche Raum für sie eine besondere Ressource darstellt und die Massnahme zusätzlich Spielräume eröffnet, ihnen diese zu nehmen. Zudem löst sie für diese Gruppen keine Probleme, viel eher macht sie ihre Lebensführung prekärer.

Verdrängung problematisierter Gruppen über das Narrativ Sicherheit

Es wird deutlich, dass es sich um bestimmte Lebensstile und -weisen handelt, die – als deviant kodiert und stigmatisiert – eingedämmt werden sollen. Dass die Kategorie des subjektiven Sicherheitsgefühls überhaupt zum Massstab für politisches Agieren wird, erscheint im Kontext des sogenannten Kriminalitätsfurchtparadoxons (Rolfes 2015, 17) verwunderlich. Damit wird in der Kriminalitätsforschung die Tatsache beschrieben, dass subjektive Sicherheit und objektive Bedrohungslage häufig weitgehend entkoppelt sind. Sicherheitsprobleme sind seltener empirisch zu messen, als dass sie eine «kommunikative Konstruktion» (Gränitz/Kerger 2019, 66) darstellen, die Orte wie den Praterstern zu vermeintlich gefährlichen Orten macht. Politisch wird dennoch im Sinne der Verbesserung des subjektiven Sicherheitsgefühls im bedrohlichen öffentlichen Raum agiert, was häufig mit Gentrifizierungsprozessen und diesen immanenten Marktlogiken einhergeht. Orte wie der Praterstern mit teilprivatisierter oder halböffentlicher Infrastruktur, die teilweise von privaten Akteuren gestaltet werden, wie Bahnhöfe oder Einkaufszentren, sind Schauplätze von Gentrifizierungsprozessen, die verstärktes Überwachungs- und Sicherheitshandeln aufweisen.

Besonders unattraktive Quartiere, in denen Devianz häufig präsent ist, werden im Zuge von neoliberalen Aufwertungsprozessen umgestaltet (Rolfes 2015, 143) und es wird versucht, den Ort für das Auge der höheren und mittleren Klassen attraktiver zu machen. Dessen Ursprung sind neoliberale Stadtentwicklungspolitiken, die Aufwertung vorantreiben (sollen) und zu Verdrängung problematisierter Gruppen über das Narrativ Sicherheit führen. Verdrängung, bauliche Aufwertung und Versicherheitlichung eines öffentlichen Ortes können in der Regel parallel zueinander beobachtet werden, wenn neoliberale Stadtentwicklungspolitik als Ausdruck kommunaler Sicherheitspolitik vollzogen wird. Dazu zählen auch «Dezentralisierung» (ebd., 143), durch die die Stadtteilebene als kommunalpolitisches Handlungsfeld bedeutsamer wird. Ebenso die Etablierung «Territorialer Kontroll- und Sicherheitsstrategien» (ebd.), die dazu dienen sollen, dass soziale Benachteiligung, Armut und Irritation nicht sichtbar werden (ebd.). Das Alkoholkonsumverbot ist eine solche Strategie, die mehr Kontrolle und Überwachung sowie die Kriminalisierung von Verhaltensweisen mit sich bringt. Parallel dazu wird der Praterstern baulich umgestaltet und stärker kommerzialisiert: Auf dem Bahnhofsvorplatz – bis vor kurzem noch wichtiger Aufenthaltsort für Marginalisierte – , wird eine Polizeistation sowie ein Restaurant mit Gastgarten errichtet.

Die Segregationsbestrebungen, die dem vorausgehen, äussern sich in Versuchen, deviante Verhaltensformen von dem Ort fernzuhalten, und können in Kontroll- und Sanktionsmassnahmen münden. Das hat Auswirkungen auf marginalisierte Gruppen, die problematisiert, in eine passive Rolle gedrängt und gezwungen werden, sich den Gegebenheiten zu fügen. Manchmal können sich diese Menschen allerdings nicht an die Regeln halten (beispielsweise aufgrund einer Suchterkrankung, die den Verzicht auf Alkohol unmöglich macht). Das zwingt sie, sich den Sanktionen auszusetzen oder sich neue Aufenthaltsorte zu suchen. Dabei wird deutlich, wie Aufwertungslogiken, Sicherheitspolitiken und Verdrängungsmassnahmen von problematisierten Gruppen ineinandergreifen (Diebäcker 2019, 142) und worauf eine so geartete Entwicklung hinausläuft: Sie treibt die Stigmatisierung marginalisierter Menschen weiter voran und macht ihren Aufenthalt prekärer.

Literatur

Ataç, Ilker / Rosenberger, Sieglinde, 2013: Inklusion/Exklusion – ein relationales Konzept der Migrationsforschung. In: Ataç, Ilker / Rosenberger, Sieglinde (Hg.): Politik der Inklusion und Exklusion. Göttingen, 35–52

Baumann-Hartwig, Thomas, 2019: Stadt plant Alkoholverbotszone für Brennpunkte in Gorbitz. www.dnn.de/Dresden/Lokales/Stadt-plant-Alkoholverbotszone-fuer-Brennpunkte-in-Gorbitz (Abfrage 1.6.2020)

Benkel, Thorsten, 2010: Das Bahnhofsviertel der Gesellschaft. In: Benkel, Thorsten (Hg.): Das Frankfurter Bahnhofsviertel. Devianz im öffentlichen Raum. Wiesbaden, 7–11

Diebäcker, Marc, 2014: Soziale Arbeit als staatliche Praxis im städtischen Raum. Wiesbaden

Diebäcker, Marc, 2019: Gentrifizierung und öffentliche Räume. Über das Zusammenspiel von Aufwertung, Sicherheit und Ordnung an urbanen Plätzen. In: Kadi, Justin / Verlič, Mara (Hg.): Gentrifizierung in Wien. Perspektiven aus Wissenschaft, Politik und Praxis. Wien, 141–151

Gorgé, Sabine, 2019: «Mit Bussen trifft man die falschen Leute». www.srf.ch/news/schweiz/alkoholverbot-in-staedten-mit-bussen-trifft-man-die-falschen-leute (Abfrage 1.6.2020)

Gränitz, Saskia / Kerger, Hannes, 2019: Verdächtig gemacht. In: Hinterland Magazin 43. 65–71

Hutter, Dominik, 2018: Stadtrat beschliesst ganztägiges Alkoholverbot am Hauptbahnhof. www.sueddeutsche.de/muenchen/hauptbahnhof-alkoholverbot-stadtrat-1.4258285 (Abfrage 1.6.2020)

Kessel, Fabian / Reutlinger, Christian, 2010: Sozialraum. Eine Einführung. Wiesbaden

Kositz, Sebastian / Hofmann, Uwe, 2018: Was ist da los auf dem Amalie-Dietrich-Platz? www.dnn.de/Dresden/Lokales/Was-ist-da-los-auf-dem-Amalie-Dietrich-Platz (Abfrage 1.6.2020)

Kronauer, Martin, 2013: Inklusion/Exklusion. Kategorien einer kritischen Gesellschaftsanalyse der Gegenwart. In: Ataç, Ilker / Rosenberger, Sieglinde (Hg.): Politik der Inklusion und Exklusion. Göttingen, 21–33

Krutzler, David, 2018: Alkoholverbot gilt bereits ab Freitag für Praterstern und Venediger Au. www.derstandard.at/story/2000078466492/alkoholverbot-gilt-bereits-ab-freitag-fuer-praterstern-und-venediger-au (Abfrage 1.6.2020)

Liepold, Mira, 2020: Zwei Jahre Alkoholkonsumverbot in Wien. Die Wahrnehmungen marginalisierter Gruppen in Hinblick auf das Verbot. Masterarbeit FH Campus Wien

Magistratsdirektion Organisation und Sicherheit – Gruppe Leitungsinstrumente (Hg.), 2019: Evaluierung Alkoholkonsumationsverbot am Praterstern. Ergebnisbericht Vers. 1.0. Wien

Reinprecht, Christoph, 2013: Ausgrenzung durch sozialräumliche Segregation. Soziologische Betrachtungen zur Verräumlichung sozialer Ungleichheiten. In: Ataç, Ilker / Rosenberger, Sieglinde (Hg.): Politik der Inklusion und Exklusion. Göttingen, 53–70

Rolfes, Manfred, 2015: Kriminalität, Sicherheit und Raum. Humangeografische Perspektiven der Sicherheits- und Kriminalitätsforschung. Stuttgart

Andrea Mühlebach

Das notwendige Nass

Der Kampf gegen die Wasserprivatisierung in Berlin[a]

Im Februar 2011 fand in Berlin ein präzedenzloser Volksentscheid über die Offenlegung der Teilprivatisierung der Berliner Wasserbetriebe (BWB) statt. Er bewog die Stadt zwei Jahre später dazu, ihre Wasserbetriebe nach mehr als vierzehn Jahren Teilprivatisierung wieder zu rekommunalisieren. Das Protestlogo zum Volksentscheid sprach Bände: eine einfache Infrastruktur (der Wasserhahn), eine gängige Ressource (der Wassertropfen) und ein gefrässiger Hai, das Auge mit einem Euro-Symbol geschmückt. Das Logo symbolisiert den vom Volksentscheid sichtbar gemachten Finanzkapitalismus, dessen Ausbeutungsmechanismen oft hinter komplizierten öffentlich-privaten Partnerschaften (Public-Private-Partnerships) verschleiert werden (Wassmuth 2018, 4). Öffentlich-private Partnerschaften sind eine Privatisierungsform, bei der der Bau und Betrieb öffentlicher Infrastrukturen fremdfinanziert und Profite über viele Jahre hinweg staatlich garantiert werden – Profite, die schlussendlich von NutzerInnen bezahlt werden müssen und die als Tributzahlungen an das Kapital verstanden werden müssen, wie Max Weber es bereits 1894 in seiner Analyse zur Börse beschrieb.

Manchmal aber stellt genau dieser Raubtierkapitalismus eine hart umkämpfte Zone dar, in der sich Menschen gegen die Plünderung ihrer Gemeingüter wehren. Besonders beim Wasser regt sich im Fall von Privatisierungsversuchen heftiger Widerstand. Europa ist in den letzten Jahren von vielen Wasserprotesten geschüttelt worden, die auf Wasser als Gemeingut (Englisch «commons» und Italienisch «bene comune») beharren. Wasser, oft gleichgesetzt mit dem Leben

a Dieser Artikel ist eine abgeänderte Version eines bereits erschienenen Artikels (Muehlebach 2019).

schlechthin, tendiert dazu, sich sogar im liquidesten aller Märkte der «Verflüssigung» zu entziehen. Auf der einen Seite wird Wasser als «Öl des nächsten Jahrhunderts» ein stetig wachsender Wert zugeschrieben. Als Anlageklasse werde Wasser, so Goldman Sachs, bald Öl, Kupfer, Landwirtschaftsprodukte und rare Metalle überholen (Yang 2014). Zurzeit kaufen in diesem spekulativen Fieberwahn Banken, Pensionskassen, hochklassige Unternehmensbeteiligungskonzerne und Aktienfonds – die «neuen Wasserbarone», wie Jo-Shing Yang (2014) sie nennt – vor allem in grossen urbanen Zentren sogenannt mittelständischer Länder beachtliche Anteile der öffentlichen Wasserversorgung auf (Bakker 2013; Bayliss 2013). Dieser weltweite «water grab» wird durch den Sparkurs austeritätsgeschüttelter Städte erleichtert, die sich ihre öffentlichen Güter fremdfinanzieren lassen müssen (Bear 2017; Peck 2015; Peck und Whiteside 2015). Diese Hinwendung zu globalen Investoren und internationalen Kapitalmärkten hat zahlreiche Städte dazu veranlasst, ihre Wasserwerke in handelbare Vermögenswerte für den globalen Markt umzuwandeln. Dies geschieht durch die obengenannte öffentlich-private Partnerschaft, die öffentliche Güter in gemischtwirtschaftliche Aktiengesellschaften verwandeln oder einbetten.[1]

Statt Infrastrukturprojekte mittels einer Mischung aus Staatsanleihen und Steuern zu finanzieren, «verpartnern» sich Staaten also zunehmend mit Investoren, wobei der Euphemismus «Partnerschaft» die diesen Vereinbarungen zugrunde liegenden Enteignungsmechanismen und deren Folgen für die öffentliche Hand gut vernebeln. Bei öffentlich-privaten Partnerschaften erhält die öffentliche Hand eine kurzfristige Geldspritze – massive Schulden also, die mit einem vertraglich festgehaltenen Zins und staatlich garantierten Profitsatz für Investoren zurückbezahlt werden müssen. Es handelt sich, anders gesagt, um ein Verpfänden wertvollster Besitztümer, was im Endeffekt die Staatsschulden erhöht.[2] Aber langfristiges Denken spielt in einer von den manischen Rhythmen der Finanzwirtschaft dominierten Wirtschaft keine Rolle (Martin 2007). Muss es auch nicht, denn Investoren können darauf bauen, dass Regierungen mit Staatsgewalt durchsetzen, dass Endverbraucher die den Investorenpartnern versprochenen Renditen durch stets steigende Preise für lebenswichtige Güter bezahlen. Verweigern die Endverbraucher dies, drehen die Behörden ihnen den Hahn zu (Noor 2020), unterdrückt die Polizei Demonstrationen (Muehlebach 2017) oder büssen die Gerichte die Mittellosen.[3]

So wird kollektiver Reichtum durch die Finanzialisierung von Wasserinfrastrukturen durch ein langsames «Hinauftröpfeln» vom Haushalt zu bereits reichen globalen Investoren umverteilt (Bayliss 2013). Lebensnotwendige

Güter und die damit verbundenen Infrastrukturen sind «Abbaugebiet» für Finanzakteure, die durch massive Kredite und die damit einhergehende Verschuldung aus öffentlichen (und folglich aus individuellen) Haushalten, Kapital schlagen. Diese Abbaugebiete existieren nicht nur in peripheren Weltregionen. Im Gegenteil, sie florieren auch in unseren Haushalten mit ihren teilweise noch «brach liegenden» Feldern des oft noch zu privatisierenden Wassers, der Energie, der Kommunikation, Schulen, Krankenhäuser, Müllabfuhr und so weiter. Alle diese notwendigen sozialen Infrastrukturen werden besonders seit der Finanzkrise im Jahre 2008 von Investoren zunehmend als innovative Anlageprodukte wahrgenommen. Offiziell greifen Investoren der öffentlichen Hand «unter die Arme», tatsächlich schlagen sie aber mehrfach Profit aus der «Partnerschaft» – durch vertraglich festgehaltene Profite, durch die Auslagerung von Arbeitsplätzen und den Verkauf verlustbringender Tochterunternehmen; und durch die Bündelung von Haushaltszahlungen, mit denen auf dem Weltmarkt gehandelt wird (Bear 2017).

Vertrag mit längerer Laufzeit als die Berliner Mauer

Im Juni 1999 unterzeichnete der Berliner Senat einen Vertrag über 29 Jahre mit der französischen Gesellschaft Vivendi (heute Veolia) und dem deutschen Energiegiganten RWE. Die bisher öffentliche Berliner Wasserversorgung wurde in eine komplexe öffentlich-private Holding namens Berlinwasser Holding AG überführt. In dieser Holding hielt die Stadt Berlin 50,1 Prozent der Anteile, Veolia und RWE zusammen 49,9 Prozent.

«29 Jahre», empörte sich der (weiter unten vorgestellte) Wassertisch, «das ist länger als die Lebensdauer der Berliner Mauer!» Zudem umfasste der Vertrag den später skandalisierten § 23, der den privaten Investoren eine hohe Rendite auf deren investiertes Kapital garantierte. Diese Profitgarantie wurde durch ein Teilprivatisierungsgesetz des Berliner Stadtparlaments im Mai 1999 ermöglicht, aber umgehend durch die linke Opposition vor dem Berliner Landesverfassungsgericht angefochten. Letzteres beurteilte Teile des Gesetzes als verfassungswidrig, weil die Rendite auf dem investierten Kapital zu hoch sei. Der Gerichtsbericht erkennt die Berliner Wasserbetriebe (BWB) als öffentliches Gut mit einem öffentlichen Auftrag an; die «Axiome der Profitmaximierung» der Privatindustrie sollen bei öffentlichen Gütern nicht vorbehaltlos anwendbar sein. Das Gericht urteilte auch, dass die garantierten Profite auf «willkürlicher Preisgestaltung» beruhten, die mit den tatsächlich anfallenden Kosten nichts zu tun hätten und im Endeffekt nur die Rechnungen der EndnutzerInnen erhöhten.

Dennoch enthielt der Vertrag – der wohlgemerkt erst nach dem Urteil des Landesverfassungsgerichtes unterschrieben und ratifiziert wurde – den § 23. Er besagte, dass alle potenziellen Verluste der Investoren für die nächsten 29 Jahre durch die Stadt beglichen würden – selbst, wenn die Höhe der Profite als verfassungswidrig erklärt würde.[4] Damit versprach die Stadt, entweder auf eigene Profite zu verzichten, wenn die der Investoren zu klein ausfielen, oder entgangene Gewinne durch das Budget der Stadt zu ersetzen. So machte sich die Stadt für jeden potenziellen Verlust haftbar. Der Skandal dieses Vertrags war also nicht nur, dass die Stadt eine Steuerstruktur aufbaute, deren Einkünfte für fast drei Jahrzehnte den Investoren zufliessen sollten, sondern dass sie das Urteil des Berliner Verfassungsgerichtes explizit umging.

Die SPD-Politikerin Gerlinde Schermer war eine der wenigen im Stadtparlament, welche darauf beharrte, trotz einer Vertraulichkeitsklausel den Vertrag nach Unterzeichnung 1999 einzusehen und öffentlich über den § 23 und die darin vereinbarte Profitgarantie zu sprechen. Nur konnte sie nicht beweisen, dass der geheime Vertrag eine solche Garantie enthielt. Einzig ein Volksentscheid konnte die Stadt zwingen, den Vertrag öffentlich zu machen. Was entschleiert werden sollte, war nicht nur der Vertrag selbst, sondern das fundamentale Prinzip des Kapitalismus schlechthin – dass er seine wiederkehrenden Ausbeutungsmechanismen immer wieder aufs Neue verschleiern muss.

«Unser Wasser»

2006 war das Gründungsjahr des Berliner Wassertischs, einer BürgerInneninitiative, welche sich unter dem Motto «Wasser gehört uns allen – Wasser ist ein Menschenrecht» zusammengefunden hatte. Von Beginn an war die Initiative zentral mit der Frage des kollektiven Eigentums beschäftigt. Sie argumentierte, dass selbst der Euphemismus Partnership nicht verbergen konnte, dass die Stadt sich über eine Generation hinweg globalen Investoren gegenüber verschuldet hatte und dass BerlinerInnen daher ihres Wassers und der demokratischen Kontrolle darüber enteignet worden waren.

Mitte 2007 initiierte der Berliner Wassertisch ein Volksbegehren namens «Unser Wasser», mit dem Titel «Schluss mit Geheimverträgen – Wir Berliner wollen unser Wasser zurück». Das Ziel war die Offenlegung der Verträge und vor allem die Einsicht in den berühmt-berüchtigten § 23.[5] Unterstützt wurde das Volksbegehren von einer Bevölkerung, die unter den bundesweit höchsten Wasserpreisen litt. Der Wassertisch fragte sich, wie die teilprivatisierte BWB den Wasserpreis zusammensetzte und die dabei im Vertrag festgehaltene Profitgarantie tarnte und maskierte. Die Grünenpolitikerin Heidi Kosche legte zum Beispiel dar, wie sowohl die Verzinsung des betriebsnotwendigen Kapitals als auch Amortisationsfristen für Infrastrukturbauten massiv verkalkuliert worden waren. Der Berliner Senat hatte 2003 neue Amortisationsfristen für Infrastrukturbauten verabschiedet und dabei deren Lebensdauer derart massiv unterschätzt, dass die BWB die Verfallsrate der Infrastruktur falsch berechnen konnte. So sollten die Abwasserleitungen nur gerade 35 Jahre halten, was sich direkt in einem höheren Wasserpreis niederschlug. Tatsächlich beträgt deren Lebensspanne aber etwa hundert Jahre. Die Differenz ergab in der Berechnung des Wassertischs eine Wertabschreibung von 264 Millionen Euro statt der 40 Millionen Euro, welche die KritikerInnen schätzten (Kosche 2014, 4) – «fiktive Kosten» also, die in die Wassertarife einberechnet wurden.

Aber mehr noch als um den Preis ging es um die Frage des Eigentums – wem gehört das Berliner Wasser, und wie konnte es sein, dass Verträge, die direkt ein Gemeingut reglementieren, nicht öffentlich zugänglich sind? Mit einem «Offenlegungsgesetz» wollte der Wassertisch die Stadt nicht nur zur Offenlegung der Verträge, sondern über den Volksentscheid zum Erlass eines Gesetzes zwingen, welches die Informationsfreiheit bei Verträgen, die Gemeingüter regeln, garantiert.[6] Der aus einer Linkskoalition hervorgehende Berliner Senat erklärte das Volksbegehren aber umgehend für verfassungswidrig: Eine Offenlegung der Verträge verletze die im Grundgesetz garantierte Wirtschaftsfreiheit, Vertragsfreiheit, informationelle Selbstbestimmung, die Berufsfreiheit und das Eigentumsrecht. Die Offenlegung würde höherrangiges Recht verletzen; AktionärInnen würden enteignet und deren Verfassungsrechte verletzt. Dieses Argument machte explizit, worum es dem Senat ging: um die Verteidigung des Heiligtums des privaten Eigentumsrechts, welches allen anderen Rechten übergeordnet sei.

Gegen diese Auffassung legte der Wassertisch umgehend Beschwerde beim Berliner Verfassungsgericht ein. In einem bemerkenswerten Urteil hiess das Gericht 2009 die Beschwerde gut und argumentierte, dass öffentliches Recht im Bereich der Administration von öffentlichen Gemeingütern vor privatem Recht Vorrang habe. Das Privatrecht diene in erster Linie dem Schutz privater Individuen und habe daher in der Handhabung öffentlicher Gemeingüter nichts zu suchen. Zudem insistierte das Verfassungsgericht, dass das Recht des Volksgesetzgebers mit dem Recht der Legislative gleichzusetzen sei. Bald danach folgte die vom Wassertisch initiierte Abstimmung. Am 13. Februar 2011 stimmten 98,2 Prozent der Stimmberechtigten Berlins für den Vorschlag des Wassertisches; das erste Mal, dass in der Geschichte Berlins ein Volksentscheid durchgesetzt wurde. Die Geheimverträge, in die die Grünenpolitikerin Heidi Kosche inzwischen um Einsicht gebeten hatte, wurden alsbald in den Berliner Medien veröffentlicht. Entschleiert wurde nicht nur die Tatsache, dass Kapitalgesellschaften in Zusammenarbeit mit öffentlichen Institutionen bewusst geheime Verträge und damit intransparente Kommunikationsstrukturen aufgestellt hatten, sondern auch, dass VolksvertreterInnen das Argument der «Verfassungswidrigkeit» herbeiziehen, um ihren Verschleierungen Legitimität zu gewähren.

Wasser als zyklisches Gemeingut

Mit der Verbreitung des Vertrags in den Medien wurde der schuldenbelastete Landeshaushalt sichtbar, in den das Land Berlin sich und seine BürgerInnen verstrickt hatte. Der darauffolgende Skandal zeigte, dass Berlin bereits wenige Jahre nach der Privatisierung Steuereinkünfte und neue Anleihen zur Begleichung von Zinsen und Schulden eingesetzt hatte. Berlin, respektive seine BürgerInnen, musste für die «Tributzahlungen» (die 8 Prozent Jahreszinsen der Anleihen) haften. KritikerInnen nannten dies Diebstahl, ja «Raubzug» (Lederer 2011). In der Tat konnten von 2000 bis 2006 die privaten Investoren 73 Prozent der Gewinne der Wasserversorgung abschöpfen, obwohl sie nur 49,9 Prozent der Anteile besassen. Allein 2004 verzichtete Berlin auf die eigenen Gewinne, um den privaten Investoren einen Profit in Höhe von 41,2 Millionen Euro zu sichern (Kosche 2014: 3).

Die Veröffentlichung der geheimen Verträge war für die damals regierende Linkskoalition derart vernichtend, dass sie – nun als «Abzocker» verschrien – schnell bereit war, Berlins Wasser zurückzukaufen (allerdings zu einem viel zu hohen Preis). Es blieben weitere Herausforderungen. Die Auflösung der Holding dauerte Jahre und wurde nach komplexen Verhandlungen in eine Anstalt öffentlichen Rechts umgewandelt. Bis heute aber gibt es KritikerInnen, welche die Rechtsform «Eigenbetrieb» bevorzugt hätten, weil diese mehr demokratische Kontrolle erlaubt (von Wiesenau 2019). Weiter sind die Berliner Wasserpreise nach wie vor ungewöhnlich hoch, vor allem wegen der astronomischen Schulden, welche die Stadt seit dem Rückkauf noch mehr belasten. Der Wassertisch und der nach dem gewonnenen Volksentscheid gegründete Wasserrat kämpfen weiterhin für eine sinnvolle Beteiligung an der Verwaltung der Wasserversorgung. Eine erstmals 2013 vorgestellte Wassercharta erläutert ausführlich die Grundsätze, nach denen sich alle Menschen in Berlin demokratisch an der städtischen Wasserpolitik beteiligen dürfen sollen. Vor kurzem erkämpfte der Wassertisch auch, dass Berlin sich dem Prinzip der «Blue Community»[7] verschreibt, von nun an also die Wasser(teil)privatisierung untersagt und zum Beispiel den Verkauf von Flaschenwasser in öffentlichen Institutionen verbietet.

Das Berliner Wasser ist nun dauerhaft der öffentlichen Daseinsvorsorge verschrieben und bleibt dabei vollständig im Eigentum des Landes. Der Wassertisch insistiert jedoch, dass auch eine Gemeinwohlorientierung in der Satzung der BWB verankert werden muss. Das heisst, dass das Wasser und die damit unzertrennlich verbundene Infrastruktur von der BWB als generationenübergreifendes soziales Eigentum neu verstanden werden müssen. Schliesslich ist das «gemein» in «Gemeingut» auf das indogermanische *moino* (also «Wechsel» und «Tausch») zurückzuführen: Wasser als Gemeingut ist ein Gut, welches wie das Wasser selbst immer zyklisch in Bewegung ist – ein kollektives Erbe, welches nie ohne Konsens der Öffentlichkeit vom Staat veräussert werden darf, sondern demokratisch verwaltet und als gesellschaftliches Vermögen über Generationen hinweg immer wieder von einem «Eigentümer» zum nächsten überwechseln muss. Es handelt sich also um eine Art Eigentum, welches kein Eigentum sein darf – ein Gut, dessen Wert ausschliesslich aus seinem konstanten, kollektiven, lebensnotwendigen Gebrauch besteht und niemals der Logik des Profits unterliegen darf.

Anmerkungen

1 Die Umwandlung der BWB in eine Aktiengesellschaft war hochkontrovers, als sie 1994 vorgeschlagen wurde. Der Berliner Senat kreierte daher 1998 eine ungewöhnliche Holdingstruktur namens *Berlinwasser Holding AG,* in die Veolia und RWE investieren konnten, obwohl die BWB formal noch eine Anstalt öffentlichen Rechts blieb (Lanz/Eitner 2005; Passadakis 2006).

2 Rechnungshöfe in Deutschland und Kanada kommen in ihren Untersuchungen von PPPs zu ähnlichen Schlüssen – dass PPPs in der langen Sicht für die öffentliche Hand finanziell schädlich sein können oder zumindest viele Risiken für die öffentliche Hand beinhalten (siehe CUPE 2017 und Bundesministerium für Finanzen 2016).

3 Die britische Webseite «Citizens Advice» beschreibt genau, wie Wasserbetriebe in Grossbritannien bei unbezahlten Rechnungen nicht nur das Wasser abstellen, sondern in letzter Instanz auch gerichtlich gegen ihre Kunden vorgehen können (www.citizensadvice.org.uk/consumer/water/water-supply/problems-with-paying-your-water-bill/if-you-don-t-pay-your-water-bill/, Abfrage 28.7.2020)

4 Im Konsortialvertrag hiess es: «Wird § 3 des Teilprivatisierungsgesetzes ganz oder teilweise für nichtig oder aufgrund einer Entscheidung eines Verfassungsgerichts mit höherrangigem Recht für unvereinbar erklärt und führt die Nichtigerklärung zu wirtschaftlichen Nachteilen der Berliner Wasserbetriebe, so ist das Land Berlin verpflichtet, unverzüglich gemeinsam mit den Berliner Wasserbetrieben, der Holding und der BB-AG zu prüfen, welche rechtlichen und/oder tatsächlichen Massnahmen geeignet sind, die Nachteile der Berliner Wasserbetriebe in vollem Umfang auszugleichen.» (Heiser 2010).

5 Der Wassertisch musste den Weg der Offenlegung nehmen, da es zu dieser Zeit in Berlin nicht die Möglichkeit gab, dass Volksentscheide in den laufenden Haushalt des Landes eingreifen.

6 Anders als in den meisten Städten Deutschlands hat die Bevölkerung auf Berliner Landesebene das Recht, direkt als «Volksgesetzgeber» an der Gesetzgebung des Landes mitzuwirken.

7 Das «Blue Communities»-Projekt wurde von der kanadischen Organisation Council of Canadians zusammen mit kanadischen Gewerkschaften im Jahre 2009 ins Leben gerufen, um Städte und Gemeinden dazu aufzurufen, Wasser als Gemeingut («common good») und Menschenrecht anzuerkennen. Konkret heisst das, dass Wasserwerke öffentlich finanziert und betrieben werden sollten (canadians.org/bluecommunities, Abfrage 28.7.2020).

Literatur

Bakker, Karen, 2013: Neoliberal Versus Postneoliberal Water. Geographies of Privatization and Resistance. In: Annals of the Association of American Geographers 103 (2), 253–260

Bayliss, Kate, 2013: The Financialization of Water. In: Review of Radical Political Economy 46 (3), 292–307

Bear, Laura, 2017: «Alternatives» to austerity. A critique of financialized infrastructure in India and beyond. In: Anthropology Today 33 (5), 3–7

Bear, Laura, 2015: Navigating Austerity. Currents of Debt Along a South Asian River. Stanford

Beveridge, Ross / Naumann, Matthias, 2014: Global norms, local contestation. Privatisation and de/politicization in Berlin. In: Policy and Politics 42 (2), 275–291

Bundesministerium für Finanzen, 2016: Chancen und Risiken Öffentlich-Privater Partnerschaften. Gutachten des Wissenschaftlichen Beirats beim Bundesministerium der Finanzen

CUPE (Canadian Union of Public Employees), 2017: Ontario's P3 Program draws auditor's fire – again. cupe.ca/ontario-p3-program-draws-auditors-fire-again (Abfrage 29.7.2020)

Heiser, Sebastian. 2010: Berlin. Die geheimen Wasserverträge. www.informationsfreiheitsgesetz.net/blog/2010/10/30/berlin-die-geheimen-wasservertraege/ (Abfrage 29.7.2020)

Lanz, Klaus / Eitner, Kerstin, 2005: D12. WaterTime case study- Berlin, Germany. In: WaterTime, January 31

Kosche, Heidi, 2014: Endabrechnung Wasserprivatisierung. MdA der Fraktion Bündnis 90/Die Grünen im Abgeordnetenhaus von Berlin

Martin, Emily, 2007: Bipolar Expeditions. Mania and Depression in American Culture. Princeton

Mattert, Jana / Valentukeviciute, Laura / Wassmuth, Carl, 2017: Gemeinwohl als Zukunftsaufgabe. Öffentliche Infrastrukturen zwischen Daseinsvorsorge und Finanzmärkten. Berlin

Muehlebach, Andrea, 2017: The Irish Water Insurgency. No More Blood from these Stones. In: Roar Magazine, 6.2.

Muehlebach, Andrea, 2019: Toward a Social Infrastructure. In: E-Flux Architecture. www.e-flux.com/architecture/liquid-utility/259663/toward-a-social-infrastructure/ (Abfrage 29.7.2020)

Noor, Poppy, 2020: Detroit Families Still Without Clean Water Despite Shutoffs Being Lifted. In: The Guardian, 20.5.

Passadakis, Alexis, 2006: Die Berliner Wasserbetriebe. Von Kommerzialisierung und Teilprivatisierung zu einem öffentlich-demokratischem Wasserunternehmen. Studie im Auftrag von Sahra Wagenknecht. In: Vereinigte Europäische Linke, 17–22

Peck, Jamie, 2015: Austerity Urbanism. The Neoliberal Crisis of American Cities. New York

Peck, Jamie / Whiteside, Heather, 2015: Financializing Detroit. In: Economic Geography 92 (3), 235–268

Lederer, Klaus, 2011: Die Teilprivatisierung der Berliner Wasserbetriebe. Erfolgsmodell oder Abwicklungsfall? In: Journal for Public and Nonprofit Services 34 (4), 444–461

Von Wiesenau, Ulrike, 2019: Zwischenbilanz des Berliner Wasserrates. In: Neue Rheinische Zeitung. www.nrhz.de/flyer/beitrag.php?id=20789 (Abfrage 29.7.2020)

Wassmuth, Carl, 2017/2018: ÖPP-Pleite – der exemplarische Fall A1 Mobil. In: Lunapark 21. www.lunapark21.net/oepp-pleite-mit-ansage-der-exemplarische-fall-a1-mobil/ (Abfrage 29.7.2020)

Weber, Max, 2000[1894]: Die Börse. In: Theory and Society 29 (3), 305–338

Yang, Jo-Shing, 2014: The New «Water Barons». Wall Street Mega-Banks Buying Up the World's Water. www.commoditytrademantra.com/water/new-water-barons-wall-street-mega-banks-buying-worlds-water/ (Abfrage 29.7.2020)

Eva Gelinsky

Saatgut gehört den Bäuer*innen

Formen der ursprünglichen Akkumulation

Ist die Landwirtschaft eine Industrie wie jede andere? Wie verändert der Kapitalismus die Landwirtschaft? Diese Fragen sind seit über hundert Jahren Gegenstand kontroverser Diskussionen. Einigkeit herrscht meist darüber, dass die Landwirtschaft ein spezieller Wirtschaftssektor ist, der seiner kapitalistischen «Durchdringung» Widerstände entgegensetzt. Während in der Industrie die Taktung des Produktionsprozesses durch technische Möglichkeiten, den Einsatz von Arbeitskräften, Wissen und Kapital präzise gesteuert werden kann, gibt in der landwirtschaftlichen Produktion die nur bedingt kontrollierbare Natur vor, wann Arbeiten wie die Aussaat oder die Ernte beginnen können. Dazu kommt, dass wichtige Produktionsmittel wie das Saatgut von Bäuer*innen selbst hergestellt beziehungsweise reproduziert werden können. Dieser Umstand verleiht bäuerlichen Betrieben Unabhängigkeit und öffnet ihnen begrenzte Möglichkeiten, sich dem kapitalistischen Markt und dem Zwang zur Lohnarbeit zu entziehen.

Um die kapitalistische Akkumulation auch im Agrarbereich durchzusetzen, wurden und werden Bäuer*innen von ihren Produktionsmitteln enteignet. Marx beschreibt diesen Prozess, den er als *ursprüngliche Akkumulation* bezeichnet, am Beispiel von Kleinbäuer*innen, die von ihrem Land vertrieben und ihrer sonstigen Produktionsmittel beraubt werden (MEW 23, 741–791). Die treibenden Kräfte dieses Prozesses sind einerseits die besitzende Klasse der Kapitalist*innen, andererseits der Staat, der die Rahmenbedingungen der Akkumulation durchsetzt und schützt. Den Enteigneten bleibt, da sie nun nichts anderes sind als «freie» Arbeiter*innen, nur ihre Arbeitskraft, die sie verkaufen müssen. Den Lohn, den sie für ihre Arbeit erhalten, benötigen sie für ihre Reproduktion: für Lebensmittel, Kleidung und Unterkunft. Auf diese Weise werden sowohl Arbeiter*innen als auch ein Markt geschaffen. Kloppenburg bezeichnet die Landwirtschaft als den eigentlichen *locus classicus* der ursprünglichen Akkumulation (2010b, 368). Verschiedene Autor*innen weisen darauf hin, dass dieser Prozess auch in jüngster Zeit andauert (Zeller 2004, 2006, 2009; Harvey 2003).

Die Enteignung der Bäuer*innen von ihren Produktionsmitteln wurde im Verlauf der Agrarmodernisierung nicht immer offen gewaltsam durchgesetzt. Ein entscheidender Schritt war die Auslagerung wichtiger Produktionsschritte, die bisher in die bäuerliche Familienökonomie eingebettet waren. Sobald Bäuer*innen vermehrt Produktionsmittel (Waren) auf dem Markt kaufen müssen, anstatt sie selbst zu (re-)produzieren, beginnen sie, ihre Unabhängigkeit als Produzent*innen zu verlieren (Kloppenburg 2004, 34). Wie die Enteignung der Bäuer*innen von einem ihrer wichtigsten Produktionsmittel, dem Saatgut, in Europa und in den USA durchgesetzt wurde, soll im Folgenden dargestellt werden.

Saatgut: ein besonderes Produktionsmittel

Saatgut ist Ausgangspunkt jeder landwirtschaftlichen Pflanzenproduktion – und oft ihr direktes Ergebnis. Denn das bei der Ernte gewonnene Getreide, das zu Mehl vermahlen und zu Brot verbacken wird, kann auch als Saatgut für den nächsten Anbau verwendet werden.

Das Saatgut ist in der Entwicklung einer kapitalistischen Landwirtschaft daher von besonderem, strategischem Interesse (Kloppenburg 2004, 37). Allerdings wird die gewerbliche Produktion von Saatgut durch zwei entscheidende Faktoren behindert: Es kann von Bäuer*innen nicht nur selbst hergestellt werden; es reproduziert sich auch selbst. Stimmen die Bedingungen, wird das Samenkorn keimen, sich in eine Pflanze verwandeln, blühen, reifen und sich auf diese Weise in grosser Anzahl selbst vermehren. Diese biologische Eigenschaft bereitet Unternehmen, die die Entwicklung neuer Pflanzensorten kommerziell organisieren wollen, erhebliche Schwierigkeiten. Denn was es im Überfluss gibt, braucht niemand zu kaufen.

Um aus Saatgut ein Geschäft machen zu können, muss also eine künstliche Verknappung des Angebots durchgesetzt werden und es muss verhindert werden, dass Bäuer*innen das Saatgut selbst produzieren. Züchtung und Vermehrung des Saatgutes müssen privatisiert werden, um die Produktion kapitalistisch zu organisieren. Auf diesem Weg wird das Saatgut zu einer Ware, die Bäuer*innen auf dem Markt gegen Geld kaufen (Kommodifizierung). Dieser Prozess erlaubt allerdings nur eine sehr beschränkte, erste Möglichkeit der Realisierung von Mehrwert. Denn das Risiko bleibt, dass das einmal gekaufte Saatgut wieder in den Re-Produktionsprozess des bäuerlichen Betriebes eingeht. Um dauerhaft an Saatgut verdienen zu können, ist es also entscheidend, dass Bäuer*innen überhaupt keinen Nachbau mehr betreiben und jedes Jahr neues Saatgut kaufen.

Wie wurde und wird die Enteignung durchgesetzt?

Die Enteignung verläuft in unterschiedlichen Formen; es gibt – auch heute noch – die rohe, gewaltsame Durchsetzung, wie das aktuelle Beispiel Kolumbien zeigt. Durch die mit dem Abschluss von Freihandelsverträgen (mit der EU beziehungsweise den USA) verbundenen Auflagen wurde die Verwendung von bäuerlichem Saatgut unter Strafe gestellt. Lokales Saatgut wurde konfisziert und vernichtet, dessen weitere Verwendung wird mit Haft oder Geldbussen geahndet (Wenger 2014).

In Europa und in den USA wurde die Enteignung schrittweise und über einen längeren Zeitraum durchgesetzt, einerseits rechtlich und wirtschaftspolitisch, andererseits biologisch-technisch mit Hilfe der Hybridzüchtung. Treibende Akteure hinter dieser Entwicklung sind nicht nur die privaten Kapitalinteressen der Züchtungsunternehmen, auch der Staat nimmt hier entscheidend Einfluss.

Europa: Vom Saatgutverkehrsgesetz zum Sortenschutz

Lange Zeit waren die Arbeitsschritte des Anbaus, der Züchtung und der Saatgutgewinnung im bäuerlichen Betrieb untrennbar miteinander verbunden. Ab circa Mitte des 19. Jahrhunderts beginnt sich in Europa, begünstigt durch massive Veränderungen in der Landwirtschaft (erste Agrarrevolution, Entwicklung eines Weltagrarmarktes) und wissenschaftliche Fortschritte (Wiederentdeckung der Mendelschen Regeln im Jahr 1900) eine «professionelle» oder «wissenschaftliche» Pflanzenzüchtung zu entwickeln (Wieland 2004).

Die traditionell von Bäuer*innen angebauten «Landsorten», die an eine extensive Wirtschaftsweise angepasst sind und daher in der Regel auch unter schwierigen Wachstumsverhältnissen sichere, aber eher geringe Erträge liefern, passen immer weniger in die modernisierte Landwirtschaft. Vor allem, weil sich ihre Erträge trotz intensiver Düngung kaum steigern lassen, wird die Entwicklung neuer «Hochzuchtsorten» als immer wichtiger angesehen. Der durch die zunehmenden Importe einsetzende Preiszerfall führt zusätzlich dazu, dass sich Bäuer*innen gezwungen sehen, ihre Erträge auch durch Nutzung der neuen Sorten zu steigern. Wissenschaftlich-technische Fortschritte und die Konkurrenz auf dem Weltagrarmarkt sind also die entscheidenden Treiber in diesem Enteignungsprozess.

Je mehr das Saatgut zu einer Handelsware wird und sich eine Arbeitsteilung zwischen Züchter*in und Bäuer*in durchsetzt, desto wichtiger werden staatliche Kontrollen und Qualitätsvorschriften; denn auf dem Markt taucht nun immer mehr gefälschtes und minderwertiges Saatgut auf. Das Anfang des 20. Jahrhunderts (zuerst in Deutschland) entwickelte Saatgutverkehrsrecht[1] versucht, die Widersprüche, die sich aus der Kommodifizierung ergeben, zu regeln: Während Züchter*innen regelmässig Saatgut verkaufen wollen, müssen Bäuer*innen ihre Ausgaben möglichst niedrig halten. Gleichzeitig müssen sie sich darauf verlassen können, dass das gekaufte Saatgut gewisse Qualitätsstandards erfüllt, beispielsweise wirklich keimfähig ist. Mittels staatlicher Regulierung des Saatgutmarktes wird eine «Sortenbereinigung» durchgesetzt. Als verkehrsfähig gelten nur noch Sorten, die eine spezifische Qualität (Ertrag, Verarbeitungseigenschaften) aufweisen und für die besten, also intensiv gedüngten Anbaubedingungen entwickelt wurden. Dadurch werden die traditionellen bäuerlichen Sorten praktisch vollständig vom Markt verdrängt und die Modernisierung der Landwirtschaft vorangetrieben.

Erst Mitte des 20. Jahrhunderts, erneut zuerst in der BRD (1953), erhalten die Züchter*innen über den Sortenschutz ein Schutzrecht, das ihre Sorten zu Privateigentum macht. Sorten lassen sich nun wirtschaftlich verwerten, die Züchter*innen können mit dem Verkauf ihrer Sorten Mehrwert generieren. Neu sind nur noch Inhaber*innen einer geschützten Sorte befugt, Saatgut dieser Sorte zum Zweck des gewerbsmässigen Saatgutvertriebs zu erzeugen, anzubieten oder in den Verkehr zu bringen. Die Rechte der Bäuer*innen auf Nachbau bleiben über das im Sortenschutz verankerte «Landwirteprivileg» – auch das Saatgut einer geschützten Sorte darf für den eigenen Gebrauch im Betrieb vermehrt werden – noch über einen längeren Zeitraum staatlich gesichert. Nach den Erfahrungen von zwei Weltkriegen hat die Versorgungssicherheit nach wie vor einen hohen Stellenwert. Weitergehende private Interessen werden von der Politik daher noch zurückgewiesen (Neumeier 1990, 242), der Enteignungsprozess auf diese Weise verlangsamt. Die internationale Forcierung und Regulierung der privaten Interessen – im Dezember 1961 wird das *Internationale Übereinkommen zum Schutz von Pflanzenzüchtungen* verabschiedet[2] – schreibt die massive Einschränkung bäuerlicher Rechte fort und mit der Überarbeitung des Abkommens Anfang der 1990er-Jahre (UPOV 1991) wird der bäuerliche Nachbau kostenpflichtig (Nachbaugebühren).[3]

USA: Hybridzüchtung, Gentechnik und Patentschutz

Anfang des 20. Jahrhunderts werden die genetischen Grundlagen der Hybridzüchtung entdeckt. Als Hybriden werden Pflanzen bezeichnet, die aus der Kreuzung von zwei reinerbigen Elternpflanzen hervorgegangen sind. Sie sind meist besonders vital und übertreffen ihre Eltern in Eigenschaften wie zum Beispiel Ertrag. Ein «sortenechter» Nachbau von Hybriden ist indes nicht möglich; Nachsaaten spalten auf und zeigen meist unterschiedliche Formen. So können von einer hochwüchsigen Hybridmaispflanze einige Nachkommen hoch-, andere mittel- und die nächsten niedrigwüchsig sein; das gleiche gilt für andere Merkmale dieser Pflanze (Banzhaf 2016, 53).

In den USA wird die Hybridzüchtung massiv staatlich gefördert. Denn sehr schnell wird klar, welch enormes ökonomisches Potenzial in dieser Form der Züchtung steckt (Kloppenburg 2004, 92 f.). Nachdem sich Erfolge einstellen – 1935 werden Maishybriden mit 10 bis 15 Prozent höheren Erträgen präsentiert – steigen auch die ersten Saatgutfirmen in das Geschäft ein, denn das Verfahren der Hybridzüchtung macht Saatgut zum ersten Mal für den gewerblichen Verkauf interessant. Die neuen Maishybriden werden geschickt beworben und in nur zehn Jahren – 1935 bis 1945 – stellen die Bäuer*innen im «Maisgürtel», dem traditionellen Maisanbaugebiet im Mittleren Westen der USA, vollständig auf Hybriden um. Im gleichen Zeitraum schiessen die Gewinne aus dem Verkauf von Hybridsaatgut von nahezu null auf siebzig Millionen Dollar. 1965 sind bereits 95 Prozent der Maisanbaufläche der USA mit Hybriden bepflanzt (ebd., 110).

Ab Anfang der 1980er-Jahre wird an der Gentechnologie und anderen molekularbiologischen Methoden gearbeitet. Für diese kapitalintensiven Verfahren fordern die Unternehmen einen starken privatrechtlichen Schutz. Zudem führen die hoch spezialisierten wissenschaftlich-technischen Entwicklungen zu einer vertieften Arbeitsteilung zwischen Landwirtschaft und Züchtung. Die US-amerikanische Rechtsprechung lässt nun zu, dass Verfahren und Produkte der Pflanzenzüchtung patentiert werden können. Die EU zieht mit der aktiven Förderung der Biotechnologie im Agrarbereich und einer Anpassung ihrer Patentgesetzgebung (Biopatentrichtlinie, 1998) in nur wenigen Jahren nach. Als besonders lukrativ für die Unternehmen, vor allem in den USA, erweist sich der Verkauf von patentgeschütztem gentechnisch verändertem Saatgut im Paket mit Pestiziden (Gelinsky 2018).

Der Patentschutz ist, genau wie der Sortenschutz, ein Ausschliesslichkeitsrecht, also ein monopolähnliches subjektives Recht, das ein (positives) Benutzungs- und ein (negatives) Verbotsrecht umfasst. Ein Recht auf bäuerlichen Nachbau existiert im Patentrecht nicht. Bäuer*innen, auf deren Feldern patentiertes Material gefunden wird, sind mit Patentverletzungsklagen konfrontiert. Patentgeschütztes Saatgut kann auch nicht mehr im herkömmlichen Sinne erworben werden; mit der Unterzeichnung einer vertraglichen «Technologievereinbarung» lizenzieren Bäuer*innen nur noch dessen einmaligen Gebrauch.

Die Situation heute: Neue Enteignungsprozesse …

In Europa nimmt die Bedeutung von Patent- und Sortenschutz weiter zu und unterbindet somit den bäuerlichen Nachbau beziehungsweise macht ihn illegal. In den USA dominiert, auch wegen der starken Verbreitung gentechnisch veränderter Sorten, der Patentschutz. Die «Kapitalisierung» des Agrarbereichs ist in den vor- (Saatgut, Dünger, Pestizide, Maschinen) und nachgelagerten Bereichen (Verarbeitung und Handel) weit fortgeschritten. Nach drei Fusionswellen wird das Saatgutgeschäft global von vier grossen Unternehmen dominiert,[4] die alle auch in den Bereichen der Agrarchemie (Pestizide) und Datenverarbeitung (Digitalisierung) aktiv sind.

Derweil werden im Rahmen der wachsenden Verwertungskrise des Kapitalismus (Zeller 2009) neue Akkumulationsprozesse durch Enteignung durchgesetzt. In den letzten Jahren haben sich die Bedeutung und die Funktion der Finanzmärkte verändert, was auch die Agrarunternehmen und ihre Geschäftspraktiken betrifft. Auch Bayer & Co. müssen und wollen nun nicht mehr nur auf den Gütermärkten (Saatgut, Pestizide) erfolgreich Gewinn erwirtschaften; sie müssen inzwischen vor allem auf dem sehr flexiblen Kapitalmarkt wettbewerbsfähig sein, also den Unternehmens- beziehungsweise den Aktienwert erhöhen («pflegen») und Dividenden ausschütten.

«Die Teilung des Mehrwerts in Profit und Rente, respektive des Profits in Unternehmensprofit und Zins, bewirkt eine stärkere Ausbeutung der Arbeitenden in Form einer Steigerung der Mehrwertrate und einer Verstärkung von Formen der ursprünglichen Akkumulation. Aufgrund der gesteigerten Profitansprüche trachtet das Anlagekapital danach, mehr Werte aus der Gesellschaft herauszupressen.» (Zeller 2009, 33-34)

Dies betrifft nicht nur die Arbeiter*innen in den Agrarfirmen selbst, sondern auch ihre Kund*innen, die Bäuer*innen. Diese müssen in Zukunft mit weiter steigenden Preisen und einer sich verschärfenden Abhängigkeit von zunehmend auch digitalen Paketlösungen rechnen. Bleiben die von den Unternehmen versprochenen Mehrerträge aus oder fallen die Preise auf den Agrarmärkten, können Bäuer*innen schnell in die Schuldenfalle geraten, woraus sich neue Abhängigkeiten ergeben.

... und Widerstände

Die andauernden Enteignungsprozesse sind Ausgangspunkt zahlreicher politischer Auseinandersetzungen. Weil sich das Saatgut aufgrund seiner «Biologie» (der leichten Vermehrbarkeit) der Enteignung nach wie vor immer wieder entziehen kann, ergeben sich Anknüpfungspunkte für eine Perspektive der gesellschaftlichen Aneignung des Produktionsmittels Saatgut. Aber auch staatliche, meist agrarpolitische Interessen können den Zugriff privater Akteure zumindest partiell beschränken. Wie vielfältig die Formen des Widerstandes sind, sollen abschliessend einige Beispiele zeigen.

In Deutschland gründet sich Ende der 1990er-Jahre die Interessengemeinschaft gegen die Nachbaugesetze und Nachbaugebühren (IG Nachbau, IGN). Die Pflanzenzüchter*innen ernennen die Saatgut-Treuhandverwaltungs GmbH (STV) zum zentralen Vollstreckungsorgan für die Eintreibung der Nachbaugebühren. Diese geht mit Drohbriefkampagnen, Klageverfahren oder regelrechten Bespitzelungsaktionen gegen Bäuer*innen vor. Ziel der IGN ist es, die Ausforschung und die Kontrollen seitens der STV zu beenden und das Recht auf gebührenfreien bäuerlichen Nachbau wieder uneingeschränkt herzustellen. Zahlreiche gerichtliche Auseinandersetzungen hat die IG Nachbau bereits gegen die STV gewonnen (Schievelbein 2000).

In vielen Ländern, auch in der Schweiz, sind Züchtungsinitiativen entstanden, die nicht profitorientiert, sondern gemeinnützig arbeiten, von Stiftungen finanziert werden und die versuchen, Bäuer*innen in die Züchtung miteinzubeziehen. In den USA setzt sich die Open-Source-Saatgut-Bewegung für «freies» Saatgut ein (Kloppenburg 2010a). Während es in den industrialisierten Ländern vor allem um eine *Wiederaneignung* geht, kämpfen die Bäuer*innen in Ländern des Südens für den Fortbestand ihrer Saatgutsouveränität (Peschard/Randeria 2020).

Mit der aktuellen Dominanz der grossen Konzerne wird ein Agrarmodell fortgeschrieben, das viele der Probleme, mit denen die Landwirtschaft heute konfrontiert ist, selbst geschaffen hat. So zählt die industrialisierte Landwirtschaft nicht nur zu den grossen Emittenten von Treibhausgasen; sie trägt auch zur Bodendegradation bei und ist für den massiven Einsatz von Pestiziden und den Verlust der (Agro-)Biodiversität verantwortlich. Die Verteidigung der Saatgutsouveränität muss daher immer auch mit einem Kampf für eine andere Landwirtschaft verbunden sein, in der die Produktion von Gebrauchswerten (statt Tauschwerten) im Mittelpunkt steht.

Anmerkungen

1 Zu den Entwicklungen in Deutschland, Österreich und der Schweiz für den Zeitraum circa 1900–2010 vgl. Gelinsky 2012.

2 Die an den Verhandlungen beteiligten westeuropäischen Staaten bilden die Union internationale pour la protection des obtentions végétales (UPOV) (deutsch: Internationaler Verband zum Schutz von Pflanzenzüchtungen).

3 Seit UPOV 1991 wird die Regelung des Landwirteprivilegs den Vertragsparteien überlassen. Das heisst, in der Umsetzung des nationalen Sortenschutzgesetzes kann es auch vollständig gestrichen werden. Wird es beibehalten, muss der Schutz des geistigen Eigentums der Züchter*innen angemessen berücksichtigt werden, z. B. indem Nachbaugebühren erhoben werden.

4 Die Umsatzanteile der vier grössten Konzerne am globalen Saatgutmarkt: Bayer: 27,6 Prozent, Corteva: 20,7 Prozent, Syngenta: 8,5 Prozent und BASF: 4,8 Prozent. (FAO 2019)

Literatur

Banzhaf, Anja, 2016: Saatgut. Wer die Saat hat, hat das Sagen. München

Food and Agriculture Organization of the United Nations (FAO), 2019: Analysis on Sales and Profitability within the Seed Sector. www.fao.org/3/ca6929en/ca6929en.pdf (Abfrage 23.5.2020)

Gelinsky, Eva, 2012: Biopatente und Agrarmodernisierung. Patente auf Pflanzen und ihre möglichen Auswirkungen auf die gentechnikfreie Saatgutarbeit von Erhaltungs- und ökologischen Züchtungsorganisationen. Göttingen

Gelinsky, Eva, 2018: Saatgut im globalisierten Weltmarkt. Grossfusionen versus gemeingüterorientierte Initiativen. In: Der kritische Agrarbericht, 74–78

Harvey, David, 2003: The New Imperialism. Oxford

Kloppenburg, Jack Ralph, 2004: First the Seed. The Political Economy of Plant Biotechnology 1492–2000. 2. Aufl. Madison

Kloppenburg, Jack Ralph, 2010a: Seed Sovereignty. The Promise of Open Source Biology. In: Desmarais, Annette / Wittman, Hannah / Wiebe, Netti (Hg): Food Sovereignty. Reconnecting Food, Nature and Community. Nova Scotia, 152–167

Kloppenburg, Jack Ralph, 2010b: Impeding Dispossession, Enabling Repossession. Biological Open Source and the Recovery of Seed Sovereignty. In: Journal of Agrarian Change, 10 (3), 367–388

MEW 23: Marx, Karl, 1969: Das Kapital. Band 1. In: Marx, Karl / Engels, Friedrich: Werke, Bd. 23. Berlin

Neumeier, Hans, 1990: Sortenschutz und/oder Patentschutz für Pflanzenzüchtungen. Schriftenreihe zum gewerblichen Rechtsschutz. Köln

Peschard, Karine / Randeria, Shalini, 2020: «Keeping seeds in our hands». The rise of seed activism. In: The Journal of Peasant Studies, 47 (4), 613–647

Schievelbein, Claudia, 2000: Die eigene Ernte säen. Die Auseinandersetzung um Nachbaugebühren und Sortenschutzgesetze. In: Der Kritische Agrarbericht, 1–8

Wenger, Sonja, 2014: Das lokale Saatgut wird vernichtet. In: WOZ, 10.4. www.woz.ch/-4d9c (Abfrage 30.7.2020)

Wieland, Thomas, 2004: «Wir beherrschen den pflanzlichen Organismus besser ...» Wissenschaftliche Pflanzenzüchtung in Deutschland 1889–1945. München

Zeller, Christian (Hg.) 2004: Die globale Enteignungsökonomie. Münster

Zeller, Christian, 2006: Enteignung. In: Henning, Christoph (Hg.): marxglossar. Berlin, 77–90

Zeller, Christian, 2009: Die Gewalt der Rente. Die Erschliessung natürlicher Ressourcen als neue Akkumulationsfelder. In: Schweizerische Zeitschrift für Soziologie, 35 (1), 31–52

Zeller, Christian, 2010: Die Natur als Anlagefeld des Finanzkapitals. In: Schmieder, Falko (Hg.): Die Krise der Nachhaltigkeit. Zur Kritik der politischen Ökologie heute. Bern/Berlin, 103–135

Beat Schneider

Die Maschinerie umbauen

Corona-Krise und Klimakrise stellen die Systemfrage

In der Corona-Krise wurde in vielen Staaten mit den verordneten Massnahmen massiv in das gesellschaftliche System eingegriffen und dieses sogar infrage gestellt. Regierungen unternahmen seit dem Zweiten Weltkrieg nicht mehr praktizierte Eingriffe in das politische, gesellschaftliche und wirtschaftliche Leben. Exekutiven setzten die Demokratie für einige Zeit ausser Kraft, schalteten die Parlamente aus, setzten Volksabstimmungen ab und hoben Menschenrechte wie die Versammlungs-, Vereins- und Bewegungsfreiheit auf. In angstgenährter Schockstarre und im allgemeinen nationalen Schulterschluss war Kritik am staatlichen Handeln verpönt. Die politisch entmündigten BürgerInnen wurden zum partiellen Konsum-, Auto- und Flugverzicht gezwungen. Die Ausgangssperre nahm vielerorts totalitäre Züge an und mutete wie eine «Generalprobe für die zukünftige Klimakatastrophe» (Behrisch 2020) oder ein «Feldversuch zur Verfassungseinschränkung mit Konsens» (Schölzel 2020, 8) an.

In der Wirtschaft ergriffen Regierungen Massnahmen, die bisher als systempolitische Todsünden gegolten hatten. Der Kapitalismus und seine Marktlogik wurden für kurze Zeit ausgeschaltet. Hier missachteten Regierungen Privatverträge und Eigentumsrechte, indem notleidenden Kleinunternehmungen Mieten, Strom- und Wasserzinsen erlassen wurden. Dort zwangen sie Konzerne zur Industriekonversion, sodass sie statt des Gewohnten plötzlich Beatmungsgeräte produzieren mussten. Die Herrschenden handelten in Vielem so, wie sie es angesichts der Klimakrise vorher hartnäckig verweigert hatten. Keine Regierung kann heute behaupten, dass einschneidende Massnahmen nicht möglich seien!

VertreterInnen der Deutungseliten präsentierten politische Ideen, die eigentlich ins sozialistische Repertoire gehören. Einige stellten am Beispiel des heruntergesparten Gesundheitswesens infrage, ob und wie das extreme Ereignis einer Pandemie unter dem Regime der neoliberalen Akkumulation überhaupt bewältigt werden könne. Ein neoliberaler Staatspräsident stellte plötzlich fest, dass es «Güter und Dienstleistungen gibt, die ausserhalb des Marktgesetzes stehen müssten». Derselbe Emmanuel Macron hinterfragte das «Entwicklungsmodell, auf das sich unsere Welt eingelassen hat» (Macron 2020). Bürgerliche Leitmedien wollten «radikale Reformen (diskutieren), welche die vorherrschende politische Richtung der letzten vier Jahrzehnte umkehren» (Kuper 2020). Sogar in der kapitalistischen Leitnation kamen Debatten über die Enteignung von Konzernen und Banken auf, sodass sich der US-Präsident bemüssigt fühlte zu twittern: «Wir verstaatlichen nicht in diesem Land!» (Nelles 2020). Mag die ungewohnte Offenheit für systemische Fragen der Verletzlichkeit durch die Corona-Krise geschuldet sein, die erwähnten staatlichen Massnahmen und politischen Debatten haben doch in bisher ungewohnter Weise die Systemfrage gestellt.

Die Corona-Krise hängt mit der anderen globalen Krise, der Klimakrise, zusammen. «Der Ausbruch der Pandemie war kein Zufall. Artensterben, Naturzerstörung und Klimawandel erhöhen das Risiko, dass Krankheiten von Tieren auf Menschen übertragen werden.» (Bethge 2020) Auch die Klimakrise führte dazu, dass offen die Systemfrage gestellt wird. Die AktivistInnen der Fridays-for-Future-Bewegung demonstrieren ja seit zwei Jahren unter dem Slogan «System Change not Climate Change». Sie meinen damit, dass der Stopp des Klimawandels nur über einen Systemwechsel möglich sei. «Es ist an der Zeit, die Wirtschaft zu verändern, nicht das System zu retten, sondern es neu zu gestalten» (Wyss 2020, 11). Doch was heisst Systemwechsel? Darüber gibt es grosse Unklarheit und ebenso grosse Illusionen. Diese Mängel könnten zu politischen Enttäuschungen führen.

Die Lösung der Systemfrage ist ein Gebot der Stunde. Denn neben dem Klimanotstand gibt es nach wie vor immense Probleme, die in der Corona-Krise auch in den Hintergrund geraten sind. So die Weltarmut und die systemisch bedingte Mangelernährung eines Drittels der Menschen, das globale Flüchtlingselend, die weltweite Ausbeutung der menschlichen Arbeitskraft und besonders der Frauen, die technologische Arbeitsplatzvernichtung, der rücksichtslose Drang des Kapitals zur Verwandlung der letzten geistigen und natürlichen Domänen in Waren, die weltweite Überproduktion von Waren, die zerstörerischen Raubzüge des Finanzkapitals mit seinen Hedgefonds, Spekulationsblasen und Finanzwetten, die weltweite kriegerische und zivile Gewalt, die kolossale soziale Ungleichheit und die darauf beruhende Spaltung der Gesellschaften, das schwindende Vertrauen in das politische System, die institutionellen Medien und so weiter. Zusammen mit dem Klimawandel sind diese Probleme Ausdruck der Krise der kapitalistischen Zivilisation. Sie haben ihre Ursache im Wesen des Kapitalismus, zu welchem grenzenloses Wachstum, Expansion der Märkte, Minimierung der Sozialkosten, Streben nach globaler Hegemonie und Imperialismus gehören. Er bewegt sich in eine immer brutalere, schädlichere und repressivere Richtung. Was heisst also Systemwechsel?

Das Kapital als System und die Auswirkungen auf den Systemwechsel

Den Systembegriff auf den Kapitalismus anwenden heisst, das Kapital als komplexes System verstehen, welches ein Teil der Ökologie unseres Planeten ist. Als ein instabiles und doch flexibles System, das aus vielen wirtschaftlichen, gesellschaftlichen sowie ökologischen Relationen besteht. Der Kapitalismus ist ein «strukturiertes Ganzes mit Dominante» (Althusser 2008, 17). Das «Ganze» umfasst verschiedene Teilstrukturen. Die dominante Teilstruktur ist die endlose Akkumulation von Kapital, welche auf der Ausbeutungsrelation von Kapital und Arbeit basiert. Weitere Teilstrukturen sind die staatlichen Strukturen, die Imperien, das Rechtssystem, die Medien, aber auch kulturelle Systeme wie Wissenssysteme, Diskurse, Lebenshaltungen, Denkweisen. Sie alle erhalten ihren Ort und ihre Funktion – und das ist ausschlaggebend – aus ihrer Relation zur dominanten Teilstruktur. So stehen zum Beispiel der Staat und die kapitalistische Wirtschaft in einer wechselseitigen Abhängigkeit, wobei die ökonomische Basis in letzter Instanz bestimmend ist. Die Dialektik zwischen den Teilstrukturen macht, dass das kapitalistische System mehr ist als die Summe seiner Teile. Das bedeutet, dass eine Abschaffung des Kapitalismus notwendig mit der Abschaffung der «Dominanten», das heisst der kapitalistischen Produktionsweise, verbunden ist. Es bedeutet weiter, dass der Kapitalismus immer als «strukturiertes Ganzes» im Blick bleiben muss und dass das System als «Ganzes» überwunden werden muss, indem alle seine Teilstrukturen verändert werden.

Daraus folgt:

- Die Klimakrise ist kein Naturereignis und nicht einfach eine Folge der Industrialisierung, sondern ein systemisches Problem der Kapitalakkumulation (möglichst kostenlose Aneignung von Natur und Arbeit). Karl Marx erkannte in explizit ökologischer Perspektive: «Die kapitalistische Produktion [...] untergräbt die Springquelle allen Reichtums: die Erde und den Arbeiter» (MEW 23, 528 f.).
- Wenn die schweizerischen Grünen verlangen, dass die Milliarden, welche vom Staat in der Corona-Krise in die «Stützung der Wirtschaft ge-

pumpt werden, zielgerichtet dazu genutzt werden, den Umbau zu einer grünen Wirtschaft voranzutreiben» (Glättli 2020, 11), so wird suggeriert, dass sich das kapitalistische System ohne weiteres mit einer grünen Investitionspolitik verändern liesse. Die genannte Stützung erhält das System von seinem Staat zur Sicherung der Unternehmenssolvenz, zur Verbürgung von Kreditschulden bei Banken und so weiter. Ein grüner Umbau hingegen würde – zu Ende gedacht – die Abschaffung des wachstumsbasierten Akkumulationmodells mit seinen «Billigen Vier». (Moore 2020, 6) verlangen. («Billige Vier» meint billige Arbeitskräfte in Asien, billige Energie aus Nahost, billige Rohstoffe aus Afrika, billige Nahrung von überall her.) Das sei am Beispiel des Ökostroms gezeigt: Wenn zur Rettung des Klimas von billigem Öl, Gas und Kohle auf teureren Ökostrom umgestellt würde, sänke die Produktivität des Kapitals und ginge das Wachstum zurück, woraufhin die kapitalistische Wirtschaft schrumpfen würde.[1] Das steht in frontalem Gegensatz zum Kapital, weshalb der grüne Vorschlag zum Scheitern verurteilt ist, es sei denn das Kapital fände einen Weg, um seine Geschäfte unter dem Deckmantel einer grünen Wirtschaft weiter zu betreiben.

– Wenn der Geschäftsleiter des linken schweizerischen Think-Tanks Das Denknetz schreibt, dass «die Summe der 27 Schlüsselmassnahmen (seines Buches zum Klimaprogramm, BS) eine umfassende Änderung der gesellschaftlichen Verhältnisse, einen System Change bewirken» (Ringger, 2020, 83), so muss das bezweifelt werden. Denn alle seine an sich klugen Klimamassnahmen machen einen Bogen um die kapitalistische «Dominante» oder können ohne deren Aufhebung nicht durchgesetzt werden. Es kann bei noch so viel Quantität nicht zu einem qualitativen System Change kommen.
– Wenn die schweizerische Sozialdemokratie in ihrem Strategiepapier zur Corona-Krise verlangt, dass «nach der Krise der ökologische Umbau und die Demokratisierung der Wirtschaft im Zentrum stehen sollen», so verliert sie kein Wort darüber, wie die Demokratisierung ablaufen soll. Zur Not könnte auf das SPS-Programm verwiesen werden, wo mit «Wirtschaftsdemokratie» vor allem die Ausdehnung des genossenschaftlichen Wirtschaftssektors und der Ausbau der staatlich betriebenen Dienstleistungen gemeint ist. Doch selbst wenn diese einen ansehnlichen Teil des wirtschaftlichen Gesamtvolumens ausmachen, würde die Wirtschaft weiter von der kapitalistischen «Dominante», sprich vom Bankensystem, den Grosskonzernen und den kapitalistischen kleinen und mittleren Unternehmen (KMUs) bestimmt. Die Ge-

schichte lehrt, dass sich das Kapital im Krisenfall um Demokratie foutiert, wenn diese dem kapitalimmanenten Wachstums- und Profitzwang im Wege steht. Das Kapital ist systemisch demokratieresistent.
- Bei der Abschaffung des kapitalistischen Systems ist auch die Verstaatlichung nicht unbedingt zielführend. Wenn zum Beispiel die Konzerne unter dem Dach einer staatlichen Holding à longue durée kapitalistische Akkumulation betreiben, so bleibt das «Ganze» kapitalistisch.[2]

Fazit: Der entscheidende Schritt zur Abschaffung des Kapitalismus besteht zuallererst im souveränen Akt der Enteignung der kapitalistischen Produktionsmittel und des Bodens. Mit ihr wird die Profitlogik gebrochen und damit überhaupt erst die Voraussetzung für eine menschen- und naturgerechte Zivilisation geschaffen.

Die Enteignungsstrategie

Generell umfasst Enteignung zwei Phänomene. Im rechtlich-verfassungsmässigen Sinn ist sie die legale Enteignung von privatem Eigentum durch die Gemeinwesen. Im grösseren politisch-ökonomischen Sinn ist sie die Aneignung von Gemeingütern und von Privateigentum durch die kapitalistische Klasse. Karl Marx hat in *Das Kapital* gezeigt, wie die teils brutale Enteignung der bäuerlichen und handwerklichen ProduzentInnen von ihren Produktionsmitteln sowie von Grund und Boden, «die ursprüngliche Akkumulation», eine historische Voraussetzung der kapitalistischen Produktionsweise bildete. Marx hat auch analysiert, dass es einer Enteignung gleichkommt, wenn die Arbeitenden als Lohn nur einen Teil des Werts bekommen, den sie mit ihren Händen und Köpfen schaffen, während sich die kapitalistische Klasse den Rest legal aneignet. Er hat aus dieser Analyse die Forderung der «Expropriation der Expropriateure» (MEW 23, 791) durch die Lohnabhängigen abgeleitet. Die kapitalistische Wirtschaft kann als «globale Enteignungsökonomie» (Zeller 2004) oder als «Akkumulation durch Enteignung» (Harvey 2003) bezeichnet werden. Das äussert sich unter anderem
- im Raubbau an der Natur, was nichts anderes ist als die Enteignung der Lebensgrundlage der Menschheit,
- in der Enteignung und Privatisierung des Trinkwassers und anderer wichtiger Ressourcen durch global agierende Konzerne wie Nestlé AG,
- in der imperialistischen und kriegerischen Aneignung von Territorien und ihrer Ressourcen,
- in der Aneignung von unbezahlter, vorwiegend von Frauen geleisteter Haus- und Sorgearbeit,

- in der Deregulierung der Arbeit, in Angriffen auf die sozialen Institutionen und deren Privatisierung,
- in der privaten Aneignung von gesellschaftlich produziertem und öffentlich finanziertem Wissen und in der Patentierung von Erfindungen, von Genen, Lebewesen und Software durch Konzerne.

Die Wiederaneignung des Enteigneten könnte in Anlehnung an den Slogan «Reclaim Democracy!» in «Reclaim the Expropriated!» (Fordert das Enteignete zurück!) münden.[3] Der Slogan gibt der Enteignungsstrategie, von der nun die Rede sein soll, ihre historische Dimension.

Die Enteignung bezieht sich auf materielle und immaterielle Güter, die durch kapitalistische Zwänge dem Gemeinnutzen entzogen und privatisiert worden sind. Damit wird klargestellt, dass die Enteignung auf die Produktionsmittel, den Boden und gesellschaftliches Wissen beschränkt ist und nicht in der Abschaffung des Privateigentums besteht. Die Enteignungsforderung muss eine prioritäre politische Tagesforderung werden! Ein Grund liegt in der Dringlichkeit der Lösung der Klimakrise, zumal deren Auswirkungen viel einschneidender sein werden als diejenigen der Corona-Krise. Die kapitalistische Wirtschaft ist nicht ein Teil der Lösung dieses Problems, sondern das Problem selbst. Ein anderer Grund liegt im Wesen von Forderungen wie jener nach Wirtschaftsdemokratie, denn diese stossen sofort an die Grenzen des kapitalistischen Systems. Ohne Systemwechsel führen sie ins Leere. Hier muss ohne Wenn und Aber die Eigentumsfrage gestellt werden. Wer das nicht macht, streut den Leuten Sand in die Augen.

Was die Dringlichkeit der Enteignung betrifft, müsste man/frau sich von der Haltung lösen, wonach sie ein revolutionäres Fernziel sei. Auch Karl Marx' Bild von der «Revolution als Lokomotive der Geschichte» (MEW 7, 85) will nicht so recht in unsere Zeit passen. Revolution ist vielleicht eher «der Griff des in diesem Zuge reisenden Menschengeschlechts nach der Notbremse» (Benjamin 2020, 211). In diesem Sinn ist die Enteignungsstrategie eine neue narrative Strategie für ein progressives politisches Handeln.

Die politischen Kämpfe müssen unmittelbar mit der Enteignungsforderung verknüpft werden. Im Visier der Enteignung stehen Grossbanken, Energie-, Automobil-, Waffen-, Rohstoff-, Chemie-, Immobilien-, IT-, Medien-, Krankenversicherungs- und Gesundheitskonzerne und andere, welche mit ihrem Geschäftsgebaren entscheidend den Klimanotstand, die Überwachung durch Big Data, die Prekarisierung und Ruinierung der Arbeitsplätze, die Wohnungsnot und die Ausbeutung der Ressourcen ganzer Länder im globalen Süden verursachen und selbst aus Krankheit und Epidemien ein Geschäft machen.

Der gegenwärtige Enteignungskampf der Berliner Bürgerinitiative zur Vergesellschaftung aller Unternehmen, die mehr als 3000 Wohnungen besitzen, ist beispielgebend.[4] Der Widerstand begann mit der Bekämpfung von Mietpreiserhöhungen in einem solidarisch unterstützten Gang vor die Gerichte, führte über die Mobilisierung in den sozialen Medien, Strassenproteste, gewaltfreie Besetzungen von Immobilien, Massendemonstrationen mit über 100 000 Teilnehmenden bis zum Sammeln von rund 77 000 Unterschriften für die Initiative «Deutsche Wohnen & Co enteignen». Gegenwärtig versucht die Berliner Landesregierung das Volksbegehren zu verschleppen. Laut dem Sprecher der Initiative ist «die SPD fest entschlossen, das (Volksbegehren) zu verhindern» (Shafaqyar 2020, 18).

Das Instrument für die demokratische Umsetzung der Enteignungen ist zuerst einmal der bestehende Staat. Die Corona-Krise hat gezeigt, wie er in einem radikalen Richtungswechsel eine zentrale Rolle spielen kann. Wenn die Enteignungen über die staatlichen Institutionen vollzogen werden, heisst das nicht zwingend, dass die enteigneten Konzerne verstaatlicht werden. Die Alternative besteht in der Vergesellschaftung, das heisst die Überführung in selbstverwaltete gemeinwirtschaftliche und genossenschaftliche Betriebe. Demokratiepolitisch zwingend ist jedoch, dass der Prozess der Vergesellschaftung von folgenden Massnahmen begleitet wird:

- Demokratisierung des Staates und der bürgerlich-liberalen Demokratie. Erster Schritt sind die plebiszitäre Abschaffung der Armee, der politischen Funktion der Polizei und der Geheimdienste und die Transformation von Regierung und Parlament in Räte mit imperativem Mandat.[5]
- Einführung einer massiven Arbeitszeitverkürzung, unter anderem zur Schaffung von individuellen Zeitreserven für die Beteiligung am System Change in Zivilgesellschaft, Wirtschaft und Staat.
- Schaffung von parallelen Strukturen der Frauen zur Garantierung der Umsetzung der feministischen Revolution in allen Bereichen.

Soziale und politische AkteurInnen für einen Systemwechsel

Folgende AktivistInnen von Massenbewegungen sind mögliche soziale und politische AkteurInnen eines System Change:[6]

- Die Frauen, insbesondere diejenigen im globalen Süden, machen die Mehrheit unter den verarmten und politisch entrechteten Menschen aus. In vielen Protesten, Frauenstreiks und Aufständen stehen sie im gesellschaftlichen Kampf gegen die Ausbeutung in der vordersten Reihe.

- Die lohnabhängigen Klassen befinden sich in der Regel in der Defensive. Dennoch verkörpern die ArbeiterInnen noch immer ein systemisches Gegenprinzip zur kapitalistischen Gesellschaft, denn sie sind in einer Intensität wie keine andere gesellschaftliche Gruppe einer historischen Dauerattacke des Kapitals auf ihre Arbeits- und Lebensbedingungen ausgesetzt. «Realistisch betrachtet wird es heute keine ernsthaften Veränderungen nur durch die Lohnabhängigen und ihre Organisationen geben – aber ohne sie erst recht nicht.» (Seppmann 2020, 8)
- Da sich die Klimakrise in Zukunft drastisch verschärfen und immer konkreter unser Alltagsleben bestimmen wird, nimmt auch die Klimabewegung zu. Wie gross die Rolle der KlimaaktivistInnen in einer gesellschaftlichen Veränderung ist, hängt davon ab, wie stark die Integrationsmechanismen der bürgerlich-kapitalistischen Demokratie auf diese Bewegung wirken. Verlockend ist ein Green New Deal mit einem Kapitalismus mit grünem Deckmäntelchen. Auf der Hand liegt auch eine Vereinnahmung des Widerstands durch die Repräsentierung und Instrumentalisierung durch grüne (System-)Parteien, was eine Lähmung zur Folge hätte. Bequemer als der politische Kampf ist auch die Individualisierung und Moralisierung des Widerstands durch Fokussierung auf die individuelle Veränderung des Konsumverhaltens und der persönlichen Lebenshaltung. Doch immer mehr Umweltbewegte erfahren, dass sie gegen eine grosse systemische Wand anrennen. Angesichts des hartnäckigen Widerstands und des Taktierens der Herrschenden verlieren sie die Geduld und radikalisieren sich.
- Und wie steht es mit der politischen Linken? Die Phase der ArbeiterInnenbewegung, die durch die grossen kommunistischen und sozialdemokratischen Organisationen geprägt wurde, ist offensichtlich abgelaufen. Die grossen Linksparteien sind geschrumpft und/oder unbedeutend geworden; die sozialdemokratischen Parteien, weil sie sich in der neoliberalen Globalisierung in ein Modernisierungsinstrument der kapitalistischen Herrschaft transformieren liessen und damit bei ihren WählerInnen in Misskredit geraten sind; die kommunistischen Parteien (mit Ausnahme derjenigen an der Macht), weil sie sich von der historischen Niederlage im Kalten Krieg nicht mehr erholen konnten und weil ein in dieser Tradition stehender Kommunismus im Westen für eine emanzipatorische Perspektive grösstenteils nicht mehr glaubwürdig ist.

Seit Beginn der neoliberalen Offensive des Kapitalismus Mitte der 1970er-Jahre und nach der Implosion des sozialistischen Staatensystems ist die europäische Linke nicht mehr richtig auf die Beine gekommen. Es gab seither kaum nachhaltigen Widerstand gegen die dominierende neoliberale Politik, kaum Demonstrationen gegen die imperialistischen militärischen Interventionen und kaum Proteste gegen den Abbau von Demokratie und den Ausbau des Polizei- und Überwachungsstaates. Der Zustand der Linken zeigt sich darin, dass gegenwärtig nicht sie es ist, welche die Systemfrage stellt, sondern die klimabewegten Jugendlichen oder gar Teile der herrschenden Deutungseliten.

Fazit: Angesichts des zunehmenden Protestpotenzials in den kapitalistischen Gesellschaften ist es möglich, dass unter genügend grossem gesellschaftlichem Druck eine Neuformierung der progressiven politischen Kräfte zu einer pluralen Bewegung stattfindet, in der das, was von der Linken übriggeblieben ist, mit den systemkritischen sozialen, feministischen und ökologischen Bewegungen zusammenfindet. «Soziale Gerechtigkeit und Klimaschutz gehören untrennbar zusammen. Sie sind die entscheidenden Bausteine einer antikapitalistischen Koalition, die mächtig genug ist, ein Programm des radikalen Bruchs durchzusetzen.» (Halimi 2020, 2) Zur Durchsetzung der Enteignungsstrategie beziehungsweise eines System Change gehört, dass sich die «Mächtigkeit» einer solchen Koalition in einem handlungsfähigen, koordinierenden politischen Zentrum bündelt. Dieses zeichnet sich durch eine umfassende demokratische Struktur und Entscheidungskultur aus und profitiert von seiner transnationalen Vernetzung.

Anmerkungen

1 Momentan scheint der Ökostrom konkurrenzfähig, weil damit nur fossiler Strom ersetzt wird. Wenn der Ökostrom eingesetzt wird, um das Öl in den anderen Sektoren (z. B. Autoverkehr) zu verdrängen, sieht die Bilanz sehr schlecht aus. «Dabei stellt sich heraus, dass Ökostrom maximal die Hälfte der Nettoenergie liefern kann, die sich mit fossilen Varianten erzeugen lässt.» (Herrmann 2020, 11)

2 Anders scheint es zu sein, wenn die Belassung der kapitalistischen Unternehmen lediglich in einer Übergangsphase geschieht (Kopf 2019, 28 f.).

3 Zu diesem Slogan wurde ich durch den Denknetz-Slogan «Reclaim Democracy» inspiriert.

4 www.dwenteignen.de (Besucht am 29.04.2020)

5 Bei einem imperativen Mandat sind die Abgeordneten an inhaltliche Vorgaben der von ihnen Vertretenen gebunden. Folgen die MandatsträgerInnen nicht der Linie der sie entsendenden Organisationen oder dem WählerInnenwillen, können sie abgesetzt werden.

6 Die Liste ist nicht exkludierend. Ausser den genannten gibt es noch andere potenzielle Bewegungen, wie zum Beispiel die antirassistischen Bewegungen, die daran interessiert sind, die Ursachen der ständigen Spaltung unserer Gesellschaften abzuschaffen: das kapitalistische System, das historisch weissrassistisch geprägt ist.

Literatur

Althusser, Louis, 2008: Préface. Du Capital à la philosophie de Marx. In: Althusser, Louis u. a.: Lire le Capital. Paris, 9–86

Behrisch, Sven, 2020: Die Generalprobe. In: Das Magazin No 14. www.dasmagazin.ch/2020/04/03/die-generalprobe/ (Abfrage 28.7.2020)

Benjamin, Walter, 2020: Über den Begriff der Geschichte. Kritische Gesamtausgabe, Bd. 19. Frankfurt a. M.

Bethge, Philip, 2020: Der Mensch ist schuld an Covid-19. In: Spiegel online, 3.4. www.spiegel.de/thema/coronavirus (Abfrage 18.4.2020)

Kuper, Simon, 2020: The Pandemic will forever transform how we live. In: Financial Times Magazine, 8.2. www.ft.com/content/06647198-77b9-11ea-9840-1b8019d9a987 (Abfrage 28.4.2020)

Glättli, Balthasar, 2020. Zitiert nach: Schöpfer, Linus / Zürcher, Christian: Greta? Welche Greta? Berner Zeitung 24.4., 11

Halimi, Serge, 2020: Wann, wenn nicht jetzt. In: Le Monde diplomatique, 9.4., 2

Harvey, David, 2003: Der neue Imperialismus. Akkumulation durch Enteignung. Frankfurt a. M.

Herrmann, Ulrike 2020: Immer fliegt der Bumerang zurück. In: WOZ. 30.4., 18

Kopf, Eike, 2019: Eine chinesische Reformation. Zum Werden eines neuen Zivilisationstyps. Köln

Macron, Emmanuel, 2020. Zitiert nach: Lambert, Renaud / Rimbert, Pierre: Marktlogik und Katastrophenmedizin. In: Le Monde diplomatique, 9.4. monde-diplomatique.de/artikel/!5672009 (Abfrage 28.7.2020)

MEW 23: Marx, Karl, 1975: Das Kapital, Bd. 1. In: Marx, Karl / Engels, Friedrich: Werke, Bd. 23. Berlin

MEW 7: Marx, Karl, 1960: Die Klassenkämpfe in Frankreich 1848–1850. In: Marx, Karl / Engels, Friedrich: Werke, Bd. 7. Berlin

Moore, Jason W., 2020: Kapitalismus im Lebensnetz. Ökologie und die Akkumulation des Kapitals. Berlin

Ringger, Beat, 2019: Das System Change Klimaprogramm. Zürich

Schölzel, Arnold, 2020: Was bleibt. In: Junge Welt, 24.4., 8

Seppmann, Werner, 2020: Illusionäre Ignoranz. In: Junge Welt, 27.2. www.jungewelt.de/loginFailed.php?ref=/artikel/373443.linke-strategiediskussionen-illusionre-ignoranz.html (Abfrage 28.7.2020)

SPS 2010, Parteiprogramm der Sozialdemokratischen Partei der Schweiz: Für eine sozial-ökologische Wirtschaftsdemokratie. www.sp-ps.ch/de/partei/wir-sind-die-sp/unser-programm (Abfrage 29.4.2020)

SPS 2020, Strategiepapier der SPS zur Corona-krise. www.sp-ps.ch/thema/corona-krise (Abfrage 29.4.2020)

Shafaqyar, Moheb, 2020. Zitiert nach: Metzger, Philipp: Volksbegehren verzögert. In: Junge Welt, 22.6., 18

Nelles, Roland, 2020: Präsident im Panikmodus. In: Spiegel online, 24.3. www.spiegel.de/politik/ausland/trump-und-das-coronavirus/praesident (Abfrage 24.3.2020)

Wyss, Stephanie, 2020. Zitiert nach: Schöpfer, Linus / Zürcher, Christian: Greta? Welche Greta? Berner Zeitung 24.4., 11

Zeller, Christian, 2004: Die globale Enteignungsökonomie. Münster

Johanna Herrigel

Gemeinschaftlich wirtschaften – feministisch gedacht

Feministische Ansätze leisten fundamentale Beiträge in aktuellen Debatten zur Akkumulation durch Enteignung, einem essenziellen Bestandteil des Kapitalismus, und dem Verhältnis zwischen Kapitalismus und nichtkapitalistischen Lebens- und Produktionsformen. Es ist unmöglich, der Breite und Tiefe solcher feministischen Analysen hier gerecht zu werden. Daher skizziere ich im Folgenden anhand dreier ausgewählter Beispiele Argumente feministischer Theoretikerinnen, welche für die laufenden Diskussionen besonders zentral sind. Ausgangspunkt ist Rosa Luxemburg und ihr Argument der Notwendigkeit sogenannter nichtkapitalistischer Milieus für den Kapitalismus, die eine ständige Akkumulation durch Enteignung ermöglichen. Aufbauend auf Luxemburg argumentieren Maria Mies, Veronika Bennholdt-Thomsen und Claudia von Werlhof, dass der Kapitalismus auf der fortlaufenden Schaffung und Enteignung interner Kolonien beruht, das heisst vor allem von Menschen ehemaliger Kolonien, Frauen und der Natur. Silvia Federici argumentiert schliesslich, dass insbesondere die Enteignung von Gemeinschaftsgütern («commons») im Kapitalismus zentral ist, und diskutiert, inwiefern Vergesellschaftung («commoning») antikapitalistisch sein kann.

Nichtkapitalistische Milieus im Kapitalismus

Vor rund hundert Jahren erschien Rosa Luxemburgs Hauptwerk *Die Akkumulation des Kapitals* (1921). Darin zeigt sie auf, dass der Kapitalismus nicht nur, wie Marx argumentiert, in seinen Anfängen, sondern fortlaufend von der Enteignung und Ausbeutung «nichtkapitalisticher Milieus» und somit von einer fortdauernden sogenannten «primitiven Akkumulation» abhängig ist. Luxemburg argumentiert, «dass der Kapitalismus auch in seiner vollen Reife in jeder Beziehung auf die gleichzeitige Existenz nichtkapitalistischer Schichten und Gesellschaften angewiesen ist» (ebd., 286). Nichtkapitalistische Milieus sind laut Luxemburg (ebd., 290) auf Naturalwirtschaft basierende Gesellschaften mit Wirtschaftsformen wie «Sklavenwirtschaft [...], Feudalismus [...], primitivem Kommunismus [...] [und] patriarchalischer Bauernwirtschaft» sowie die im Kolonialismus und Imperialismus ausgebeuteten Kolonien. Da die kapitalistische Produktion Konsum- und Produktionsmittel «über den eigenen (der Arbeiter und Kapitalisten) Bedarf hinaus» liefert, ist ein «Kreis von Abnehmern ausserhalb der kapitalistischen Gesellschaft» erforderlich (ebd., 273 f.). Nichtkapitalistische Milieus fungieren laut Luxemburg im Kapitalismus somit als «Absatzmarkt [...] für das ‹überschüssige Produkt›» (ebd., 286). Auch die im Kapitalismus zirkulierenden Waren – Produktionsmittel und Konsumgüter – müssen laut Luxemburg nicht sämtlich in kapitalistischen Produktionsverhältnissen entstehen. Anhand verschiedener Beispiele zeigt sie auf, «wie sehr die Kapitalakkumulation [...] tatsächlich an nichtkapitalistische Kreise gebunden ist» (ebd., 279) sowie vom «Bezug von erforderlichen Arbeitskräften aus nichtkapitalistischen Gesellschaften» (ebd., 278) abhängt. Kapitalismus bedingt in seiner Funktionsweise laut Luxemburg also «die unumschränkte Verfügungsmöglichkeit über alle Arbeitskräfte des Erdrunds, um mit ihnen alle Produktivkräfte der Erde [...] mobil zu machen» (ebd. 284), aus kapitalistischen und nichtkapitalistischen Gesellschaften.

Das Verhältnis zwischen kapitalistischen und nichtkapitalistischen Milieus ist für Luxemburg ein dialektischer Widerspruch. Denn so wenig Kapitalismus ohne nichtkapitalistische Milieus existieren kann, so führt er laut Luxemburg gleichzeitig zu deren «Zernagen», «Zerbröckeln» und «Assimilieren» (ebd. 335): «Wenn der Kapitalismus also von nichtkapitalistischen Formationen lebt, so lebt er, genauer gesprochen, von dem Ruin dieser Formationen, und wenn er des nichtkapitalistischen Milieus zur Akkumulation unbedingt bedarf, so braucht er es als Nährboden, auf dessen Kosten, durch dessen Aufsaugung die Akkumulation sich vollzieht.» (ebd., 334) Für Luxemburg beinhaltet die Verfügbarmachung und Aneignung von Arbeitskräften, Produktionsmitteln und Konsumgütern nichtkapitalistischer Milieus im Kapitalismus deren «systematische, planmässige Zerstörung und Vernichtung» (ebd. 291), ein bis heute fortdauernder Prozess. Daher der dialektische Widerspruch: «Die Kapitalakkumulation kann demnach sowenig ohne die nichtkapitalistischen Formationen existieren, wie jene neben ihr zu existieren vermögen.» Für Luxemburg läuft der Kapitalismus durch das Integrieren-cum-Zerstören nichtkapitalistischer Milieus in eine «Sackgasse», da mit deren Auflösung «Akkumulation zur Unmöglichkeit» wird, und bricht schlussendlich zusammen (ebd., 335).

Rosa Luxemburg bezeichnete sich nicht selbst als feministische Theoretikerin, und wird auch nicht als solche bezeichnet von marxistisch-feministischen Theoretiker*innen, die auf ihrer Arbeit aufbauen (Soiland 2016, 188). Insbesondere durch die von ihr entworfene Problematik des widersprüchlichen Verhältnisses zwischen Kapitalismus und dessen «Äusserem» legte Luxemburg jedoch den Grundstein für spätere feministische Debatten und zählt diesbezüglich bis heute zu den wichtigsten und originellsten Denker*innen. Dank Luxemburg konnten sich Generationen von feministischen Theoretiker*innen und Bewegungen auf die Innen-Aussen-Problematik des Kapitalismus fokussieren und fragen: Was – welche Aspekte des sozialen Lebens – wird in kapitalistischen Gesellschaften als das «Äussere» des Kapitalismus betrachtet, wie entsteht und konstituiert sich dieses binäre «Andere», und in was für einer komplexen Beziehung zum Kapitalismus steht es?

Luxemburgs Erkenntnis, dass der Kapitalismus nichtkapitalistische Milieus gleichzeitig benötigt und zerstört, wurde zum zentralen Angelpunkt der Debatte über die Artikulation verschiedener Produktionsverhältnisse innerhalb des Kapitalismus in den 1970er- und 1980er-Jahren (Foster-Carter 1978; Hall 1980). Der Begriff Artikulation verweist dabei auf das widersprüchliche Verhältnis zwischen Kapitalismus und nichtkapitalistischen Produktionsformen. Seit Beginn des Jahrtausends setzen sich marxistische Theorien wieder verstärkt mit «primitiver Akkumulation» respektive «Akkumulation durch Enteignung» als kontinuierlichem Bestandteil des Kapitalismus auseinander (Federici 2010; Glassman 2006; Harvey 2003; Angelis 2001). Wie Tove Soiland (2016, 187) beobachtet, geht in dieser gegenwärtigen Diskussion jedoch weitgehend vergessen, dass bereits Ende der 1970er-Jahre eine frühere, feministische Rezeption von Rosa Luxemburg stattfand, vor allem durch Theoretiker*innen, die sich an der sogenannten «Hausarbeitsdebatte» beteiligten. Dazu zählen sowohl die Theoretiker*innen der «Bielefelder Schule» Maria Mies, Veronika Bennholdt-Thomsen und Claudia von Werlhof als auch Silvia Federici.

Interne Kolonien im Kapitalismus

Die früheste feministische Interpretation von Luxemburgs Argument der permanenten «primitiven Akkumulation» im Kapitalismus durch Enteig-

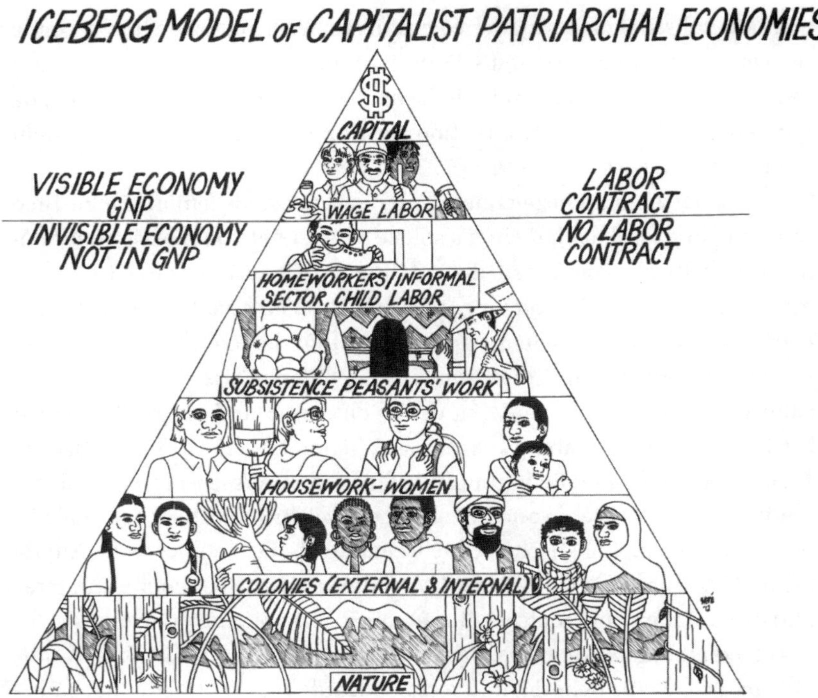

Das Eisberg-Modell der kapitalistisch-patriarchalen Wirtschaft (Ecosocialist Horizons 2012)

nung nichtkapitalistischer Milieus stammt von Maria Mies, Veronika Bennholdt-Thomsen und Claudia von Werlhof. Die drei Autorinnen werden meist als «Bielefelder Schule» bezeichnet, da sie in den 1980er-Jahren der Universität Bielefeld angegliedert waren. Sie zeigen, wie die ununterbrochene Akkumulation durch Enteignung mit bestimmten Genderrollen einhergeht, und entwickeln einen erweiterten Begriff für die in diesem Prozess ausgebeuteten «Kolonien». Letztere beinhalten für sie Menschen und Gesellschaften der (ehemaligen) Kolonien, die Natur und Frauen.

Die genannten Soziologinnen (von Werlhof u. a. 1983, 8 f.) verstehen Kolonien prozesshaft, nämlich als die «systematische Ausschliessung» und das Herausdefinieren von Menschen aus der kapitalistischen Produktion sowie deren Verortung im «Reich der Natur». Entsprechend bezeichnen sie diesen Prozess als ein «in die ‹Natur Hineindefinieren›, zur ‹Natur› [Machen]». Dies ermöglicht es, dass die Arbeit von in-die-Natur-definierten-Menschen, wie zum Beispiel Frauen, so behandelt werden kann, als sei sie eine frei verfügbare «‹Naturressource› wie Wasser, Luft, Erde». Somit kann sie entwertet und unter- oder unbezahlt angeeignet werden. Insbesondere interessieren sich die Bielefelder Soziologinnen dafür, wie die unter- und unbezahlte Arbeit mit der diskursiven Verortung von Frauen als Hausfrauen einhergeht. Maria Mies beobachtet, dass der Prozess der «Hausfrauisierung» überall in der internationalen Arbeitsteilung Frauenarbeit unbezahlt verfügbar macht und «die Externalisierung oder Ex-Territorialisierung von Kosten, die sonst von den Kapitalisten übernommen werden müssten», erlaubt (1986, 110). Die Bielefelder Soziologinnen heben also hervor, wie ein gewisses Framing – bestimmte Diskurse – Menschen und Teile des Lebens vom Kapitalismus ausschliessen und dadurch ihre Ausbeutung ermöglichen. Da für die vom Aneignungsprozess Betroffenen dieser Vorgang von gewaltvoller Enteignung und Raub geprägt ist, verstehen auch sie diesen als ununterbrochene primitive Akkumulation (von Werlhof u. a. 1983, 9).

In Anlehnung an Luxemburg argumentieren die Bielefelder Soziologinnen, dass der Kapitalismus systematisch auf der Ausbeutung und Enteignung jener Bereiche und Menschen beruht, welche in der kapitalistischen Gesellschaft typischerweise nicht zur Wirtschaft gezählt werden, wie die Natur, Hausfrauen, Kleinbäuer*innen und Subsistenzproduzent*innen. Sie halten jedoch fest, es sei «nicht richtig zu sagen, dass es sich um ‹nichtkapitalistische› Schichten und Milieus handelt, wie es Rosa Luxemburg tut», da es sich hierbei um die «verborgene Grundlage» des Kapitalismus handelt, welche die «Voraussetzung für die Ausbeutung von Lohnarbeitern» schafft (Mies 1988, 6)[a]. Zudem beobachten die Bielefelder Soziologinnen, dass in den 1980er-Jahren «alle Milieus und Schichten [...] bereits vom Kapital [...] erschlossen» waren (ebd., 1986, 34). Entsprechend konzeptualisieren sie diese Bereiche als Kolonien und bezeichnen insbesondere unter- und unbezahlte «hausfrauisierte» Arbeit als «interne Kolonien» (ebd., 1986, 110). Durch die besonders starke Ausbeutung («super-exploitation») dieser Kolonien entsteht eine «Reihe miteinander verbundener Produktionsbeziehungen, von denen die Lohnarbeitsbeziehung nur die privilegierteste ist» (ebd., 1988, 6). Bemerkenswerterweise stand für die Bielefelder Soziologinnen bereits in den 1980er-Jahren fest, dass die für die Kolonien typischen Arbeitsbeziehungen uns «eine Vision der Zukunft zeigen», nämlich die «Hausfrauisierung der Lohnarbeit», dass also Lohnarbeitsbeziehungen zunehmend «schlecht bezahlt, teilzeitbeschäftigt, ungezwungen, ohne Schutz der Arbeitsgesetze,

a Übersetzung der Zitate von Mies (1986, 1988), Mies/Bennholdt-Thomsen (1999), Federici (2012, 2014) und Caffenzis/Federici (2014) von Johanna Herrigel.

nicht gewerkschaftlich organisiert, auf kurze Dauer befristet» sein werden (Mies/Bennholdt-Thomsen 1999, 47).

Um all dies zu verbildlichen, nutzen die Bielefelder Soziologinnen die Metapher des Eisbergs. Dabei bilden das Kapital und die Lohnarbeit die über der Wasseroberfläche liegende sichtbare Spitze des Eisbergs, während der grösste Teil des Eisbergs und somit des Kapitalismus die unter der Wasseroberfläche liegende unsichtbare Basis ist, bestehend unter anderem aus der unbezahlten Fürsorge-, Pflege- und Hausarbeit von Frauen, der Subsistenzproduktion von Kleinbäuer*innen und Handwerker*innen sowie der Ausbeutung der Natur (ebd., 1999, 32).

Mit ihren Argumenten legten die Bielefelder Soziologinnen die Grundlage für wichtige Diskussionen, wie jener über die zunehmende Prekarisierung der Lohnarbeit und der Rolle von Gender in der Verfügbarmachung von Frauen als unterbezahlte Arbeiterinnen in globalen Produktionsketten. Wie Brunella Casalini (2017, 498 f.) und Mailin Stangenberg (2020, 44) beobachten, beziehen sich feministische Bewegungen und Autor*innen heute wieder verstärkt auf Debatten der Frauenbewegung der 1970er-Jahre und somit auf marxistische Feministinnen, zu denen sowohl die Bielefelder Soziologinnen wie auch Silvia Federici zählen. Dennoch dienen die Überlegungen der Bielefelder Soziologinnen in akademischen Debatten nur wenigen als Grundlage für ihre Argumente (Soiland 2016; Volk 2018, 218 f.). Sie sind zwar insgesamt analytisch prägend, bleiben jedoch häufig unerwähnt.

Zum Beispiel weist die Arbeit der bekannten feministischen Theoretikerin Nancy Fraser frappante Parallelen zu den Bielefelder Soziologinnen auf, ohne dies zu thematisieren. Fraser (2014, 60 f.) argumentiert, dass der Akkumulationsprozess im Kapitalismus abhängig ist von der An- und Enteignung von Bereichen, welche in kapitalistischen Gesellschaften als das von der Wirtschaft abgespaltene, nicht-ökonomische «Andere» und somit «Äussere» behandelt werden, nämlich soziale Reproduktion, nicht-menschliche Natur und Gemeinwesen respektive der Bereich des Politischen. Diese Bereiche und deren Enteignung versteht Fraser als die nicht-ökonomischen «Hintergrundbedingungen», welche die ökonomische «Vordergrundgeschichte» der normalen Ausbeutung-cum-Kapitalakkumulation ermöglichen. Ähnlich wie die Bielefelder Soziologinnen interessiert sich Fraser für die Prozesse der Differenzierung in Vorder- und Hintergrundgeschichte des Kapitalismus sowie die mit dieser Grenzziehung einhergehenden sozialen Kämpfe. Im Unterschied zu ihnen hebt Fraser hervor, dass Hintergrundbereiche zwar Teil der kapitalistischen Gesellschaft sind, da sie der Kapitalakkumulation durch Enteignung dienen, letzterer jedoch nicht gänzlich unterworfen sind und unabhängige Praktiken und normative Ideen beinhalten.

Vergesellschaftung zwischen Marktlogik und antikapitalistischer Praxis

Die Theoretikerin und Aktivistin Silvia Federici ist eine zentrale Figur der Hausarbeitsdebatte und der globalen feministischen Kampagne «Lohn für Hausarbeit». Sie widmet sich den oben dargelegten Fragen seit den 1970er-Jahren und stimmt den beiden Bielefelder Soziologinnen Mies und Bennholdt-Thomsen in ihrer Argumentation zu, dass «Frauen wie Gemeineigentum behandelt [...] und Gemeingüter [...] wie Frauen behandelt [werden]» (2012, 138). Anders als die Konzeptualisierung von Frauen als «interne Kolonie» (Mies 1986, 110) ermöglicht dieser Fokus auf Commons die Fragestellung, unter welchen Bedingungen Commons als Grundlage der Kapitalakkumulation durch Enteignung dienen oder aber als Basis eines antikapitalistischen Programms fungieren können.

Commons als «Formen des geteilten Reichtums» seien für Menschen seit Jahrtausenden ein Organisationsprinzip, wie Federici zusammen mit George Caffentzis (2014, 93 f.) beobachtet. Sie stellen fest, dass Commons nicht nur kleine Experimente darstellen, da sie sowohl historisch wie gegenwärtig weitverbreitet sind und dauernd neu geschaffen werden. Gleichzeitig beobachten sie einen mit der Entwicklung des Kapitalismus einhergehenden und bis heute fortdauernden Prozess der «ursprünglichen» respektive «primitiven» Akkumulation durch die Zerstörung von Commons. Diese Strategie der Akkumulation durch Enteignung nimmt laut Caffentzis und Federici insbesondere seit Aufkommen des Neoliberalismus, und der damit einhergehenden Privatisierung aller Aspekte unserer Existenz, extreme Züge an. Entsprechend können Commons nicht als per se antikapitalistisch oder als mit dem Markt unvereinbar betrachtet werden. Effektiv diskutieren sie konkrete Beispiele, wie Commons «für den Markt produziert und vom ‹Gewinnmotiv› getrieben werden» (ebd., 98 f.; Federici 2012, 140). Daher kritisieren sie Ansätze, die Commons als ergänzenden «dritten Raum» neben Staat und Markt situieren, und argumentieren, dass antikapitalistische Commons eine Logik der Kooperation beinhalten und das Leben zunehmend vom Markt und dem Staat entflechten (ebd., 173). Um zu klären, was antikapitalistische Commons auszeichnet und wie sie zum Fundament einer nichtkapitalistischen Wirtschaft werden können, ist es laut Federici (ebd., 139) notwendig, «die Politik von Commons aus einer feministischen Perspektive zu betrachten».

Mit Verweis auf Maria Mies argumentiert Federici (ebd., 144), dass aus feministischer Perspektive Vergesellschaften («Commoning») das Wiederzusammenführen von dem beinhaltet, was im Kapitalismus als getrenntes «Äusseres» erscheint. Wie oben besprochen, wird in kapitalistischen Gesellschaften durch Abstrahieren des Lebens in getrennte, binäre Bereiche ein Teil als zum Kapitalismus zugehörig konstituiert, und andere Teile als davon ausgeschlossen. Dass diese differenzierten Bereiche ineinander verflochten sind und ein Ganzes bilden, wird dadurch unsichtbar und vergessen. «Eine feministische Perspektive lehrt uns, unsere Rekonstruktion von Commons damit zu beginnen, dieses Vergessen zu überwinden», hält Federici fest (ebd., 145 f.). Aus feministischer Perspektive bedeutet Commoning also, dass wir uns weigern, «unser Leben und unsere Reproduktion auf dem Leiden anderer zu stützen [...] [und] uns als von ihnen getrennt anzusehen», was wiederum eine fundamentale «Rekonstruktion unseres täglichen Lebens» bedingt. Vergesellschaftung in diesem Sinne beinhaltet, dass wir uns selbst als gemeinsames Subjekt konstituieren, und ist somit nichts weniger als «eine Revolution in unserer Beziehung zu uns selbst und zu anderen» (2014, 184). Der Slogan «Keine Commons ohne Gemeinschaft» bedeutet aus feministischer Sicht, dass Commoning Gemeinschaft zugleich voraussetzt und diese erst hervorbringt, wobei Beziehungen in dieser Gemeinschaft geprägt sind vom «Prinzip der Kooperation und Verantwortung: füreinander, für die Erde, die Wälder, die Meere, die Tiere» (2012, 145). Gemäss ihrer langjährigen Auseinandersetzung mit Haus- und Reproduktionsarbeit sieht Federici insbesondere in deren Vergesellschaftung einen zentralen Angelpunkt, um «der stetigen Abwertung und Fragmentierung unseres Lebens ein Ende [zu] setzen» (ebd., 146). Entsprechend betrachtet Federici (2013, 99) Commons dann als antikapitalistisch, wenn sie die Reproduktion des Lebens ermöglichen und somit die Kontrolle über das Leben erweitern.

Fazit

Hinsichtlich konkreter Formen von Vergesellschaftung, welche in der Schweiz und andernorts bereits bestehen, von sozialen Bewegungen aktuell entwickelt oder als zukünftige Möglichkeit anvisiert werden, lässt sich festhalten, dass diese nicht als Ziel, sondern als Mittel zum Zweck im Kampf um eine antikapitalistische Welt verstanden werden sollten (Caffentzis/Federici 2014, 103). Zu letzterem tragen sie insbesondere dann bei, wenn sie sich am Prinzip kollektiver Solidarität orientieren, unsere Kontrolle über die eigene Reproduktion stärken und zur Reproduktion des Lebens allgemein beitragen. Damit erlauben Vergesellschaftungen, uns im Konkreten der mit dem Kapitalismus einhergehenden Ausbeutung zu widersetzen und die Trennungen des Lebens in sich gegenseitig ausschliessende Bereiche zu überwinden. Prozesse der Vergesellschaftung sollten daher auch relational verstanden und verortet werden, also in ihrem Verhältnis untereinander und ihrer Rolle im gesamten gesellschaftlichen Transformationsprozess. Insofern lässt sich aus feministischer Perspektive festhalten, dass die Vergesellschaftung von Care-Arbeit und von Gütern, die für unsere Versorgung und für die Reproduktion des Lebens notwendig sind, eine zentrale Rolle spielen. Einer intersektionalen feministischen Sicht entsprechend, ist es schliesslich essenziell, dass Vergesellschaftungsprozesse nicht auf bestehenden Hierarchien sozialer, ökonomischer und geografischer Ungleichheiten aufbauen oder gar diese verstärken, und dass die Teilhabe an diesen Prozessen nicht privilegierten Menschen vorbehalten bleiben darf.

Literatur

Angelis, Massimo De, 2001: Marx and Primitive Accumulation. The Continuous Character of Capital's «Enclosures». In: The Commoner, 2, 1–22

Caffentzis, George / Federici, Silvia, 2014: Commons against and beyond Capitalism. In: Community Development Journal, 49 (1), 92–105

Casalini, Brunella, 2017: A Materialist Analysis of Contemporary Feminist Movements. In: Anthropological Theory, 17 (4), 497–517

Federici, Silvia, 2010: The Reproduction of Labour-Power in the Global Economy, Marxist Theory and the Unfinished Feminist Revolution. Vorlesung, 27. Januar 2009, UC Santa Cruz. caringlabor.wordpress.com/2010/10/25/silvia-federici-the-reproduction-of-labour-power-in-the-global-economy-marxist-theory-and-the-unfinished-feminist-revolution (Abfrage 17.7.2020)

Federici, Silvia, 2012: Feminism and the Politics of the Common in an Era of Primitive Accumulation. In: Federici, Silvia (Hg.): Revolution at Point Zero. Brooklyn, 138–148

Federici, Silvia. 2013: «Commons Will Become Increasingly Important for Feminists Movements in Europe», Interview. In: Femina Politica. Zeitschrift Für Feministische Politik-Wissenschaft, 1, 93–100

Federici, Silvia, 2014: Marxism, Feminism, and the Construction of the Commons. In: Brincat, Shannon (Hg.): Communism in the 21st Century, vol. 1. Santa Barbara, 171–194

Foster-Carter, Aidan, 1978: The Modes of Production Controversy. In: New Left Review, 107 (1), 47–78

Fraser, Nancy, 2014: Behind Marx's Hidden Abode. For an Expanded Conception of Capitalism. In: New Left Review, 86 (März-April), 55–72

Glassman, Jim, 2006: Primitive Accumulation, Accumulation by Dispossession, Accumulation by «extra-Economic» Means. In: Progress in Human Geography, 30 (5), 608-625

Hall, Stuart, 1980: Race, Articulation, and Societies Structured in Dominance. In: Sociological Theories. Race and Colonialism, 305–345

Harvey, David, 2003: The New Imperialism. Oxford

Luxemburg, Rosa, 1923: Die Akkumulation des Kapitals. Ein Beitrag zur ökonomischen Erklärung des Imperialismus. Berlin

Mies, Maria, 1986: Patriarchy & Accumulation on a World Scale. Women in the International Division of Labour. London

Mies, Maria, 1988: Introduction. In: Mies, Maria / Bennholdt-Thomsen, Veronika / von Werlhof, Claudia (Hg.): Women. The last colony. London, 1–10

Mies, Maria / Bennholdt-Thomsen, Veronika (Hg.), 1999: The Subsistence Perspective. Beyond the Globalised Economy. London

Soiland, Tove, 2016: A Feminist Approach to Primitive Accumulation. In: Dellheim, Judith / Wolf, Frieder Otto (Hg.): Rosa Luxemburg. A Permanent Challenge for Political Economy. On the History and the Present of Luxemburg's «Accumulation of Capital». London, 185–218

Stangenberg, Mailin, 2020: Rückkehr zum Materialismus. In: Kapitalismus – jetzt mit gutem Gewissen!, 54, 44–46

Volk, Katharina, 2018: Von der Gesellschaftsanalyse zur Utopie. Ein historischer Rückblick auf materialistisch-feministische Theorien. Münster

von Werlhof, Claudia / Mies, Maria / Bennholdt-Thomsen, Veronika, 1983: Frauen. Die letzte Kolonie. Reinbek bei Hamburg

Franziska Schutzbach

Generativität, Geschlecht und Gesellschaft – revisited

An der UN-Bevölkerungskonferenz von Kairo im Jahr 1994 wurden bevölkerungspolitische Zwangsmassnahmen[1] offiziell abgeschafft und verboten. Verabschiedet wurde die Agenda der Reproduktiven Gesundheit und Rechte, die erstmals Fortpflanzung (Generativität[2]) auf die Basis von Menschenrechten stellte. Frauen sollten von nun an selbst über ihre reproduktive Gesundheit sowie darüber bestimmen, wann und wie sie Kinder bekommen. Die Agenda von Kairo ist bis heute richtungsweisend für die UNO-Mitgliederländer bei der Gestaltung ihrer (Gesundheits-)politik zu den Themen Fertilität, Schwangerschaft, Geburt, Abtreibung, Verhütung, Reproduktionstechnologien und so weiter. Die Agenda war – trotz wichtiger Errungenschaften – nicht unumstritten[3] und blieb etwa anschlussfähig für geburtensteuernde Ziele (Schultz 2006). Schultz beschreibt den Fokus der Programme auf *Gesundheit* als einen Paradigmenwechsel, der biopolitische Makroziele wie zum Beispiel Geburtensteuerung unsichtbar machte, weil diese von nun an in die individuellen Entscheidungen von Individuen hinein verlagert wurden. So würden Frauen im globalen Süden mit der Botschaft adressiert, dass es für sie *gesünder* wäre, weniger Kinder zu bekommen. Anders ausgedrückt: Die Agenda von Kairo machte Antinatalismus mit dem Argument der Gesundheit und Selbstbestimmung legitimierbar.

Generativität, Geschlecht und Mutterschaft

In meiner Dissertation (2020) untersuche ich, wie die Konzepte von Kairo ab 2001 im europäischen Raum durch die Weltgesundheitsorganisation (WHO, Büro Europa) implementiert und für die spezifisch europäischen Bedürfnisse adaptiert wurden. Stark verkürzt, bin ich unter anderem zu den folgenden Erkenntnissen gelangt: Themen der Generativität werden im Zuge des WHO-Framings erstens noch stärker als in der Kairo-Agenda vergesundheitlicht, politische reproduktive Rechte finden kaum noch Erwähnung. Der Fokus auf Gesundheit und Risikokalkulationen koppelt reproduktive Selbstbestimmung stark an die Frage, wie Individuen gesundheitlich richtig handeln können. Dieser individualisierende Zugang generiert *gleichzeitig* und quasi durch die Hintertür normative Vorstellungen darüber, wessen Verhalten richtig ist, wessen Generativität gewollt und welche es nicht ist. Zweitens wird Generativität feminisiert. Die WHO-Programmatik konstruiert einen scheinbar natürlichen Verweisungszusammenhang zwischen Generativität, Weiblichkeit und Mutterschaft. Generativität wird zur Frauensache gemacht.

Konstruiert wird – etwa in den Programmabschnitten zu *Safe Motherhood* – ein inhärenter Zusammenhang zwischen Schwangerschaft, Mutterschaft/Muttergefühlen und Weiblichkeit. Wer schwanger ist, ist auch automatisch Mutter und Frau. Aus dem Blick gerät, dass Menschen sich zu sehr unterschiedlichen Zeitpunkten einer Schwangerschaft als «Mütter» wahrnehmen. Manche auch gar nicht – sei es, weil sie beispielsweise als Leihmütter tätig sind, sei es, weil eine Schwangerschaft ungewollt ist oder es sich bei den Schwangeren um Trans-Personen handelt. Ferner verbinden die WHO-Programme *Motherhood* eng mit dem Thema Säuglingssterblichkeit. Dadurch wird die Verantwortung für Neugeborene an diejenigen gebunden, die schwanger sind. Insgesamt verhandeln die WHO-Programme den Zusammenhang zwischen Generativität, Mutterschaft, Weiblichkeit und Sorgearbeit als eine unauflösbare und damit naturalisierte Verknüpfung, die scheinbar jenseits von historischen, gesellschaftlichen oder ökonomischen Verhältnissen steht. Fortgesetzt wird damit auch ein tradiertes Verhältnis von privater und öffentlicher Sphäre, in dem Generativität einerseits als «Frauensache» individualisiert und auf das Private reduziert und gleichzeitig zum Gegenstand öffentlicher Intervention und Regulierung gemacht wird. Unterstrichen wird aber auch die Unterteilung in eine produktive und eine reproduktive Sphäre und eine damit einhergehende geschlechtliche Arbeitsteilung.

Meine WHO-Untersuchung bildete den Ausgangspunkt, mich kritisch mit der Verkettung von Gebärfähigkeit-Weiblichkeit-Mutterschaft zu befassen und dabei die verschiedenen feministischen und geschlechtertheoretischen Perspektiven zu dieser Thematik zu befragen. Deutlich wurde, dass es zwar vielfältige Ansätze gibt, diese Verkettung, deren Geschichte und Machtstruktur zu analysieren und zu kritisieren, dass aber das Problem, das kritisiert werden soll, nicht selten wiederholt wird. So subsumieren etwa materialistisch-feministische Ansätze die Thematik der Generativität – also die effektive Produktion von Menschen und die damit verbundenen somatischen Ausgangslagen (Gebärfähigkeit und so weiter) – oft unter Sorgearbeit (Mesner 2010). Auf diese Weise bleiben Körperprozesse gesellschaftstheoretisch unsichtbar und werden erneut im Bereich des Vorgesellschaftlichen, letztlich in der Natur belassen und dadurch ausbeutbar.[4]

Sogenannte konstruktivistische Ansätze dagegen konzipieren die Gleichsetzung von Gebärfähigkeit und Weiblichkeit als historisch, gesellschaftlich *geworden* oder als ideologisch konstruiert. Allerdings belässt auch die Vorstellung, Ideologien würden sich auf Körperprozesse einfach überstülpen, Körperlichkeit im Bereich der Natur. Ideologie und Körperprozesse werden unterschieden, Körper erscheinen als von Ideologien abgetrennt und werden erneut in einen vorgesellschaftlichen Bereich der Natur abgespalten (Heitzmann 2019; Maihofer 1995). Auch diese Perspektive reproduziert ein Stück weit die patriarchale Logik, die sie eigentlich überwinden will, nämlich die Abspaltung, Abwertung und Ausbeutung von Körperlichkeit. Meine These ist: In den meisten bisherigen Ansätzen bleiben Generativität und die mit ihr verbundenen Körperprozesse untertheoretisiert. Damit bleibt ein Kern gesellschaftlicher und kapitalistischer Macht – und Herrschaftsverhältnisse, für den die Kontrolle der Reproduktionsfähigkeit unabdingbar ist, unangetastet. Im Folgenden werde ich versuchen, ein materialistisch-queerfeministisches Instrumentarium zu skizzieren, mit dem Gebärfähigkeit aus der vorgesellschaftlichen Sphäre herausgelöst und zum Gegenstand gesellschaftstheoretischer und politischer Reflexion gemacht werden könnte.

Materialistisch-feministische Reflexionen

Die WHO-Diskurse unterstreichen die Trennung zwischen einer privaten Sphäre der Reproduktion beziehungsweise Generativität und einer öffentlichen Sphäre der Produktion. Sie verstetigen damit eine bürgerlich-kapitalistische geschlechtliche Arbeitsteilung, bei der reproduktive Arbeit als unbezahlte, weibliche Privatdomäne jenseits von Marktwirtschaft und Politik erscheint. Diese Trennung ist von materialistisch-feministischen Theorien als zentrale Schaltstelle kapitalistischer Ökonomie beschrieben worden: Reproduktion wird zum weiblichen Lebenszusammenhang gemacht und in einen individualisierten, scheinbar natürlichen und vorgesellschaftlichen Raum abgespalten. Auf diese Weise kann reproduktive Arbeit als unsichtbare und unbezahlte Bedingung des Marktes gesellschaftlich und ökonomisch angeeignet werden. «Weibliche» Produktivität geht als nichtbewertete reproduktive Leistung in die ökonomische Wertschöpfung ein und wird akkumulierbar.

Federici (2019) hat die historische Akkumulation aus der Perspektive der Konsequenzen untersucht, die sie für Frauen, den Körper und die Produktion der Arbeitskraft (Generativität) hatte. Sie beschreibt zwei Prozesse: 1. Die Konstituierung der reproduktiven Arbeit als Frauensache und als eigenständige gesellschaftliche Sphäre, die scheinbar ausserhalb der ökonomischen Verhältnisse liegt und damit ökonomisch wie kulturell entwertet wird. 2. Die Institutionalisierung der staatlichen Kontrolle über die weibliche Sexualität und Fortpflanzungsfähigkeit durch die Kriminalisierung von Abtreibung und die Einführung eines Systems der Überwachung und Bestrafung, «was buchstäblich zur Enteignung der Körper von Frauen führt» (Federici 2019, 40). Beide Entwicklungen sind Federici zufolge nicht einmalig, sondern charakteristisch für jede historische Epoche, in der sich kapitalistische Verhältnisse ausdehnen. Sie haben zur Folge, dass die reproduktive Arbeit aus der Sphäre der ökonomischen Verhältnisse verbannt und ihre Ausbeutung naturalisiert wird. Dieser Zugriff «auf den weiblichen Körper und seine reproduktiven Fähigkeiten» schafft die Grundlage für eine bestimmte «Regulierung der Humanressourcen» (Federici 2019, 41). Federici zufolge handelt es sich um einen biopolitischen Eingriff und einen Beitrag zur Kapitalakkumulation – wenn man zu dieser auch die Vermehrung der Menschen zählt.

Mit diesen Ansätzen lassen sich zwar Naturalisierung, Feminisierung und Aneignung beziehungsweise Ausbeutung von Gebärfähigkeit feststellen und kritisieren. Aber reicht das? Wie eingangs erwähnt, wiederholt eine solche Kritik ein Stück weit das Problem, das sie kritisiert: Es wird kein theoretisches Angebot gemacht, wie die Gleichsetzung von Generativität und Weiblichkeit aufgelöst werden könnte, wie genau wir *anders,* weniger essenzialistisch über die somatische Dimension der reproduktiven Arbeit, über generative Körperprozesse nachdenken könnten. Mangels einer solchen Alternative bleibt die Verortung der Generativität als vorgesellschaftlicher Bereich unangetastet. Vorausgesetzt wird stets eine vorgängige Existenz von Männern und Frauen, die in einer körperlichen, auf Fortpflanzung beziehungsweise auf «reproduktive Fähigkeit» (Federici) bezogenen Zweigeschlechtlichkeit begründet ist. Es wird dadurch etwas gesellschaftstheoretisch höchst Voraussetzungsvolles angenommen, nämlich die Zweiteilung der Menschheit in *Männer* und *Frauen* als gegebener Ausgangspunkt für Gesellschaftstheorie (Meissner 2011, 551).

Generativität und Geschlecht – gesellschaftstheoretisch revisited

Aus meiner Sicht wäre ein wichtiger Schritt zur Überwindung dieser naturalistischen Prämissen eine Beschäftigung mit der somatischen Dimension der Generativität. Wie Landweer (1994) und Schrupp (2019) bin ich der Auffassung, dass wir tatsächlich über Generativität an der Trennlinie zwischen Menschen, die schwanger werden und gebären (können), und denjenigen, die dies nicht tun, reflektieren müssen. Dabei ginge es aber darum, diese somatische Differenz zu thematisieren, weil sich aus ihr gerade *keine* sozialen Zuschreibungen oder Arbeitsteilungen ableiten lassen. Es ginge darum, geltend zu machen, dass diese Differenz eine Rolle spielt und gesellschaftstheoretisch berücksichtigt werden muss, dass sie eben gerade nicht Natur bedeutet. Gerade weil generative Differenz nicht einfach Natur, sondern immer schon sozial vermittelt ist, erfordert sie einen konsequent *gesellschaftstheoretischen und politischen* Umgang mit ihr.

Unsere Gesellschaft teilt ihre Mitglieder, wie auch die WHO-Diskurse zeigen, gemäss ihrem möglichen jeweiligen Beitrag zur Generativität ein. So werden jene, die gebärfähig sind, Frauen genannt, während jene, die nicht gebären, als Männer gelten. Der generative Unterschied macht es *per se* aber nicht notwendig, dass die Gesellschaft gemäss einer zweigeschlechtlichen Ordnung organisiert ist. Trotzdem ist die generative Differenz eine Grundlage, auf der Zweigeschlechtlichkeit stets sozial wieder relevant gemacht und bestimmte (Geschlechter-)Mythen immer wieder von neuem hervorgebracht werden (Landweer 1994, 156). Und die mithin auch eine kapitalistische Arbeitsteilung und nicht zuletzt Ausbeutung von Generativität und Sorgearbeit begründet.

Anders gesagt: Aus körperlichen Faktoren leiten sich zwar keine Automatismen ab, gleichwohl spielen diese eine Rolle bei der Frage, wie eine Gesellschaft sich organisiert und wie Vergeschlechtlichungsprozesse ablaufen. Der Umstand, dass Schwangerschaft von vielen als Merkmal für Weiblichkeit definiert und erfahren wird, ist zwar biologisch nicht notwendig, ist aber auch nicht unabhängig von somatischen Voraussetzungen. Die geschlechtliche Differenzierung steht, wie ich argumentieren möchte, in einem Zusammenhang mit dem Umstand, dass nur manche Menschen in einem bestimmten Alter Kinder gebären können, während andere dies nicht können. Wäre Gebärfähigkeit anders verteilt, gäbe es *andere* Unterscheidungspraxen.

Es stellt sich zum Beispiel die Frage, ob Schwangerschaft mit Weiblichkeit verknüpft würde, wenn *alle* Menschen zu jedem Zeitpunkt ihres Lebens

Kinder gebären könnten. Oder: wenn Menschen zwischen acht und zwölf Jahren schwanger werden könnten, würden diese womöglich ebenso wenig als «weiblich» oder «mütterlich» definiert und würden sich auch nicht als solches fühlen. Klar wäre auch, dass diejenigen, die gebären, sich nicht hauptverantwortlich um ein Baby kümmern, weil sie das nicht könnten. Es bräuchte andere Lösungen, das heisst von einer solchen somatischen Ausgangslage her könnte nicht darauf geschlossen werden, wer sich um Babys kümmert. Der Umstand also, dass bestimmte Menschen schwanger werden können und andere nicht, spielt eine Rolle und muss berücksichtigt werden. Wenn wir diese Differenz theoretisch wie politisch nicht aktiv verhandeln, werden aus ihr herrschaftsförmige Praxen abgeleitet und durch sie Ausbeutung legitimiert. Meines Erachtens ginge es darum, eine queerfeministische Perspektive zu entwickeln, die generative Unterschiede theoretisch und damit gesellschaftspolitisch ernst nimmt, damit sie als Grundlage für bestimmte (Geschlechter-)Mythen gerade aufgelöst werden. Zugespitzt gesagt: Wir müssen uns mit Natur beschäftigen, damit wir Natur als Herrschaftsinstrument überwinden können.

Heitzmann (2017) entwickelt eine soziologische Theorie der Generativität, in der sie die Gleichsetzung Generativät = Frau als eine soziale Praxis im Anschluss an Bourdieu (2009) fasst. Dabei beinhaltet diese soziale Praxis in Heitzmanns Definition mehr als eine Inkorporierung von Ideologien. Vielmehr dockt die Inkorporierung von Ideologien auch an Körperliches an, zum Beispiel an generative Differenz. Heitzmann bezieht sich auf einen Begriff des Körperlichen, der Körperlichkeit *nicht* als Natur konzipiert, also nicht als vorgesellschaftlich, sondern als immer schon sozial. Anders ausgedrückt, existiert Körperlichkeit nicht für sich genommen, sondern ist immer schon Ausdruck von Sozialität (2017, 89).

Wenn wir also sagen, dass die Gleichsetzung von Gebärfähigkeit = Weiblichkeit/Mutterschaft Bezug nimmt auf oder interagiert mit einer körperlichen generativen Differenz, dann bedeutet das: Auch diese körperliche Differenz ist *immer schon* durch Geschlechternormen (Ideologie) und andere kulturelle und historische Deutungen bestimmt. Dass unsere Gesellschaft Gebärfähigkeit und Weiblichkeit gleichsetzt, dockt an einen somatisch bedingten Unterschied zwischen Menschen an. *Gleichzeitig* existiert dieser Unterschied aber nicht vorgesellschaftlich, sondern nur durch beziehungsweise wegen bestimmter vorherrschender Geschlechterideologien. Wir können ihn nicht jenseits von Geschlechternormen fassen, denn es lässt sich unmöglich bestimmen, was an der generativen Differenzierung rein leiblich und was gesellschaftlich ist.

Wenn ich also von generativer Differenz spreche, dann meine ich eine sozial, kulturell und historisch vermittelte körperliche Differenz, und keine natürliche. Auf diese Weise ist generative Differenz nicht mehr Natur, sondern ein Vergesellschaftungsmodus. Auf dieser Grundlage lässt sich aus meiner Sicht eine queerfeministische materialistische Perspektive entwickeln, die sich mit Generativität, generativer Differenz, Geschlecht und Elternschaft befasst, ohne Gefahr zu laufen, sie zu naturalisieren. Im Gegenteil. Aus einer solchen Perspektive entsteht nicht nur die Möglichkeit, sondern die Notwendigkeit, mit Generativität und damit auch Reproduktion insgesamt gesellschaftlich wie geschlechtertheoretisch aktiv und immer wieder neu umzugehen.

Auf diese Weise stellen sich Fragen neu und anders:[5] Wie gehen wir gesellschaftlich, kulturell, politisch, ökonomisch und so weiter damit um, dass eine bestimmte Gruppe von Menschen während eines bestimmten Lebenszeitabschnitts potenziell schwanger werden kann und wird und andere nicht? Sollen Menschen, die schwanger werden (können), als Gruppe Namen haben (bisher Frauen), wenn ja, welche? Wenn sie keine Namen haben und nicht nach dieser Kategorie unterschieden werden, wie wird dann sichergestellt, dass die unterschiedliche generative Involvierung den betroffenen Menschen nicht zum Nachteil oder Vorteil gerät? Wie müssen wir generative Differenzen berücksichtigen bei der Frage, wie wir als Gesellschaft Generativität organisieren und Sorgearbeit gewährleisten? Werden dafür Ressourcen zur Verfügung gestellt? Wird von Menschen, die ein Kind gebären, erwartet, dass sie sich anschliessend um das Neugeborene kümmern? Wie lange? Gibt es andere, die dafür ebenfalls zuständig sind? Wer bestimmt darüber, was mit neugeborenen Kindern geschieht? Was davon fällt in den Entscheidungsbereich derjenigen, die das Kind geboren haben, und was in den Entscheidungsbereich der Allgemeinheit oder anderer Menschen?

Wenn diese Fragen wirklich zur Disposition stehen, steht ein zentraler Kern der kapitalistischen Ökonomie und Gesellschaftsordnung zur Disposition, nämlich die Aneignung und gleichzeitig Verdeckung der generativen und reproduktiven Arbeit als «natürliche» Frauen- und Gratisarbeit. Wenn wir den unterschiedlichen Anteil der Menschen an der Generativität als eine somatisch wie gesellschaftlich vermittelte Praxis begreifen und ernst nehmen, dass sich daraus *keine* Zwangsläufigkeit in Bezug auf Geschlecht, Elternschaft, Care oder Familienformen ableiten lassen, kann aus der Gebärfähigkeit mancher Menschen nicht mehr auf deren natürliche Pflicht für die Gratisproduktion von Humanressourcen und die Versorgung (Care) derselben geschlossen werden. Diese Tätigkeit könnte nicht mehr einfach als angeblich «natürliche Ressource» kapitalistischer Produktion feminisiert, abgewertet und zur Wertschöpfung angeeignet werden. Über Gebärfähigkeit, Elternschaft und reproduktive Verantwortung müsste neu verhandelt werden. Überhaupt müsste verhandelt werden, was eigentlich Produktion ist und was Arbeit. Auch Eigentumsfragen wären tangiert (wem «gehören» Kinder, wer bestimmt über welche Körperprozesse und so weiter). Wenn wir generative Differenz politisch wie theoretisch aktiv berücksichtigen, verändert sich, so meine These, die vorherrschende Ordnung grundlegend.

Anmerkungen

1 Verboten wurden etwa Zwangssterilisationen, aber auch die Formulierung demografischer «targets».

2 Ich nenne es im Folgenden Generativität, da es sich um einen weniger biologistischen Begriff handelt, vgl. Schutzbach 2020.

3 Die ursprünglichen Forderungen der Frauenbewegungen wurden im Zuge des Kairo-Kompromisses abgeschwächt: Abtreibung zum Beispiel wurde nicht als allgemeines Menschenrecht anerkannt (Sax 1995).

4 «Vorgesellschaftlich» bedeutet, dass Generativität ausserhalb gesellschaftlicher, das heisst sozialer und historischer Prägung und Gewordenheit gedacht wird. Damit fällt sie aus der politischen und ökonomischen Bedeutung heraus und erscheint als «Natur», als Ressource, die einfach zur Verfügung steht, angeeignet und ausgebeutet werden kann.

5 Ich danke Antje Schrupp für die Anregung zu diesen Fragen auf ihrem Blog *Letz Talk about Schwanger werden* (2013): antjeschrupp.com/2013/02/18/letz-talk-about-schwanger-werdenkonnen (Abfrage 10.7.2020)

Literatur

Bourdieu, Pierre, 2009 [1972]: Entwurf einer Theorie der sozialen Praxis. Frankfurt a. M.

Heitzmann, Daniela, 2017: Fortpflanzung und Geschlecht. Zur Konstruktion und Kategorisierung generativer Praxis. Bielefeld

Landweer, Hilge, 1994: Generativität und Geschlecht. Ein blinder Fleck in der sex/gender-Debatte. In: Lindemann, Gesa / Wobbe, Theresa (Hg): Denkachsen. Zur theoretischen und institutionellen Rede von Geschlecht. Frankfurt a. M., 147–176.

Maihofer, Andrea, 1995: Geschlecht als Existenzweise. Macht, Moral, Recht und Geschlechterdifferenz. Sulzbach/Taunus

Mesner, Maria, 2010: Geburtenkontrolle. Reproduktionspolitik im 20. Jahrhundert. Wien/Köln/Weimar

Meissner, Hanna, 2011: Totalität und Vielfalt – gesellschaftliche Wirklichkeit als multidimensionaler Zusammenhang. In: Prokla 41 (4), 543–560.

Federici, Silvia, 2019: Die Welt wieder verzaubern – Feminismus, Marxismus & Commons. Wien/Berlin

Sax, Anna, 1995: Gewonnen hat das Patriarchat. Die internationale Konferenz für Bevölkerung und Entwicklung in Kairo. In: Olympe. Feministische Arbeitshefte zur Politik 2, 98–103.

Schrupp, Antje, 2019. Schwanger werden können. Essay über Körper, Geschlecht und Politik. Sulzbach/Taunus

Schultz, Susanne, 2006: Hegemonie – Gouvernementalität – Biomacht. Reproduktive Risiken und die Transformation internationaler Bevölkerungspolitik. Münster

Schutzbach, Franziska, 2020: Politiken der Generativität. Reproduktive Gesundheit, Bevölkerung und Geschlecht. Das Beispiel der Weltgesundheitsorganisation. Bielefeld

Gisela Notz

Die Versprechen der Genossenschaften

«Ohne Kollektivierung ist eine Überwindung des Kapitalismus nicht denkbar», sagte der Vorsitzende der Jungen Sozialdemokraten (Jusos) Kevin Kühnert in einem Interview mit der *Zeit* Anfang Mai 2019. Kühnert kann sich vorstellen, grosse Firmen zu kollektivieren und den Besitz von Immobilien in Deutschland beschränken zu lassen, anders sei die «Überwindung des Kapitalismus» nicht möglich. Von Kollektivierung oder Vergemeinschaftung erhofft er sich, dass das soziale Unrecht in unserer Gesellschaft und die umweltzerstörende Ressourcenvernichtung eingedämmt oder gar beendet werden. Kühnerts Aussagen haben in CDU/CSU, FDP, AfD und in Wirtschaftsverbänden für grosse Aufregung gesorgt. Kritik kam aber auch aus «seiner» Partei, der SPD.

Neu ist die Diskussion über Kollektivierungsbestrebungen nicht. Wie schon früher in der Geschichte fragten Linke immer wieder danach, ob es nicht eine sozialistische Antwort geben müsste auf die Widersprüche einer weltweiten Umverteilung von Arm zu Reich und auf die zerstörerische Wachstumslogik.

Die Idee der Genossenschaft gewinnt wieder an Aktualität. Genossenschaften waren und sind in der Geschichte Deutschlands, der Schweiz, in Österreich und in vielen anderen Ländern ein wichtiger Faktor in der Wirtschaft und im Wohnungsbau. Es wird sogar ein Aufschwung von Genossenschaftsgründungen festgestellt.

Freilich sind Genossenschaften von ihren unterschiedlichen Entstehungsbedingungen her nicht unbedingt eine «sozialistische Idee». Jedoch sind der Demokratisierungsgrad und die Transparenz bezüglich der Verwendung des Kapitals hoch.

In diesem Beitrag geht es um Vergemeinschaftung von Grund und Boden, von Produktionsstätten, Produktionsmitteln, Gebäuden und Wohnungen durch die Gründung von Genossenschaften. Zunächst soll erklärt werden, was Genossenschaften sind. In Abgrenzung zu anderen Unternehmen werden anschliessend vier Grundprinzipien der Genossenschaften aufgeführt. Danach geht es um die unterschiedlichen theoretischen und praktischen Ansätze, die zu Gründungen führen, um Aufstieg und Fall der Genossenschaften in Deutschland seit der Zeit nach dem Ersten Weltkrieg bis hin zur gegenwärtigen Ausdifferenzierung.

Was sind Genossenschaften?

Nachdem 2012 von den Vereinten Nationen das Internationale Jahr der Genossenschaften ausgerufen und darauf folgend durch den Internationalen Genossenschaftsbund die Dekade der Genossenschaften verkündet wurde, erfahren die Genossenschaften neue Aufmerksamkeit. Dennoch scheint die Kenntnis über Genossenschaften noch immer gering. Das gilt auch für die Schweiz, trotz des auch dort verzeichneten Gründerbooms sind sie in der öffentlichen Wahrnehmung sowie in der gesellschaftlichen und politischen Diskussion noch wenig präsent (Idée Cooperative 2020, 4). Dies, obschon Genossenschaften vieles gründen können (Notz 2012, 54 f.) und meist wirtschaftlich erfolgreicher als Einzelgründungen sind, vor allem, wenn sie einen politischen Anspruch haben. Gemeinsam – das sollte der Grundgedanke einer jeden genossenschaftlichen Kooperation sein – kann man mehr erreichen als alleine. Genossenschaften sind gelebte Sozialutopien, die nicht nur nach den ökonomischen Vorgaben des Marktes funktionieren. Mit der Genossenschaft wird Eigentum vergemeinschaftet und dem Profitstreben einzelner entzogen.

Weltweit sind rund 800 Millionen Menschen in Genossenschaften organisiert. Genossenschaften arbeiten in den unterschiedlichsten Branchen erfolgreich für die Ziele ihrer Mitglieder (GenossInnen). In Deutschland gibt es fast 8000 Genossenschaften mit mehr als 22 Millionen Mitgliedern. Davon sind 2,2 Millionen in 2000 Wohnungsgenossenschaften organisiert. In der Schweiz waren 2019 insgesamt 8559 Genossenschaften mit dieser Rechtsform im Handelsregister eingetragen, das sind 1,34 Prozent aller eingetragenen Unternehmen (EHRA 2019). 41,8 Prozent der Schweizer Genossenschaften sind Wohnbaugenossenschaften (Idée Cooperative 2020, 13).

Grundprinzipien der Genossenschaften

In Abgrenzung zu anderen Unternehmen weisen GenossenschaftswissenschaftlerInnen auf die Notwendigkeit hin, zwischen der rechtlichen Frage und der sozialen Organisation zu unterscheiden. Nicht jede eingetragene Genossenschaft ist auch von ihrer sozialen Ausgestaltung als genossenschaftlich zu bezeichnen. Umgekehrt gibt es zahlreiche Unternehmen, die als Genossenschaften bezeichnet werden könnten, auch wenn sie die Rechtsform nicht gewählt haben. Insofern erscheint es sinnvoll, deren Genossenschaftlichkeit anhand der vier wesentlichen Prinzipien einer Genossenschaft zu reflektieren: dem Förder-, dem Identitäts-, dem Demokratie- und dem Solidaritätsprinzip (Klemisch/Flieger 2007, 5).

Das Förderprinzip ist der gesetzliche Ausgangspunkt nach §1 des Genossenschaftsgesetzes in Deutschland, wonach die Genossenschaften die Förderung des Erwerbs oder der Wirtschaft mittels gemeinschaftlichen Geschäftsbetriebs bezwecken. In der genossenschaftlichen Wirtschaftspraxis soll nicht die Kapitalverwertung, sondern die Befriedigung von Bedürfnissen der Mitglieder im Vordergrund stehen.

Das Identitätsprinzip besagt, dass AnbieterInnen und NutzerInnen identisch sind und die NutzerInnen sogleich die TrägerInnen der gemeinschaftlichen Leistungen sind. Während bei Produktionsgenossenschaften KapitaleignerInnen und die im Betrieb Beschäftigten mit den GenossInnen identisch sind, sind bei den absatzorientierten Konsumgenossenschaften HändlerInnen und VerbraucherInnen die NutzniesserInnen der Produkte. Bei den Genossenschaftsbanken sind es die KundInnen und bei den Wohnungs- und Siedlungsgenossenschaften sind es die BewohnerInnen.

Das dritte Charakteristikum der Genossenschaft ist das *Demokratieprinzip* mit der urdemokratischen Rechtsform: ein Mensch = eine Stimme.

Das letzte Prinzip, der *Genossenschaftsgeist* oder das *Solidaritätsprinzip*, kann freilich weder in einem Gesetz festgeschrieben noch verordnet werden. Im Idealfall unterstützen sich die GenossInnen gegenseitig und solidarisch.

Die rechtliche Form der Genossenschaft ist die demokratischste und beste juristische Rechtsform, um eine Gemeinschaft abzusichern; sie ist die einzige, die auf kollektives Wirtschaften angelegt ist. Man kann die genossenschaftlichen Regeln durch freie Vereinbarungen ergänzen.

Die Entstehung der modernen Genossenschaften

In Deutschland finden sich sowohl von den sozialen Interessenlagen wie auch von den politischen Orientierungen her unterschiedliche theoretische und praktische Ansätze zur Begründung von Genossenschaften (Faust 1977). Sie reichen von christlich-konservativen Ideen über liberal-soziale Programme bis zu libertär-anarchistischen Vorstellungen. Auch innerhalb der ArbeiterInnen- und Gewerkschaftsbewegung sind Genossenschaften durchaus kein monolithischer Block. Die Idee der gemeinschaftlichen und genossenschaftlichen Zusammenschlüsse nahm im Verlauf der Zeit verschiedene theoretische Deutungen und praktische Gestalten an.

Grossbritannien wurde zum Vorbild der GenossenschaftsbefürworterInnen aus anderen Ländern. Dort gründeten 28 arme «einfache Arbeiter», die als die «redlichen Pioniere von Rochdale» in Geschichte eingingen, im Jahre 1844 eine Konsumgenossenschaft in der kleinen englischen Industriestadt Rochdale in der Nähe von Manchester. Die Grundsätze, die die Pioniere bei ihrer Gründung festlegten, sind bis heute die wesentlichen Prinzipien des Genossenschaftswesens. 1937 wurden sie vom internationalen Genossenschaftsbund zu den tragenden Prinzipien des internationalen Genossenschaftswesens erklärt. Sie umfassen die offene Mitgliedschaft, demokratische Kontrolle mit einer Stimme pro Mitglied, die Auszahlung von Rückvergütung beziehungsweise eine Gewinnverteilung in Abhängigkeit vom Umsatz, eine begrenzte Kapitalverzinsung, politische und religiöse Neutralität, das Prinzip der Barzahlung und die Förderung der Bildung aus einem Teil der erzielten Gewinne.

Als Vater des Genossenschaftsgedankens wird oft der deutsche liberale Sozialreformer Hermann Schulze-Delitzsch (1808–1883) genannt, der vor allem die durch den Kapitalismus sich verschlechternde sozial-ökonomische Lage der handwerklich Beschäftigten im Auge hatte. Durch die Bildung von Kredit-, Rohstoff- und Konsumvereinen in Selbsthilfe und Selbstverantwortung hoffte er, deren Situation zu verbessern (Aldenhoff 1984). Er wurde zum Wegbereiter der mittelständischen Genossenschaften, schliesslich schuf er eine demokratische Unternehmensform, die bis in die Gegenwart anhält. Unabhängig von ihm wirkte Friedrich Wilhelm Raiffeisen (1818–1888), der vor allem ländliche Darlehenskassenvereine gründete, um gegen die wirtschaftliche Not der Bauern und Bäuerinnen und deren Ausbeutung durch Wucher ankämpfen zu können (Koch 1991). Obwohl auch er von christlichen Moralvorstellungen und karitativen Werten ausging, begnügte er sich nicht damit, Almosen zu verteilen, sondern ermutigte die Armen, selbst tätig zu werden.

Auch das Schweizer Genossenschaftswesen beruft sich neben anderen auf die christlich-sozial-liberalen Gründungsväter. In die Geschichte eingegangen ist der Züricher Gottlieb Duttweiler (1888–1962), der Gründer der 1925 als Aktiengesellschaft gegründeten Migros-Organisation-Verteilungsorganisation (Riess 2011). Seine bewegte Firmengeschichte ist verbunden mit Kämpfen gegen Gegner von allen Seiten. 1941 wurde das in der Zwischenzeit riesige Unternehmen zum Bund der Migros-Genossenschaften zusammengeschlossen (Faust 1977, 675 f.). Heute ist die Migros das grösste Detailhandelsunternehmen der Schweiz.

Letztlich ging es den genannten Gründungsvätern darum, die Lebensbedingungen der verarmten Bevölkerung zu verbessern und einen Ausgleich zwischen dem teuren Kapital und der massenhaft vorhandenen billigen Arbeitskraft herzustellen.

Mit der Herausbildung des industriellen Kapitalismus und seinen ökonomisch-sozialen Umwälzungen in Europa entwickelten sich neben den sozial-liberalen sozialistische Genossenschaften. Ihre politisch-ökonomische Programmatik war bereits in den frühsozialistischen Schriften formuliert. Sie wollten die politischen Machtverhältnisse sowie die Eigentums- und Lebensverhältnisse grundlegend ändern. Ihr politisches Ziel war die Überwindung des Kapitalismus. Akteure der sozialistischen Genossenschaften waren meist Arbeiter und Handwerker, der sozialdemokratischen, sozialistischen, anarchistischen und kommunistischen Arbeiterbewegung.

Ein Genossenschaftsgründer war Adolph von Elm (1857–1916). Er war ein Kind der ArbeiterInnenklasse, das mit fünfzehn Jahren eine Lehre als Zigarrensortierer begann und 1892 die Tabakarbeiter-Genossenschaft (TAG) gründete. Mit der Genossenschaft konnten selbstbestimmte Arbeitsplätze für gemassregelte Arbeiter geschaffen werden, unabhängig von Staat und kapitalistischen Wohltätern. Die Heimarbeit sollte abgeschafft, die Arbeitsbedingungen verbessert werden, die Löhne existenzsichernd sein. 1909 wurde die Tabakarbeiter-Genossenschaft von der Grosseinkaufsgesellschaft Deutscher Consumvereine übernommen, die sie weiterführte und mit ihren Produkten die Konsumgenossenschaften versorgte (von Elm 2012). Elm war davon überzeugt: «Nicht ruhen noch rasten darf, wer den Kapitalismus bekämpfen will.» Er starb 1916 an seinem Schreibtisch. Im Gegensatz zu seinen bürgerlich-liberalen Zeitgenossen ist er heute beinahe vergessen.

Aufstieg und Fall der Genossenschaften in Deutschland

Nach dem Ersten Weltkrieg kam es angesichts der grossen Wohnungsnot und der mit der Niederschlagung der Räterepublik enttäuschten Hoffnungen auf eine Sozialisierung der Wirtschaft in Deutschland zu einem Boom von Genossenschaftsgründungen.

Ganze Stadtteile und Siedlungen, in denen mit neuen Formen sozialen Wohnens und Lebens experimentiert wurde, entstanden auf diese Weise (Novy u. a. 1985). Ländliche oder Agrargenossenschaften versorgten die Bauern und Bäuerinnen mit Saatgut und Vieh oder übernahmen als Molkerei- und Winzergenossenschaften den Absatz. Konsumvereine erfassten auf dem Höhepunkt ihrer Entwicklung nahezu vier Millionen Haushalte. Mit ihrem Anwachsen wuchs auch die Zahl der eigenständigen Produktionsgenossenschaften, die die Waren für die Konsumvereine produzierten. 1931 besass die Grosseinkaufsgesellschaft (GEG) 31 Fabriken. Mithilfe der Kreditgenossenschaften (Volksbanken) wurde das notwendige Kapital mobilisiert. Mit der Expansion der Genossenschaften in den verschiedenen Sektoren stabilisierte sich während der Weimarer Republik eine gemeinwirtschaftliche Vernetzung. Die Genossenschaften wurden neben Partei und Gewerkschaften die dritte Säule der ArbeiterInnenbewegung.

In vielen Städten entstanden zu dieser Zeit Gemeindewohnungen, wie in Berlin, Zürich, Basel, Wien oder München. Im Gegensatz zu Genossenschaftswohnungen treten die meist sozialdemokratisch dominierten Gemeinden selbst als Bauherr und als Vermieter auf, oft in Form von städtischen Wohnungsbaugesellschaften. Kindergärten, Wäschereien und andere Gemeinschaftseinrichtungen sowie Einkaufsläden dienten der Arbeitserleichterung der Frauen. Der wohl bekannteste Gemeindebau ist der Karl-Marx-Hof in Wien, der 2019 sein hundertjähriges Bestehen feiern konnte. 5000 Menschen leben dort im «Paradies für Mieter» (Theissl 2020, 24). Die Stadt ist mit ihren 1800 Wohnanlagen Europas grösster Immobilieneigentümer. 500 000 WienerInnen, also fast ein Viertel, leben in einem Gemeindebau. Und jetzt, nach jahrzehntelangem Baustillstand, sollen im Rahmen des Projekts Gemeindebau NEU bis 2020 4000 neue Wohnungen hinzukommen. Heute zahlt man für eine modern ausgestattete Wohnung mit mindestens dreissig Quadratmetern – Zimmer, Küche, Vorraum, WC, Badezimmer, Heizung und Warmwasser – 5,81 bis 7,50 Euro netto pro Quadratmeter (Stadt Wien o.J.). Der durchschnittliche Mietpreis pro Quadratmeter lag in Wien im Juli 2020 für eine 30-m²-Wohnung bei 12,92 Euro. In Berlin waren es zu gleicher Zeit für die gleiche Wohngrösse 17,97 Euro (Mietspiegel Berlin und Wien).

Das Hitler-Regime setzte der hoffnungsvollen Entwicklung der Genossenschaften ein Ende. Die Gleichschaltung machte im Nazi-Deutschland auch vor ihnen nicht Halt. Betroffen waren vor allem die Konsumgenossenschaften. Ihr gesamtes Vermögen und ihre Betriebe sind in das neu gegründete Gemeinschaftswerk der Deutschen Arbeitsfront überführt worden. Die genossenschaftliche Utopie war «zum Teufel gegangen» (Kaltenborn 2014, 273). In den anderen Wirtschaftsbereichen, auch in den Wohnungs- und Siedlungsgenossenschaften setzten die Nationalsozialisten auf eine personelle Umbesetzung von Führungspositionen oder die Einsetzung von Parteibeauftragen. Insgesamt erstreckte sich die Gleichschaltung vor allem auf die Führungsschichten der jeweiligen Verbände.

Die Gleichschaltung ist *eine* der Ursachen dafür, dass sich der Wiederaufbau der Genossenschaften nach dem Ende des Zweiten Weltkrieges in der neu gegründeten Bundesrepublik schwierig gestaltete. Der Zentralverband der Konsumgenossenschaften beschloss, sich unter die Gesetze des Marktes und des Wettbewerbs zu stellen. In der alten Bundesrepublik wurden genossenschaftliche Einrichtungen durch Lebensmittelketten aufgekauft oder konnten sich der Konkurrenz gegenüber denselben nicht behaupten (Notz 2012, 58). Die konservative Nachkriegspolitik in der BRD unter Bundeskanzler Konrad Adenauer setzte – anstatt den genossenschaftlichen Wohnungsbau zu unterstützen – auf den Bau von Eigenheimen, vor allem für Kleinfamilien. Privateigentum wurde wieder so behandelt, als ob es aus der menschlichen Natur nicht wegzudenken sei.

Erst in den 1970er-Jahren wurde im Gefolge der «Alternativbewegung» auch die Genossenschaftsbewegung wiederentdeckt. Es entwickelte sich eine grosse Zahl gemeinschaftlicher Arbeits- und Lebensformen. Auch wenn nicht alle genossenschaftlich organisiert waren, kann von einer Wiederbelebung des Genossenschaftsgedankens gesprochen werden.

Anders als in der BRD gestaltete sich das Genossenschaftswesen in der Deutschen Demokratischen Republik (DDR). Die Genossenschaften sollten aktiv an der staatlichen Planung der gesellschaftlichen Entwicklung teilhaben. Daher wurden sie besonders gefördert. Der Staat unterstützte sie durch unentgeltliches Bereitstellen von Bauland.

Nach der Wiedervereinigung existierten im marktwirtschaftlichen System der BRD viele tausend gewerbliche Agrar- und Wohnungsgenossenschaften. Darauf war die westdeutsche Marktwirtschaft nicht vorbereitet. Viele haben sich in privatwirtschaftliche Unternehmen umgewandelt oder wurden «kalt enteignet» (Beywl 1991, 44). Etliche Wohnungsbaugenossenschaften sind aber auch geblieben.

Gegenwärtig zeigt sich ein Trend der Ausdifferenzierung. Zur Vielfalt genossenschaftlicher Erscheinungsformen gehören heute kleine und grosse Banken und Kreditgenossenschaften, Agrar- und Molkereigenossenschaften, Dorfladengenossenschaften, Bürgerbusgenossenschaften, Produktivgenossenschaften, Schülergenossenschaften, Kindergärten-, Gesundheits- und Pflegegenossenschaften, Schwimmbadgenossenschaften, Seniorengenossenschaften und Genossenschaften von Gewerbetreibenden, Gross- und Kleinhandelsgenossenschaften, Energiegenossenschaften und natürlich Wohnungsbaugenossenschaften und viele andere. Die neu gegründeten Genossenschaften nehmen den Gedanken der solidarischen Selbsthilfe der konservativ-liberalen Väter des Genossenschaftsgedankens auf und federn mit ihrem Engagement vor allem auf dem Land den Strukturwandel ab. Besonders in kleineren Gemeinden und für die ältere Bevölkerung wird die Bedeutung in den nächsten Jahren zunehmen, weil öffentliche Verkehrsmittel in vielen ländlichen Regionen kaum mehr zur Verfügung stehen und Dorfläden von den Supermarktketten verdrängt worden sind. Wirtschaftlich orientierte Anbieter können sich solche Geschäfte und Unternehmungen gar nicht mehr leisten, weil genossenschaftlich organisierte Läden oder Busse nicht auf Gewinn orientiert sind, sondern aufs Gemeinwohl und meist auch – dank Gratisarbeit – ohne staatliche Hilfe auskommen. An den kapitalistischen Strukturen ändern sie nichts. Das heisst nicht, dass genossenschaftliche Organisationsformen in den kommunalen Reformdebatten keine Rolle spielen sollten. Dorfläden bieten meist nicht nur Einkaufsmöglichkeiten und Poststationen, sondern sind auch Begegnungsstätten und tragen so massgeblich zum Miteinander bei. Räume für kooperativen und kollektiven Gedankenaustausch und Gestaltungsoptionen, bei denen sich auch Widerstandpotenziale gegen mit- und umweltverletzende Entscheidungen, rückwärtsgewandte neue und alte «Rechte» und selbsternannte Heimat- und LebensschützerInnen entwickeln können, werden in (beinahe) jeder Kommune gebraucht.

Literatur

Aldenhoff, Rita, 1984: Schulze-Delitzsch. Baden-Baden

Beywl, Wolfgang, 1991: Selbstverwaltete und produktivgenossenschaftliche Unternehmen in Deutschland – Perspektiven für gewerkschaftliches Handeln. In: Notz, Gisela u. a. (Hg.): Selbstverwaltung in der Wirtschaft. Köln, 40–62

EHRA Fenceit-Statistiken des BFS. ehra.fenceit.ch/wp-content/uploads/sites/54/statistiken (Abfrage 3.8.2020)

Faust, Helmut, 1977: Geschichte der Genossenschaftsbewegung. Frankfurt a. M.

Gesetz betreffend die Erwerbs- und Wirtschaftsgenossenschaften (Genossenschaftsgesetz GenG) vom 1.5.1889 – Neugefasst durch Bek. v. 16.10.2006 I 2230; zuletzt geändert durch Art. 10 G v. 25.5.2009 I 1102. www.gesetze-im-internet.de/bundesrecht/geng/gesamt.pdf (Abfrage 21.5.2020).

Idée Cooperative, 2020: Genossenschaften in der Schweiz – ein Erfolgsmodell der Gegenwart und Zukunft. Genossenschaftsmonitor, Januar. Bern

Kaltenborn, Wilhelm, 2014: Schein und Wirklichkeit. Berlin

Klemisch, Herbert / Flieger, Burghard, 2007: Genossenschaften und ihre Potentiale für Innovation, Partizipation und Beschäftigung. Köln.

Koch, Walter, 1991: Der Genossenschaftsgedanke Friedrich Wilhelm Raiffeisens. Würzburg/Paderborn

Mietspiegel Berlin 7/2020: www.wohnungsboerse.net/mietspiegel-Berlin/2825 (Abfrage 18.7.2020)

Mietspiegel Wien 7/2020: www.wohnungsboerse.net/mietspiegel-Wien/16688 (Abfrage 2.8.2020)

Notz, Gisela, 2012: Theorien alternativen Wirtschaftens, 2. Aufl. Stuttgart

Notz, Gisela, 2014: Die sozialistische Genossenschaftsbewegung als die dritte Säule der Arbeiterbewegung. Geschichte und Perspektiven. In: Weipert, Axel (Hg.): Demokratisierung von Wirtschaft und Staat. Berlin, 100–118

Novy, Klaus u. a. (Hrsg.), 1985: Anders leben. Geschichte und Zukunft der Genossenschaftskultur. Berlin/Bonn

Riess, Curt, 2011: Gottlieb Duttweiler – eine Biografie. Zürich

Stadt Wien, o.J.: Gemeindebau NEU. www.wienerwohnen.at/gemeindebauneu.html (Abfrage 13.6.2020)

Stappel, Michael, 2011: Genossenschaften in Deutschland. Frankfurt a. M.

Theissl, Brigitte, 2020: Utopie in Ziegelstein. In: an.schläge, 1, 24–26

Von Elm, Adolph, 2005: Wertevolle soziale Arbeit. Vortrag von A. von Elm, gehalten am 20. Oktober 1919 im Gewerkschaftshaus Hamburg. In: Zentralverband deutscher Konsumgenossenschaften e.V. Hamburg: Die soziale Seite der Genossenschaften. Hamburg

Urs Marti-Brander

Was gehört mir, und wer gehört wem?

«Ein jeder hat, so wie er ist, ein Eigentum an sich selbst, sonst könnte er nicht er selbst sein.»

Richard Overton, *An Arrow against all Tyrants*, 1646

Gehört ein Mensch sich selbst? Die Frage ist nicht absurd. So grausam die Geschichte der Versklavung von Menschen ist, so absonderlich jene ihrer Rechtfertigungen. Bis heute ist das politische Denken konfrontiert mit der Frage nach der Rechtmässigkeit privaten Eigentums und der faktischen Enteignung so vieler Menschen, denen es an elementaren Ressourcen fehlt. Ein Blick auf die Argumente von Aristoteles, den Levellers – einer tendenziell egalitären politischen Bewegung im 17. Jahrhundert – und John Locke zeigt, wie viel Fantasie aufgeboten worden ist, um die Trennung der Menschheit in zwei Klassen zu legitimieren.

Sklaverei – ein Recht der Natur?

Ist die Versklavung von Menschen rechtens? Aristoteles beruft sich auf ein Recht der Natur.[1] Was «von Natur herrscht und beherrscht wird, muss sich zu seiner Erhaltung zusammenschliessen; denn was mit dem Verstand weitblickend fürsorgen kann, [...], gebietet despotisch von Natur, was aber mit dem Körper arbeiten kann, [...], ist von Natur Sklave. Deswegen nützt ein und dasselbe dem Herrn und dem Sklaven» (Aristoteles, Pol I, 2, 1252a). Wer imstande ist, einem anderen zu gehören, gehört einem anderen (ebd. 1254a). Eine bemerkenswerte Argumentation, zumal Aristoteles einräumt, selbst ein edler

Grieche könne, im Krieg besiegt, zum Sklaven werden. Den Sklaven definiert er als beseeltes Werkzeug und Eigentum des Herrn.

Freiheit, Gleichheit, Eigentum – eine schwierige Kombination

Eine halbwegs demokratische Bewegung entsteht in England Mitte des 17. Jahrhunderts mit den Levellers. Konsequente Levellers, Gleichmacher, waren sie nicht, politische Rechte wollten sie ausschliesslich ökonomisch unabhängigen Männern zugestehen, nicht LohnarbeiterInnen, BettlerInnen und AlmosenempfängerInnen. Dies wurde gerechtfertigt mit der Begründung, ökonomisch Abhängige dürften keine Stimme haben, da sie ihrem Herrn untertan und gezwungen seien, dessen politische Interessen zu vertreten (Macpherson 1973, 143). Die Levellers feiern den Ausschluss der Bediensteten als Sieg der angeborenen Freiheit (ebd. 127). Sie postulieren ein individuelles Recht auf Eigentum und Freiheit – Eigentum an der eigenen Person und den eigenen Fähigkeiten, Freiheit als Verfügungsrecht über eigene Güter und Besitzungen, das Recht, damit zu tun, was den Eignern beliebt, die Forderung, Besitz nicht zu nivellieren, privates Eigentum nicht anzutasten und kein Gemeineigentum zu schaffen. «Das Individuum hat nicht nur das Eigentum an seiner Person und seinen Fähigkeiten [...], vielmehr ist es dieses Eigentum, dieser Ausschluss anderer Menschen, was den Menschen erst zum Menschen macht.» «Ein jeder hat, so wie er ist, ein Eigentum an sich selbst, sonst könnte er nicht er selbst sein», so formulierte es der Leveller Overton (ebd. 161–163). Die Natur hat jedem Individuum ein unantastbares Eigentum gegeben. Menschen sind gleich geboren, haben Anspruch auf gleiches Eigentum und gleiche Freiheit. Die hehren Grundsätze beziehen sich wohlverstanden nicht auf die Besitzlosen, diese sind einverleibt in den Herrn, ihre Arbeitskraft haben sie veräussert, fortan ist sie wie ihr Stimmrecht in derjenigen des Herrn enthalten (ebd. 168 f.).

Crawford Brough Macpherson legt in *The Political Theory of Possessive Individualism* (1962) anhand der Analyse des politischen Denkens der Levellers und Lockes dar, wie widersprüchlich die frühliberale Theorie ist, da sie mit dem unterstellten Zusammenhang von Individualität und Privateigentum nicht zurande kommt. Das Individuum wird verstanden als Eigentümer seiner Person und seiner Fähigkeiten, der Gesellschaft schuldet es nichts. Frei ist es in dem Masse, wie es vom Willen anderer unabhängig ist (ebd. 15). Als Selbsteigentümer ist der einzelne Mensch der Gesellschaft gegenüber, abgesehen von der Respektierung der Gesetze, zu nichts verpflichtet. Individualität kann jedoch nur durch Akkumulation von Eigentum erlangt, folglich nur von Wenigen auf Kosten Vieler verwirklicht werden (ebd. 286–289).

Gott – Arbeit – Eigentum

John Locke gilt als Begründer des Liberalismus. Ihm zufolge lehrt die Vernunft, «dass niemand einem anderen, da alle gleich und unabhängig sind, an seinem Leben und Besitz, seiner Gesundheit und Freiheit Schaden zufügen soll. Denn alle Menschen sind das Werk eines einzigen [...] weisen Schöpfers [...]. Sie sind sein Eigentum, da sie sein Werk sind, und er hat sie geschaffen, so lange zu bestehen, wie es ihm, nicht aber wie es ihnen untereinander gefällt. Und da sie [...] alle zur Gemeinschaft der Natur gehören, so kann unter uns auch keine Rangordnung angenommen werden» (Locke 1977, II, § 6). Politik beschränkt sich auf den Schutz privaten Eigentums, politisch partizipieren können nur Grundeigentümer. Macpherson weist darauf hin, dass Lockes Theorie nicht individualistisch, sondern kollektivistisch ist. Die Gemeinschaft setzt sich als Kollektiv für den Schutz der Eigentumsrechte ein. Die Mehrheit ist souverän, das Individuum unter der Herrschaft der besitzbürgerlichen Mehrheit faktisch rechtlos.[2] Bezüglich der Rechtmässigkeit der Sklaverei ist Lockes Argumentation widersprüchlich: Kein Mensch darf sich, als Eigentum Gottes, zum Sklaven eines anderen machen, wohl aber darf ein Bürger Menschen zu SklavInnen degradieren, die in einem «gerechten Krieg» gefangengenommen wurden und im Zustand der Sklaverei weder zu Eigentum fähig noch Teil der bürgerlichen Gesellschaft sind, «da deren Endzweck die Erhaltung des Eigentums ist» (ebd., II § 85). Lohnarbeiter sind rechtlich frei, doch ihre Freiheit ist illusorisch. Dass, wer arbeitet, so gut wie nichts besitzt, widerspricht nicht dem Naturrecht. Der Lohnarbeiter besitzt so viel Eigentum, wie er für die Selbsterhaltung benötigt, er ist frei, seine Arbeitskraft zu verkaufen. Da es ihm an Verstand mangelt, ist er kein vollwertiges Mitglied der bürgerlichen Gesellschaft. Durch die Zwangslage seines Standes geknechtet, wird sein Leben völlig durch den Erwerb des Lebensunterhalts beansprucht. Er kommt auf keinen grünen Zweig, lebt notgedrungen von der Hand in den Mund. Was er verdient, reicht knapp fürs Überleben, dennoch wird kein Unglück ihn dazu bringen, sich gegen die Reichen zu erheben, so versichert Locke seinen vermögenden und müssigen Mitbürgern (Locke 1963 [1823], 23 f., 71). Er ist überzeugt, die Armen könnten arbeiten, wenn sie nur wollten. Die Ursachen wachsender Armut lägen weder in der Knappheit der Lebensmittel noch im Mangel an Arbeitsmöglichkeiten, einzig im Nachlassen der Disziplin und in der Korruption der Sitten. Es gelte, den Ausschweifungen ein Ende zu setzen, die parasitären Armen zur Arbeit zu zwingen, damit die Fleissigen sie nicht mehr unterstützen müssen (Locke 1997, 184 f.). Der Egalitarismus Lockes ist unglaubwürdig, das «liberale» Selbstverständnis von Freiheit und Gleichheit weiss er nur dadurch aufrechtzuerhalten, dass er einer Mehrheit der Menschen die Autonomie abspricht. Seine Rezepte für den Umgang mit arbeitslosen Personen sind alles andere als human. Eingesperrt in Arbeitshäuser, sollen sie zwangsmässig Schwerarbeit leisten, Kinder über drei Jahren mit ihrer Arbeit mehr verdienen, als sie kosten. Arbeitslosigkeit habe keine ökonomischen Ursachen, sondern erkläre sich aus fehlender Disziplin und Korruption der Sitten. Der arbeitenden Bevölkerung standen in England keine politischen Rechte zu, vielmehr galt sie als blosse Besitzerin von Arbeitskraft, die im Dienste der Interessen der Nation stand. Das Volk war eine kostbare, ökonomisch wertvolle Ware, Rohmaterial, das der Staat zu formen und verbessern hatte – Eigentum des Staats oder der Klasse der Grundeigentümer (Macpherson 1973, 251, 257).

Wie kommt es aber, dass ein Volk sich aufspaltet in Eigentümer und Habenichtse? Gott hat die Welt den Menschen gemeinsam übertragen, um sie zum grössten Vorteil und zur Annehmlichkeit ihres Lebens zu nutzen, so weiss Locke. Weil die Früchte der Natur den Menschen zu ihrem Gebrauch verliehen wurden, muss es möglich sein, sich diese anzueignen. Denn nur was ausschliesslich einem Menschen gehört, kann ihm von Nutzen sein. Jeder Mensch hat ein Eigentum an seiner Person und den Produkten seiner Arbeit. Die Aneignung eines natürlichen Guts beruht auf Arbeit, der Hinzufügung von etwas eigenem, wobei diese Eigenleistung ein Recht begründet und das gemeinsame Recht der anderen ausschliesst. Das Recht auf Eigentum gilt indessen nicht unbeschränkt. Menschen dürfen nur so viel an Gütern anhäufen, wie sie gebrauchen können, so viel Land besitzen, wie sie kultivieren, die Aneignung darf niemandem zum Nachteil gereichen. Als Gott die Welt den Menschen zum gemeinsamen Besitz gab, befahl er ihnen zu arbeiten, sich die Erde zu unterwerfen. Die Aneignung eines Stücks Land gereichte niemandem zum Schaden, es gab genug Land für alle, zumindest in den «ersten Zeiten der Welt». Doch die Zeiten haben sich gewandelt, die Erfindung des Geldes und die stillschweigende Übereinkunft der Menschen, ihm einen Wert beizumessen, hat die Regel, wonach ein Mensch sich nur so viel aneignen darf, wie er nutzen kann, hinfällig gemacht. Gott gab die Welt den Menschen gemeinsam, aber nicht mit der Absicht, sie solle Gemeingut bleiben. Er gab sie dem Fleissigen und Verständigen zur Nutzniessung, nicht dem Zänkischen und Streitsüchtigen für seine Launen und Begierden (Locke

1977, II § 34). Obgleich die Verteilung der Dinge zum ungleichen Privatbesitz nicht im Gesellschaftsvertrag festgehalten ist, geht sie auf eine stillschweigende Einwilligung zurück (ebd. § 34, 36). Locke blieb nicht verborgen, dass Land knapp wurde. Allen Menschen steht ein Anteil am ursprünglichen Gemeingut zu, es handelte sich folglich bei jeder Landnahme um eine partielle Enteignung der Gemeinschaft, die sich letztlich auf die Gemeinschaft der Habenichtse reduziert. Wieso wird diese Zustimmung nach der Einführung des Gelds obsolet? Lockes Leistung war es, das Eigentumsrecht zunächst auf natürliches Recht und natürliches Gesetz zu gründen und dann alle dem Eigentumsrecht vom natürlichen Gesetz auferlegten Beschränkungen aufzuheben (Macpherson 1973, 225–229). Mit der stillschweigenden Zustimmung ist gemeint: Weil alle Menschen der Einführung des Geldes stillschweigend zugestimmt haben, darf niemand sich beklagen, wenn sie/er schlecht wegkommt. Locke war bewusst, dass das wichtigste Objekt der Aneignung Land ist und dies Gut sich verknappen musste. Wenn tatsächlich allen Menschen ein Anteil am ursprünglichen Gemeingut zusteht, kommt jede Besitznahme von Grund und Boden einer Enteignung gleich. So viel Land ein Mensch kultiviert, so viel ist sein Eigentum, wie Locke festhält.

Doch wer arbeitet eigentlich? Jeder Mensch hat ein Eigentum an seiner Person, der Arbeit seines Körpers und des Werks seiner Hände. Was er dem natürlichen Zustand entrückt, macht er kraft Hinzufügung eines Eigenen zu seinem Eigentum, das andere Menschen nicht im Namen des Gemeineigentums beanspruchen können. Wer seinen Knecht Torf stechen lässt, hat Anspruch darauf, diese Arbeit als seine eigene zu betrachten und deren Produkt zu besitzen, er hat sich den Knecht mitsamt seiner Arbeitskraft einverleibt. Das Recht auf Subsistenz wird durch die ungleiche Bodenverteilung nicht infrage gestellt, die Landlosen können sich als Tagelöhner ihren Lebensunterhalt verdienen. Nur wer Besitz hatte, konnte Mitglied der Gesellschaft und damit berechtigt sein, die Regierung zu kontrollieren. Dass Lockes Idee unüberwindlicher Klassenunterschiede seiner Idee der Gleichheit widerspricht, hat ihn offensichtlich nicht gestört. Es gibt in seiner Sicht durchaus eine Rangordnung zwischen den Menschen, die Freiheit bleibt Privileg der Eigentümer, die Armen werden in Arbeitshäuser gesperrt und zu harter Arbeit gezwungen; was schliesslich die Sklaverei betrifft, so hat Locke bekanntlich am Sklavenhandel verdient. Dies ist die gloriose Geburt des Liberalismus. Nicht die Freiheit des Individuums gilt als höchster Wert, sondern sein Eigentum.

Wie Robert Castel und Claudine Haroche in *Propriété privée, propriété sociale, propriété de soi* darlegen, ist im Individualisierungsprozess im

17. Jahrhundert das Individuum als Eigentümer verstanden worden, der Habenichts gilt nicht als Individuum. In den Debatten der Französischen Revolutionäre wird offensichtlich, dass der nützlichste und zahlreichste Teil der BürgerInnen, die arbeitende Bevölkerung, von den Bürgerrechten ausgeschlossen ist (Castel/Haroche 2001, 42 f.). Was das Individuum auszeichnet, ist seine Autonomie, die Handlungs- und Wahlfreiheit, die Unabhängigkeit von anderen. Dass Lohnabhängige Eigner ihres Körpers und ihrer Fähigkeiten sind, versteht sich, doch sind sie in Situationen der Abhängigkeit gezwungen, mit ihrer Persönlichkeit, ihrem Körper, ihrer Gesundheit zu bezahlen. Ihre Existenzmöglichkeiten hängen davon ab, ob ihnen eine andere Art von Eigentum zusteht, Castel spricht von sozialstaatlichen Institutionen (ebd., 75–79).

Rechtslibertäre und marxistische Anschlussstellen

Der US-amerikanische Philosoph Robert Nozick (1938–2002) knüpft direkt an bei Lockes Theorie. Der Staat ist ihm zufolge legitim, wenn er sich darauf beschränkt, Leben, Freiheit, Eigentum, Sicherheit und Vertragsfreiheit seiner BürgerInnen zu schützen. Die Umverteilung von Gütern verletzt die Naturrechte der Menschen und erniedrigt sie zu Mitteln zum Zweck fremder Interessen. Der Selbsteigner ist anderen nichts schuldig. Gemäss den von Nozick definierten Prinzipien der Gerechtigkeit ist Privateigentum dann gerecht, wenn Aneignung oder vertragliche Übertragung gerecht sind, wenn also Gewalt, Drohung, Täuschung und Ähnliches nicht im Spiel sind. Die ursprüngliche Verteilung ist gerecht, wenn die Lage anderer, die das betreffende Gut nicht mehr frei nutzen können, nicht verschlechtert wird und die Tauschpartner dem Tausch freiwillig zustimmen (Nozick 1974). Es handelt sich um eine normative Theorie. In der zeitgenössischen normativen politischen Philosophie wird eine solche Position als rechtslibertär – im Gegensatz zu neoliberal – definiert. Nozick fordert einen «Minimalstaat», der praktisch keine Interventions- und Regulierungsrechte hat. In der Praxis unterscheiden sich Neoliberalismus und Rechtslibertarismus kaum, in beiden Fällen geht es um eine Legitimation des Kapitalismus. Dass die gigantischen Aneignungen von Land durch die Siedler und die Enteignung der ursprünglichen EinwohnerInnen Süd- und Nordamerikas alles andere als gerecht waren, nimmt Nozick zwar zur Kenntnis, doch wie soll man nach so langer Zeit Kompensationen rechtfertigen …?

Was ist nun unter *self-ownership* zu verstehen? Unvereinbar damit sind Einkommenssteuern, Profitabschöpfung, jede Art gesellschaftlicher Umverteilung. Nozick unterschlägt, dass die Produkte menschlicher Arbeit sich nie ausschliesslich individueller Leistung, sondern der Nutzung vorhandener Ressourcen und der Kooperation unzähliger Menschen verdanken. Jede Verpflichtung monetärer Art hält er für Zwangsarbeit und Sklaverei. Der Nozick'sche *self-owner* bläht sich ungebührlich auf, indem er ganz im Sinne von Locke von einem ursprünglichen Gemeineigentum ausgeht, von dem die Geschicktesten sich so viel aneignen dürfen, wie sie vermögen. Auf allgemeine Zustimmung oder kompensatorische Massnahmen sind sie nicht verpflichtet.

Der marxistische Philosoph Gerald Cohen (1941–2009) sieht in Nozick den wichtigsten Repräsentanten einer rechtslibertären Ideologie, deren Grundlage der Anspruch auf Selbsteigentum ist: Jeder Mensch ist legitimer Eigner seiner Person und Fähigkeiten. Er ist frei, seine Fähigkeiten zu gebrauchen, solange er anderen Menschen nicht schadet, darf aber nicht gezwungen werden, ihnen zu helfen (Cohen 1985, 1995). Rechtslibertäre glauben nicht nur daran, dass sie sich selbst gehören, sondern dass sie berechtigt sind, sich beliebig viele Ressourcen aneignen zu dürfen. Die Verbindung von Selbsteigentum und ungleicher Verteilung natürlicher Ressourcen führt unvermeidlich zur Ungleichheit der Bedingungen. Ungleichheit wäre in einer minimalstaatlichen Ordnung laut Cohen moralisch geschützt, während die Absicht, Gleichheit der Bedingungen zu fördern, eine inakzeptable Rechtsverletzung wäre. Es wäre ihm zufolge zu überprüfen, ob die weniger Vermögenden gleiche Rechte wie die Vermögenden haben, sich jene Ressourcen anzueignen, die ihnen die Kontrolle über ihr eigenes Leben ermöglichen. Laut Nozick sind Umfang und Wesen der Freiheit abhängig vom Selbsteigentum, nicht von der Freiheit. Aus diesem Grund hat er laut Cohen kein Verständnis für die Unfreiheit der arbeitenden Menschen, die nur ihre Arbeitskraft besitzen.

Die obigen Ausführungen geben eine Vorstellung von der normativen Argumentationsweise der angloamerikanischen Philosophie. Von Interesse ist die Position von Cohen, der als Marxist die Frage stellt, inwiefern das Konzept der *self-ownership* für das marxistische Denken relevant sein könnte. Marx war der Ansicht, die ursprüngliche Akkumulation von Kapital bewirke die Expropriation der unmittelbaren ProduzentInnen, die Auflösung des selbsterarbeiteten Privateigentums. Dieses ist Grundlage des Kleinbetriebs, der wiederum notwendige Bedingung ist für die Entwicklung der gesellschaftlichen Produktion und der freien Individualität des Arbeiters (MEW 23, 789). Es handelt sich hier aber nicht um *self-ownership* im Sinn von Locke und Nozick, Marx versteht individuelles Eigentum als Voraussetzung von Selbstbestimmung, Selbsttätigkeit und persönlicher Perfektionierung. Man kann aber verstehen, weshalb Cohen das Prinzip vor dem Hintergrund der marxistischen Theorie analysieren will. Den Prozess der ursprünglichen Akkumulation hat Marx als Prozess der materiellen Enteignung immer grösserer Menschenmassen analysiert. Es handelt sich dabei um die Enteignung von Land, Produktionsmitteln, Fähigkeiten, um den Diebstahl von Lebenszeit, um die Enteignung von Fähigkeiten und selbstbestimmten Handlungsbereichen, um die Vorenthaltung von lebenswichtigen Ressourcen und medizinischer Versorgung. Der proletarische *self-owner* hatte von Anfang an schlechte Chancen. Will man, dass alle Mitglieder der Gesellschaft über ein hinreichendes Mass an Autonomie verfügen, dies war ja ursprünglich das Ideal des Liberalismus, muss das Prinzip des Selbsteigentums beschränkt werden. Für die Sicherung und Erweiterung individueller Autonomie ist es kein probates Mittel.

Was folgt aus diesen Erörterungen? Ganz einfach eine Umkehrung der Rollen. Lobredner des Kapitalismus sind offensichtlich besessen von massiven Verlustängsten, sie fürchten, alle Welt wolle ihnen etwas wegnehmen. Marx dagegen sieht im Kapitalismus den Zerstörer einer Produktionsweise, die auf individueller Freiheit und Entfaltung der Fähigkeiten beruht. Wie die Genealogie des Besitzindividualismus zeigt, hat dieser Liberalismus zur realen Freiheit der Menschen ein gespanntes Verhältnis.

Anmerkungen

1 Unter Naturrecht versteht man Rechte, die allen Menschen aufgrund ihrer «Natur», also ihres Wesens, ihrer Bedürfnisse und Fähigkeiten zukommen. Aristoteles gesteht den SklavInnen keine allgemein menschliche Natur zu.

2 Rein zahlenmässig müsste hier von einer Minderheit die Rede sein, dann könnte Locke aber seinen Mythos der egalitären Eigentümergemeinschaft nicht mehr aufrechterhalten.

Literatur

Aristoteles, 1991: Werke in deutscher Übersetzung, Bd. 9: Politik. Darmstadt

Castel, Robert / Haroche, Claudine, 2001: Propriété privée, propriété sociale, propriété de soi. Paris

Cohen, Gerald Allan, 1985: Nozick on Appropriation. In: New Left Review I (150). newleftreview.org/issues/I150/articles/g-a-cohen-nozick-on-appropriation (Abfrage 4.8.2020)

Cohen, Gerald Allan, 1995: Self-ownership, freedom and equality. Cambridge

Locke, John, 1977: Zwei Abhandlungen über die Regierung. Frankfurt a. M.

Locke, John, 1963 [1823]: The Works of John Locke, vol. 5. Aalen

Locke, John, 1997: Political Essays, ed. by M. Goldie. Cambridge

Locke, John, 2002: Writings on Religion, ed. by V. Nuovo. Oxford

MEW 23: Marx, Karl / Engels, Friedrich 1988: Das Kapital, Bd. 1. In: Marx, Karl / Engels, Friedrich: Werke, Bd. 23. Berlin

Macpherson, Crawford Brough, 1973: Die politische Theorie des Besitzindividualismus. Frankfurt a. M. [The Political Theory of Possessive Individualism, Oxford University Press, 1962]

Nozick, Robert, 1974: Anarchy, State and Utopia. Oxford

Lukas Peter

Der liberale Kommunitarier

Locke gegen den Strich gelesen

Der Begriff Enteignung bedeutet im allgemeinen Sinne, dass jemandem etwas unrechtmässig weggenommen worden ist. Von wirtschaftsliberalen Theoretiker*innen wird der Begriff normalerweise benutzt, um die nicht legitime Wegnahme von Privateigentum durch den Staat zu kritisieren. Aus einer marxistischen Perspektive impliziert die Enteignung wiederum die illegitime, private Aneignung und Anhäufung von gesellschaftlichen Ressourcen oder «Commons». Aber wer hat recht? In diesem Artikel werde ich argumentieren, dass Marx zwar recht hat, aber die Kritik an der Enteignung oft im individualistischen Weltbild von Locke verhaftet bleibt. Mit Bezug auf die Philosophie von John Dewey plädiere ich dafür, Lockes Konzept eines unabhängigen Individuums durch ein Modell von gegenseitig abhängigen Menschen und einer verwobenen oder interdependenten Realität zu ersetzen. In diesem Sinne argumentiere ich, dass wir Locke neu interpretieren müssen, um den legitimen Vorrang der Commons vor Privateigentum zu begründen.

John Locke: Aneignung der Commons

John Lockes Philosophie und seine Begründung der privaten Aneignung entstand bereits vor circa 350 Jahren, übt aber weiterhin einen starken Einfluss auf unser Verständnis von Eigentum aus. Um Locke verstehen und kritisieren zu können, müssen wir deswegen seine Philosophie historisch verorten.

John Locke lebte von 1632 bis 1704 in England, während des Englischen Bürgerkriegs und der Glorreichen Revolution. In beiden Fällen ging es um einen Konflikt zwischen dem aufstrebenden Bürgertum (Whigs) und den Konservativen (Tories). Erstere wollten eine freiere Wirtschaftsordnung und mehr politische Mitspracherechte; letztere verteidigten die Machtstrukturen der Monarchie. Mit der Glorreichen Revolution wurde mittels der konstitutionellen Monarchie ein Kompromiss zwischen den zwei Lagern geschaffen: Die Monarchie bleibt, wird jedoch durch Grundgesetze und das Parlament beschränkt. Die in Lockes Schrift *Zwei Abhandlungen über die Regierung* enthaltenen Ideen waren eine treibende Kraft der Revolution, obwohl sie erst nach 1689 anonym publiziert wurden. In diesem Sinne müssen Locke und seine Ideen auch als revolutionär verstanden werden (Ashcraft 1986).

Lockes Begründung des Privateigentums war eine Antwort auf den Monarchisten Robert Filmer. Locke plädiert dafür, dass Menschen vor den willkürlichen Enteignungen durch die herrschenden Eliten befreit und geschützt werden müssen (Locke 1977, 2, 4, § 23). Es soll eine Schutzmauer um das Individuum errichtet werden: einerseits durch das Naturrecht auf individuelle, *negative* Freiheit – was bedeutet, dass keine illegitimen Eingriffe und Behinderungen stattfinden dürfen – und andererseits durch die Möglichkeit des Privateigentums. Um Filmers Argumentation zu widerlegen, ersetzt er dessen hierarchisches und platonisch-christliches Weltbild durch das Bild einer mechanistischen Realität (Taylor 1989, 159 f.). Die «mechanistischen» Bewegungen der Himmelskörper, welche Galileo, Kepler, Newton und Boyle entdeckt hatten, ermöglichten die Vorstellung, dass das Universum aus Bewegungen und Kollisionen von unabhängigen Körpern und Atomen besteht. Die göttlichen, platonisch-christlichen Vorstellungen wurden somit von den universellen, mechanischen Naturgesetzen abgelöst. Damit wurde die absolute Macht des Herrschers ersetzt durch die unbegrenzte Handlungsfreiheit von unabhängigen Individuen.

Um die Vorstellung der negativen Freiheit zu realisieren, brauchte es jedoch eine zweite Verankerung: das Privateigentum. Dieses leitet sich direkt von der neuen Vorstellung des Universums und der Person ab. Weil jede Person nun als ein unabhängiges Wesen interpretiert wird, ist jede Person zuallererst Eigentum ihres Selbst. Dieses Selbsteigentum rechtfertigt einerseits die Abwehr von äusseren Eingriffen – sei es von einer Monarchie, einer Demokratie oder von anderen Menschen; andererseits rechtfertigt es aber auch die private Aneignung von äusseren Ressourcen. Diese legitimiert Locke mit einem fiktiven, vorstaatlichen «Naturzustand». Die Natur wird als natürliche Ressource verstanden, welche Gott «den Menschen gemeinsam gegeben hat» (Locke 1977, 2, 5, § 25). Locke interpretiert die Natur aber nicht als Commons, sondern als eine *res nullius*: etwas, das niemandem gehört und somit frei angeeignet werden kann. Da Menschen Ressourcen brauchen, um zu überleben, ist, gemäss Locke, die *private* Aneignung der Ressourcen notwendig. Dies geschieht, indem Menschen Ressourcen durch ihre Arbeit – oder besser gesagt, durch die «Vermischung» der eigenen Arbeit mit einem Gegenstand – in Privateigentum umwandeln (ebd., 2,5, § 28).

Zusätzlich behauptet Locke, dass, erstens, «der gemeinsame Besitz von keinerlei Nutzen» (ebd.) sei, denn *nur* das Privateigentum könne das Leben und die Freiheit des Individuums sichern, wobei er andere, ehemalige oder noch existierende Eigentumsformen ausblendet.[1] Zweitens reproduziert sein Eigentumsrecht letztlich genau die hierarchische Struktur der monarchischen Herrschaft. Wie der Monarch vorher Herr über sein Territorium und seine Untertanen war, ist jetzt der Eigentümer Herr über die Gegenstände seines Besitzes, egal ob es sich um die Natur, Tiere oder andere Menschen in einem Arbeitsverhältnis handelt (ebd.). Drittens gibt es infolge der Einführung des Geldes keine Grenzen der Aneignung und Anhäufung. Denn obwohl die Anhäufung auch Knappheit und soziale Ungleichheiten erzeugt, glaubt Locke, dass dies geschehe, «ohne jemandem einen Schaden zuzufügen» (ebd., 2, 5, 50), weil diese unbegrenzte Aneignung die Produktivität steigere, was dann allen zugutekomme. Zusätzlich besässen die Habenichtse immer noch ihr Selbst als Eigentum, das sie als Arbeitskraft «verkaufen» oder «vermieten» und damit ihren Lebensunterhalt bestreiten könnten. Die Konzeption der individuellen, negativen Freiheit und des Privateigentums bereitete den Weg für eine liberale Marktwirtschaft und den Glauben an einen selbstregulierenden Markt. Sie wird bis heute als die Grundlage einer modernen, freiheitlichen Gesellschaft verstanden. Im Unterschied zu Lockes Zeiten werden negative Freiheit und Privateigentum jedoch nicht mehr zur Verhinderung der absolutistischen Monarchie ins Feld geführt, sondern dienen heute zur Legitimation unbegrenzter Bereicherung von Privatpersonen auf Kosten der Allgemeinheit und zur Abwehr von (umverteilenden) staatlichen Eingriffen durch demokratische Regierungen.

Karl Marx: Die Enteignung der Commons

Das Merkmal von John Lockes Eigentumstheorie ist, dass sie die historischen, sozialen und ökologischen Dimensionen der Realität ausblendet. Damit wird sie zu einer Legitimation für diejenigen, die Eigentum besitzen, indem Besitz als das Resultat von individueller Fähigkeit und Fleiss gilt. In einem Umkehrschluss sind Habenichtse faul und damit selber schuld an ihrer Armut; weshalb sie ignoriert und vernachlässigt werden können.

Hier knüpft Karl Marx in seiner «Gegengeschichte» zur Aneignung – der Enteignung der Commons – an. Am deutlichsten macht er dies im zweitletzten Kapitel «Die sogenannte ursprüngliche Akkumulation» seines Hauptwerks *Das Kapital.* Der Titel bezieht sich auf John Lockes Theorie der Aneignung. Marx bezeichnet Lockes Erzählung als «Kinderfabel», denn gemäss Marx spielen «in der wahren Geschichte [...] Eroberung, Unterjochung, Raubmord, kurz Gewalt die grosse Rolle» (MEW 23, 742). Nicht die Aneignung durch Arbeit, sondern die gewaltvolle Enteignung der Gemeingüter ermöglichte die Entstehung des Kapitalismus, ein Prozess, der in England schon im 12. und 13. Jahrhundert begann (Linebaugh 2008; Beresford 1989).[2] Hier wurden Gemeingüter oder Allmenden, zu denen die Landbevölkerung Zugangsrechte besass, um Getreide anzubauen und Tiere zu weiden (Schläppi 2007; Zückert 2003; Blickle 2000), von Grossgrundbesitzern und dem Adel in Privateigentum umgewandelt. Diese Einhegung der Allmenden trennte die Landbevölkerung von ihren Subsistenz- und Produktionsmitteln (MEW 23, 742) und schuf die asymmetrische Gegenüberstellung von Menschen mit Produktionsmitteln und Menschen mit nichts ausser ihrer Arbeitskraft.

Diese brutale und ungerechte Aneignung war jedoch kein einmaliger Prozess, der legitimiert ist durch erhöhte Produktivität, Wohlstand, Rechtsstaatlichkeit und Demokratie. Diese Enteignungen gehören im Gegenteil zum «daily business» des Kapitalismus. Marx zeigt auf, wie sich diese Enteignung stetig fortsetzt, indem die Früchte der Arbeit der Angestellten durch «Kapitalisten» geerntet werden. Zusätzlich gibt es unzählige andere Formen der versteckten oder offenen Enteignung (Fraser 2017). Darunter fallen Immobilienhandel und Gentrifizierungsprozesse (Harvey 2013), das Sammeln und Verkaufen von «freien» und persönlichen Daten (Zuboff 2019), die un- und unterbezahlte reproduktive Arbeit (Federici 2020), die Gratisaneignung natürlicher Ressourcen und der unsichtbaren «Arbeit» nicht-menschlicher Lebewesen und Ökosysteme (Moore 2020, Foster/Clark/York 2010; Shiva 2009), aber auch die Privatisierung öffentlicher Infrastrukturen und staatlicher Dienstleistungen. Kurz gesagt, entsteht Mehrwert oder Profit nicht lediglich durch die Arbeit der «Fleissigen», sondern vor allem durch die Enteignung der Früchte der Arbeit anderer und der Aneignung sozialer, ökologischer und politischer Commons.

Eine verwobene Realität wechselseitiger Abhängigkeiten

Wie Marx jedoch selber anmerkt, geschehen diese Enteignungen oft rechtens, das heisst in rechtlich legitimen Verträgen zwischen freien Menschen (MEW 23, 189 f.): Die meisten von uns haben Arbeitsverträge unterschrieben, Nutzungsbedingungen von Facebook freiwillig akzeptiert und kochen das

Abendessen für unsere Kinder ohne Lohn. Demokratische Mehrheiten haben die Politiker*innen gewählt, die das Gesundheitswesen privatisieren oder den Regenwald verkaufen. Wenn alles anscheinend korrekt und rechtmässig abläuft, wie können wir diese privaten Aneignungen überhaupt als illegitime Enteignungen kritisieren?

Die gängige Kritik betrifft die ungerechte Verteilung und die soziale Ungleichheit, welche die Handlungsmöglichkeiten von vielen Individuen schmälern. Dieser Ansatz zielt dahin, dass Eigentum um- beziehungsweise rückverteilt wird, und somit jeder einzelne Mensch freier und unabhängiger sein kann (Rawls 2001; Sen 2000). Weil im liberalen Rechtsstaat die individuelle, negative Freiheit und die privaten Eigentumsrechte als natürlich, das heisst grundlegend oder universell, verstanden werden, wird eine solche Rückverteilung aber in der Regel als illegitime Enteignung von rechtmässigem privatem Besitz interpretiert (Nozick 1999; Cohen 1995).

Dies ist möglich, weil die Diskussion über Aneignung und Enteignung immer noch in Lockes Weltbild und vor allem in seinem Konzept der Person gefangen ist. Locke vertritt das Konzept der *tabula rasa*, bei der das Subjekt als «unbeschriebenes Blatt» oder «weisses Papier» begriffen (Locke 1981, 2, 1, § 2) und der Mensch somit als von seinen Umständen und Mitmenschen unabhängiges und selbständiges Wesen oder Atom postuliert wird (Pinker 2003; Taylor 1989, 167). Wie der amerikanische Philosoph John Dewey zu Recht erkennt, ist die Annahme der Unabhängigkeit eines Wesens jedoch ein Produkt der gesellschaftlichen Arbeitsteilung (Dewey 1995, 44, 129 f.). Denn nur die Freiheit von der (re)produktiven und existenzsichernden Arbeit ermöglicht es jemandem, der Illusion zu verfallen, dass Menschen und Dinge nicht abhängige und bedingte Wesen sind.

Das Infragestellen der Grundsäule des Selbst und Selbsteigentums in Lockes Theorie zwingt uns, eine andere Konzeption des Selbst und ein anderes Verständnis der Welt und der Realität zu entwerfen. In einem solchen Modell besitzt nichts ein unabhängiges Wesen oder eine eigenständige Essenz. Im Gegenteil: Alle Wesen sind von anderen Entitäten bedingt und somit gegenseitig abhängig (ebd. 1995, 148). Dewey bezeichnet diese Realität als eine «wechselseitige Abhängigkeit aller organischen Strukturen und Prozesse voneinander» (ebd., 281). Gewisse Forscher*innen argumentieren, dass Marx' Materialismus auch auf diese Art und Weise interpretiert werden sollte (Pomeroy 2004; Foster 2000; Gould 1978). Adorno spricht von einem «dichten Gewebe der Immanenz» (1973, 362). Andere Intellektuelle reden von «Lebensnetzwerken» («the web of life») oder sozial-ökologischen Systemen (Moore 2020; Capra 1996). John Dewey versteht ein solches Weltbild als naturalistisch

(1995, 80). Wie auch immer ein solches Modell bezeichnet wird, es handelt sich um die Ersetzung von Lockes mechanistischem, aus unabhängigen Körpern bestehendem Kosmos durch ein interdependentes, zugleich auch organisches Weltbild.

Das Prinzip der Interdependenz impliziert, dass die eigene Existenz und somit auch die eigene Freiheit von der Existenz und Freiheit der anderen Wesen abhängig ist. Freiheit kann dadurch weder als rein negativ (die Abwesenheit von illegitimen Beschränkungen) noch als rein individualistisch positiv (die Möglichkeit sich zu entfalten) verstanden werden. Interdependenzen bedeuten, dass Selbstverwirklichung immer auch mit der Selbstentfaltung anderer «verwickelt» ist und somit ein gemeinsames Bestimmen über geteilte Lebensbedingungen benötigt. Oder anders ausgedrückt: Die «eigenen» Wünsche und Bedürfnisse entstehen erst durch die Interaktionen mit anderen – und können nur durch Interaktionen mit anderen und anhand gesellschaftlicher Institutionen realisiert werden.

Der Vorrang von Commons vor Privateigentum

In Anbetracht dieses Weltbildes müsste Lockes Philosophie neu interpretiert werden. Mit Bezug auf Eigentum impliziert Interdependenz, dass nicht das Privateigentum, sondern Commons als vorrangig und übergeordnet deklariert werden müssen. Denn eine interdependente Realität bedeutet, dass alle Wesen eine gemeinsame Realität teilen – egal ob durch Kooperation, Konkurrenz oder Krieg. Weil Menschen diese geteilte Welt stets durch ihre Tätigkeiten ko-konstruieren, haben sie – mit Locke gesprochen – ein gemeinsames Recht auf die Nutzung dieser Ressourcen. Weil Menschen stets in Netzwerken oder «Verflechtungen» existieren und handeln, sind die Früchte der Arbeit auch immer kollektive Errungenschaften – auch dann, wenn einzelne Menschen entscheidende Schritte dazu beigetragen haben. Dies impliziert ebenfalls, dass wir unter Arbeit nicht lediglich Lohnarbeit verstehen, sondern alle (re)produktiven Tätigkeiten von Menschen und nicht menschlichen Lebewesen berücksichtigen und anerkennen.

Diese Umdeutung verändert die Implikationen der Lockeschen Narrative und stellt die private Aneignung von Ressourcen und Mehrwert naturrechtlich infrage. Auch wenn diese Aneignung gemäss dem existierenden, positiven Recht, also legitim, abläuft, entspricht sie doch einer eigentlich interdependenten Realität nicht. Damit wird die ideologische Deutungshoheit des Privateigentums infrage gestellt und transformiert: Privateigentum wird nicht mehr als natürliches Primat definiert, sondern Commons werden als eigentliche Grundlage der menschlichen Existenz, der individuellen Freiheit und einer demokratischen Gesellschaft verstanden (Capra/Mattei 2015). Der Vorwurf der Enteignung von Privateigentum durch den Staat wird zum Vorwurf der privaten Enteignung von kollektiv erzeugten sozial-ökologischen Ressourcen. Der Mehrwert einer solchen Interpretation ist nicht nur, dass Marx' Kritik der Enteignung überhaupt begründet wird, sondern dass sie für viele Menschen nachvollziehbar wird und schliesslich sozial-politische Mehrheiten gewinnen kann. Mit anderen Worten: Erst wenn die verwobene und interdependente Realität zum neuen Common Sense wird, werden Commons eine legitime, politische Chance haben. Denn wir müssen die Welt anders interpretieren, um sie auch verändern zu können.

Anmerkungen

1 Der römische Jurist Gaius nennt zum Beispiel fünf Eigentumskategorien, welche er unterscheidet: öffentlich, privat, aber auch heilig, religiös und geheiligt (Helfrich/Bollier 2019, 218 f.).

2 Ein wichtiger Grund für diese sozialen Umwälzungen bestand im Anstieg des Wollpreises während des 14. und 15. Jahrhunderts, weshalb der Adel und die Grossgrundbesitzer mehr Land für die Wollproduktion besitzen wollten (siehe Beitrag Aebi/Gehriger in diesem Band).

Literatur

Adorno, Theodor W., 1973: Negative Dialektik. Frankfurt a. M.

Ashcraft, Richard, 1986: Revolutionary Politics and Locke's Two Treatises of Government. Princeton, NJ

Beresford, Maurice W., 1989: The Lost Villages of England. Wolfeboro, N. H.

Blickle, Peter, 2000: Kommunalismus. Skizzen einer gesellschaftlichen Organisationsform, Bd. 1 und 2. München

Capra, Fritjof, 1996: The Web of Life. A New Scientific Understanding of Living Systems. New York

Capra, Fritjof / Mattei, Ugo, 2015: The Ecology of Law. Toward a Legal System in Tune with Nature and Community. Oakland, CA

Cohen, Gerald Allan, 1995: Self-ownership, Freedom, and Equality. Cambridge

Dewey, John, 1995: Erfahrung und Natur. Frankfurt a. M.

Federici, Silvia, 2020: Die Welt wieder verzaubern. Feminismus, Marxismus & Commons. Wien

Foster, Jeremy Bellamy, 2000: Marx's Ecology. Materialism and Nature. New York

Foster, Jeremy Bellamy / Clark, Brett / York, Richard, 2010: The Ecological Rift. Capitalism's War on the Earth. New York

Fraser, Nancy, 2017: Behind Marx's Hidden Abode. For an Expanded Conception of Capitalism. In: Lafont, Cristina / Deutscher, Penelope (Hg.): Critical Theory in Critical Times. Transforming the Global Political and Economic Order. New York, 141–159.

Gould, Carol, 1978: Marx's Social Ontology. Individuality and Community in Marx's Theory of Social Reality. Cambridge, MA

Harvey, David, 2013: Rebel Cities. From the Right to the City to the Urban Revolution. London

Helfrich, Silke / Bollier, David, 2019: Frei, fair und lebendig. Die Macht der Commons. Bielefeld

Linebaugh, Peter, 2008: The Magna Carta Manifesto. Liberties and Commons for All. Berkeley

Locke, John, 1977: Zwei Abhandlungen über die Regierung. Frankfurt a. M.

Locke, John, 1981: Versuch über den menschlichen Verstand. In vier Büchern. Hamburg

MEW 23: Marx, Karl, 2008: Das Kapital, Bd. 1. In: Marx, Karl / Engels, Friedrich: Werke, 23. Berlin

Moore, Jason M., 2020: Kapitalismus im Lebensnetz. Ökologie und die Akkumulation des Kapitals. Berlin

Neeson, J.M., 1996: Commoners. Common right, enclosure and social change in England, 1700–1820. Cambridge

Nozick, Robert, 1999: Anarchy, State, and Utopia. Oxford

Pinker, Steven, 2003: The Blank Slate. The Modern Denial of Human Nature. New York

Pomeroy, Anne Fairchild, 2004: Marx and Whitehead. Process, Dialectics, and the Critique of Capitalism. Albany, NY

Rawls, John, 2001: Justice as Fairness. A Restatement. Cambridge, MA

Schläppi, Daniel, 2007: Das Staatswesen als kollektives Gut. Gemeinbesitz als Grundlage der politischen Kultur in der frühneuzeitlichen Eidgenossenschaft. In: Historical Social Research 32 (4), 169–202.

Sen, Amartya, 2000: Development as Freedom. New York

Shiva, Vandana, 2009: Water Wars. Privatization, Pollution and Profit. Cambridge, MA

Taylor, Charles, 1989: Sources of the Self. The Making of the Modern Identity. Cambridge, MA

Zuboff, Shoshana, 2019: The Age of Surveillance Capitalism. The Fight for a Human Future at the New Frontier of Power. New York

Zückert, Hartmut, 2003: Allmende und Allmendeaufhebung. Vergleichende Studien zum Spätmittelalter bis zu den Agrarreformen des 18./19. Jahrhunderts. Stuttgart

Katharina Stengel

Enteignung als rassistische Waffe

Vertreibung, Bereicherung und Vernichtung der jüdischen Bevölkerung im «Dritten Reich»

Die Nationalsozialisten nutzten Enteignungen vom Moment der Machtübernahme an als Mittel zur Verfolgung ihrer politischen GegnerInnen. Sie eigneten sich das Vermögen der ins Ausland geflohenen «Reichsfeinde» an, das der Gewerkschaften und linken Parteien, bis hin zu den Gerätschaften und Sportplätzen kleiner Arbeitersportvereine. Mit noch grösserem Nachdruck und existentielleren Folgen betrieben sie vom Frühjahr 1933 an die Enteignung der jüdischen Bevölkerung in Deutschland. Die Nationalsozialisten konnten dabei auf antisemitische Klischees zurückgreifen, die in Deutschland eine lange Tradition hatten. Die rechtliche Gleichstellung von Menschen jüdischen Glaubens, die erst seit 1871 gesetzlich verankert war, war in Teilen der Bevölkerung auf erbitterte Gegnerschaft gestossen. Der moderne Antisemitismus beruhte (und beruht bis heute) auf Ressentiments, die Jüdinnen und Juden mit Geld verbinden und ihnen unterstellen, mit unlauteren Mitteln, also ohne Mühe und Arbeit, zu Reichtum gekommen zu sein. Die sozial, kulturell und religiös sehr heterogene jüdische Bevölkerung wurde zu einer grossen und mächtigen Gefahr für Deutschland stilisiert, sie nahm in der nationalsozialistischen Ideologie die Rolle eines parasitären und gefährlichen Nutzniessers am «Volkskörper» ein, deren Enteignung nicht nur als gerecht, sondern als eine Art Notwehrmassnahme ausgegeben wurde. Die Bedeutung, die diese antisemitische Projektion für die Nationalsozialisten spielte, bildete sich in der Radikalität ihrer Enteignungspolitik ab.

Seit der Machtübernahme der Nationalsozialisten im Frühjahr 1933 mussten Jüdinnen und Juden (genauer gesagt diejenigen, die von den neuen Machthabern als Juden angesehen wurden) in Deutschland mit Repressalien und Gewalttätigkeiten in bis dahin unbekanntem Ausmass rechnen. Sie waren bald zahllosen Angriffen ausgesetzt, die sowohl von der NSDAP und von AntisemitInnen in allen gesellschaftlichen Bereichen ausgingen, als auch von der staatlichen Verwaltung. Jüdinnen und Juden waren durch gewalttätige Übergriffe bedroht, durch den Verlust ihrer Arbeitsstellen, ihrer KundInnen, ihrer sozialen und gesellschaftlichen Verbindungen. Ein bedeutender Teil der Angriffe zielte von Anfang an auf das Eigentum der jüdischen Bevölkerung. Darin wurde in Partei und Staat ein Hebel gesehen, die deutschen Juden aus der Gesellschaft auszustossen, sie zu isolieren, einzuschüchtern, ihnen ihre Lebensgrundlagen zu entziehen und sie schliesslich zur Flucht zu nötigen (Institut für Zeitgeschichte 2008/09; Wildt 2007; Friedländer 1998).

Entrechtung und Profit

Mit einem der ersten nationalsozialistischen Gesetze, dem «Gesetz zur Wiederherstellung des Berufsbeamtentums» vom 7. April 1933, verloren die politisch missliebigen und die jüdischen Beamten und Angestellten ihre Stellen im öffentlichen Dienst. Wenige Tage zuvor hatte die NSDAP im ganzen Land eine Boykottkampagne organisiert, die die wirtschaftlichen Aktivitäten jüdischer Kaufleute und Gewerbetreibender behindern sollte. Geschäfte wurden mit antisemitischen Parolen und Karikaturen beschmiert, vor den Eingängen postierten sich SA- und NSDAP-Mitglieder, um KundInnen am Einkauf zu hindern. Der unmittelbare Erfolg der Aktion war bescheiden, sie setzte aber ein deutliches Signal. In den folgenden Jahren gingen staatliche Enteignungsmassnahmen, gewalttätige Übergriffe und eine von grossen Teilen der Bevölkerung unterstützte Isolation und Verdrängung der jüdischen Bevölkerung Hand in Hand. Die Zahl der Berufsverbote wuchs beständig und hatte für viele existenzbedrohende Folgen. Der Boykott jüdischer Gewerbetreibender war in vielen ländlichen Regionen zu einem Dauerzustand geworden, der vor allem die Inhaber kleinerer Betriebe zur Aufgabe zwang. Es setzte, zuerst auf dem Land und später in den Städten, eine Dynamik von Boykott, «Arisierung» und Flucht ein, die nur mit reger Beteiligung der Ortsbevölkerung in Gang kommen konnte. Staat und Partei trugen zu dieser Dynamik bei, in dem etwa ab 1935 an Jüdinnen und Juden keine öffentlichen Aufträge mehr vergeben wurden und jüdische Gewerbetreibende immer schwerer Zugang erhielten zu Rohstoffen und Devisen.

«Arisierung», ein Begriff der Nationalsozialisten, meint die Übernahme von Betrieben oder Besitztümern von Juden durch «arische» Deutsche. In den ersten Jahren des «Dritten Reichs» war das ein weitgehend «zivilgesellschaftlicher» Vorgang, bei dem Staat und Partei lediglich die Rahmenbedingungen herstellten, was nicht heisst, dass diese Eigentumsübertragungen ohne Gewalt und Erpressung vonstattengingen. In der Regel erwarben die nicht-jüdischen KäuferInnen den Besitz von Juden, die aufgrund der Umstände wirtschaftlich unter Druck geraten waren oder ihre Flucht vorbereiteten, deutlich unter Wert. Die «Arisierung» zahlloser grosser und kleiner Geschäfte, Unternehmen, Arztpraxen, Handwerksbetriebe, Stiftungen, Bibliotheken und Immobilien verschaffte sehr vielen Einzelpersonen, aber auch der NSDAP, den Kommunen und der Staatskasse ordentliche Profite. Diesen Doppelcharakter hatten viele Massnahmen zur Enteignung der jüdischen Bevölkerung: Sie entrechteten die Jüdinnen und Juden und verschafften gleichzeitig den AnhängerInnen der Nationalsozialisten oder dem Staat selbst materielle Gewinne oder Vorteile – für die Nationalsozialisten eine Möglichkeit, die «Volksgemeinschaft» und ihre AnhängerInnen direkt von ihrer antijüdischen Politik profitieren zu lassen. Ideologische, gesellschaftspolitische und materielle Motive gingen dabei ineinander über.[1]

Staatliche Enteignung

Die staatliche Finanzverwaltung – vom Reichsfinanzministerium bis hin zu den örtlichen Finanzämtern – spielte bei der Enteignung der jüdischen Bevölkerung eine im Laufe der Jahre immer grösser werdende Rolle (Kuller 2013; Stengel 2007). Sie repräsentierte die «ordentliche», mit Hilfe von Gesetzen, Verordnungen und bürokratischen Verfahren umgesetzte und dadurch scheinbar legitimierte Seite der Beraubung. Gleichzeitig war die Steuerverwaltung die erste öffentliche Verwaltung, die offiziell die NS-Ideologie zur Auslegungsrichtlinie erhob und Fragen der «Rassezugehörigkeit» zum Kriterium des Verwaltungshandelns machte. Die Eingriffe der Finanzverwaltung im Bereich der Judenverfolgung begannen scheinbar harmlos, mit einzelnen Benachteiligungen jüdischer Steuerzahlender, und endeten bei der systematischen Enteignung der deportierten und geflohenen jüdischen Bevölkerung zugunsten der Staatskasse. Diese Entwicklung – von punktuellen Diskriminierungen bis zur Flankierung des Massenmords – vollzog sich in nicht einmal zehn Jahren (Meinl/Zwilling 2004, 36 f.).

Ein grosser Teil der staatlichen Enteignungsmassnahmen traf zunächst jene Jüdinnen und Juden, die aus Deutschland flüchteten. Schon lange vor 1933 hatten die Nazis die Parole ausgegeben, dass die Juden aus Deutschland vertrieben werden sollen – aber ohne ihren Besitz. Um das umzusetzen, bediente sich die Finanzverwaltung der «Reichsfluchtsteuer», die nun die

Funktion einer antisemitischen Sondersteuer annahm. Anfangs traf sie Wohlhabende mit einem Vermögen von mehr als 200 000 Reichsmark, die ein Viertel ihres Besitzes als Strafsteuer zurücklassen mussten; aber schon im Mai 1934 wurden die Freibeträge drastisch gesenkt. Die Behörden hatten nun auch das Recht, bei Fluchtverdacht entsprechende Sicherheitsleistungen einzufordern. Ausserdem waren die EmigrantInnen von einer Reihe von Devisenvorschriften betroffen, die laufend verschärft wurden. Bargeld durfte nur in sehr geringen Mengen mit ins Ausland genommen werden, zuletzt waren es zehn Reichsmark. Besonders penibel prüften die Behörden das Umzugsgut der Flüchtenden, das Stück für Stück aufgelistet werden musste; Wertgegenstände durften nicht mitgenommen werden, für alle Neuanschaffungen waren hohe Abgaben zu entrichten. Da viele Regelungen kontinuierlich verschärft wurden, kamen die Flüchtenden ärmer im Ausland an, je später die Auswanderung in Angriff genommen wurde (ebd. 40 f.).

Die Finanzbehörden hatten aber auch zunehmend wichtige Funktionen bei der Enteignung der Juden innerhalb Deutschlands. Sie waren mit Wertschätzungen und Expertisen an den zahllosen «Arisierungen» beteiligt. Sie trugen dazu bei, jüdische Gewerbetreibende in die Enge zu treiben und damit «arisierungsreif» zu machen. Ab 1937 konnten die Devisenstellen den gesamten Besitz von Jüdinnen und Juden «sicherstellen», die als fluchtverdächtig galten. Ab 1939 wurde diese Regelung generell auf alle Juden in Deutschland ausgeweitet; die jüdische Bevölkerung hatte von da an keinen Zugriff mehr auf eventuell vorhandene Ersparnisse und Reserven. Seit Beginn des Jahres 1938 konzentrierten sich die antijüdischen Massnahmen auf die «Ausschaltung der Juden aus dem deutschen Wirtschaftsleben». Die wirtschaftliche Existenzgrundlage der jüdischen Bevölkerung sollte nun systematisch zerstört werden. In diesem Jahr ergoss sich eine Flut von Massnahmen und Repressalien über die jüdische Bevölkerung. Eine wichtige Vorbereitung weiterer Enteignungen war die am 26. April 1938 befohlene «Vermögensanmeldung», die die deutschen Jüdinnen und Juden nötigte, ihren gesamten Besitz bei der Finanzverwaltung anzumelden. Der Staat hatte damit erstmals einen Überblick über das noch vorhandene «jüdische Vermögen» in Deutschland.

Als am 7. November 1938 der junge jüdische Flüchtling Herschel Grynszpan in Paris auf den deutschen Legationsrat Ernst vom Rath schoss, nahm die NSDAP das zum Anlass für eine gigantische Inszenierung des «Volkszorns» und für einen weiteren systematischen Angriff auf den Besitz der jüdischen Bevölkerung. In den Tagen und Nächten zwischen dem 7. und 11. November wurden fast alle Synagogen in Deutschland und Österreich (das seit

März 1938 zum «Deutschen Reich» gehörte) zerstört, Tausende von Wohnungen und Geschäften verwüstet und geplündert, viele Menschen verletzt oder getötet. Etwa 30 000 jüdische Männer wurden in Konzentrationslager gesperrt und misshandelt; die meisten kamen nach einigen Wochen wieder frei, mit der Auflage, umgehend das Land zu verlassen (Gross 2013).

Die Pogrome waren kaum beendet, als am 12. November die «Verordnung zur Ausschaltung der Juden aus dem deutschen Wirtschaftsleben» verkündet wurde. Damit war es Jüdinnen und Juden verboten, selbständig einen Betrieb zu führen. Am 21. November wurde ihnen als «Sühne» für das Attentat in Paris eine kollektive Strafsteuer in der Höhe von einer Milliarde Reichsmark auferlegt, die von den Finanzämtern in fünf Raten eingezogen wurde. Für die Begleichung dieser Strafsteuer waren viele Juden genötigt, ihre Häuser, Wohnungen oder eventuellen Aktienbesitz zu verkaufen. Am 3. Dezember folgte die «Verordnung über den Einsatz des jüdischen Vermögens», mit dem Juden gezwungen wurden, ihre Gewerbebetriebe zu verkaufen oder abzuwickeln, ihre Immobilien zu verkaufen und ihre Wertpapiere bei einer Devisenbank zu hinterlegen. Die «Arisierung» war nun rechtlich zwingend. Juwelen, Edelmetalle und Kunstgegenstände durften sie nicht mehr frei veräussern; kurz darauf wurden Jüdinnen und Juden genötigt, diese bis zum 31. März 1939 bei staatlichen Ankaufstellen abzuliefern.

Flucht und Deportation

Der Gewaltausbruch der Novemberpogrome, in Verbindung mit den folgenden antisemitischen Massnahmen und gesetzlichen Repressalien, liess den meisten Juden ein Weiterleben im «Deutschen Reich» unmöglich erscheinen. Es setzte eine Massenflucht ein. Die Nationalsozialisten hatten sich einerseits zum Ziel gesetzt, so viele Juden wie möglich aus dem Land zu vertreiben, andererseits schufen sie für die Flüchtenden sehr hohe finanzielle und bürokratische Hürden – ein Widerspruch, den sie zu lösen versuchten, indem sie den Druck auf die jüdische Bevölkerung immer weiter erhöhten. Eine Zeitlang ging diese Rechnung auf. Mit Kriegsbeginn am 1. September 1939 wurde die Auswanderung jedoch immer komplizierter; die begehrten Visa in die Einwanderungsländer waren immer schwerer zu bekommen und die Auswanderungskosten kaum mehr aufzubringen. In Deutschland blieb ein verzweifelter Rest zurück, Menschen, die meist entweder zu arm oder zu alt waren, um ins Ausland zu fliehen. Viele potenzielle Einwanderungsländer weigerten sich, die nun meist völlig verarmten Jüdinnen und Juden aus Deutschland bei sich aufzunehmen. Die Versuche, jüdischen Flüchtlingen mehr legale Einwanderungsmöglichkeiten zu schaffen, wie sie etwa mit der internationalen Konferenz von Évian im Juli 1938 unternommen wurden, waren weitgehend gescheitert.[2] Die seit Jahren betriebene, enorme Verarmung der jüdischen Bevölkerung hatte in vielen Fällen die lebensrettende Flucht verhindert.

Jene Jüdinnen und Juden, die sich ab 1940 noch im Deutschen Reich aufhielten, waren vielfach zu Zwangsarbeit genötigt und lebten zusammengepfercht und sozial isoliert in sogenannten «Judenhäusern». Als im Oktober 1941 ein Auswanderungsverbot für deutsche Juden erlassen wurde, hatten die Massendeportationen in die Ghettos, Konzentrations- und Vernichtungslager in den besetzten Gebieten Osteuropas bereits begonnen. Am 25. November 1941 wurde die «11. Verordnung zum Reichsbürgergesetz» verkündet, die die vollständige und reibungslose Enteignung der deportierten und geflüchteten Jüdinnen und Juden erleichtern sollte. Der Besitz aller Juden, «die ihren gewöhnlichen Aufenthalt im Ausland haben», «verfiel» damit dem deutschen Staat. Das betraf sowohl die Deportierten als auch die Geflohenen. Die Reichsfinanzverwaltung wurde dazu bestimmt, auch diesen letzten Schritt der Enteignung umzusetzen und die «Verwertung» des Besitzes zugunsten der Staatskasse zu organisieren.

Mit grösster Akribie wurde der gesamte verbliebene Besitz erfasst und soweit möglich zu Geld gemacht. Der weniger wertvolle Hausrat wurde meist in Auktionshäusern oder direkt vor den Wohnungen der Deportierten öffentlich versteigert. Auch dieser letzte Schritt der Enteignung fand also vor aller Augen und mit reger Beteiligung der Ortsbevölkerung statt, die sich nicht selten die Hinterlassenschaften ihrer ehemaligen NachbarInnen aneigneten. Der Ansturm auf die Versteigerungen «jüdischen Besitzes» war enorm, teilweise musste Polizeischutz beantragt werden. Oft wurde Hausrat auch zugunsten von bombengeschädigten «Volksgenossen» verwendet und die Enteignungen damit sozialpolitisch legitimiert. Wertvollere Gegenstände fanden ihren Weg in Museen, Kunstsammlungen, Bibliotheken et cetera. Die Finanzverwaltung, die bis zum Ende des «Dritten Reichs» mit der Verwaltung und Verwertung der Hinterlassenschaften der Deportierten beschäftigt war, beseitigte auch mit grösster Gründlichkeit die materiellen Spuren der jüdischen Bevölkerung in Deutschland. Was nicht in Museen, Amtsräumen und zahllosen Privathaushalten verschwand, wurde auftragsgemäss vernichtet, etwa Fotoalben, persönliche Dokumente oder Briefe (Meinl/Zwilling 2004, 133–175). In den zahlreichen «angeschlossenen», besetzten oder kollaborierenden Staaten wurde die jüdische Bevölkerung meist mit derselben Entschlossenheit verfolgt und enteignet, nur geschah das alles in noch kürzerer Zeit, zum Teil mit anderen Instrumenten und vor allem in den besetzten Ländern Osteuropas mit dem Einsatz brachialer physischer Gewalt. Ghettoisierung, Enteignung und Massenmord gingen meist Hand in Hand. In geringerem Umfang profitierte die lokale, nicht-jüdische Bevölkerung von der Enteignung der Jüdinnen und Juden, den grössten Teil des Gewinns, der einen nicht unerheblichen Anteil der Kriegsfinanzierung ausmachte, strichen jedoch meist der deutsche Staat, Parteiorganisationen, deutsche Wirtschaftsunternehmen und Privatpersonen ein.

Folgen der Enteignung

Als Deutschland im Mai 1945 besiegt war, stand für die Alliierten fest, dass die gigantischen Eigentumsübertragungen, die der NS-Staat erzwungen hatte, nicht von Bestand sein dürften (Goschler 2005; Goschler/Ther 2003). Insbesondere die US-amerikanischen Besatzungsbehörden setzten in Deutschland die Rückerstattung des enteigneten Besitzes an die jüdischen Überlebenden oder – in den vielen Fällen, in denen es keine Überlebenden und Angehörigen gab – an jüdische Organisationen durch. Die anderen westlichen Alliierten, Frankreich und Grossbritannien, folgten weitgehend der US-amerikanischen Politik. In Westdeutschland wurden Rückerstattungsgesetze erlassen, die den Überlebenden die Wiedererlangung ihres Besitzes ermöglichten. Die Rückerstattung blieb jedoch jahrelang eine hoch konflikthafte Angelegenheit, in der deutschen Bevölkerung, der Privatwirtschaft und auch in den Landes- und Bundesministerien gab es grosse Widerstände dagegen (Lillteicher 2007). Die Sowjetunion verfolgte in ihrer Besatzungszone andere Strategien im Umgang mit dem «arisierten» und geraubten Besitz. Da hier ohnehin Verstaatlichungen und Enteignungen anstanden, kam eine Rückerstattung vor allem grösserer Besitztümer in Ostdeutschland für sie nicht infrage; aber auch weniger vermögende jüdische Verfolgte erlangten ihren Besitz meist nicht zurück. Eine «Wiedergutmachung» erfolgte in der DDR überwiegend mit den Mitteln der Sozialpolitik (Spannuth 2007). In geringem Umfang und mit erheblichen Einschränkungen restituierte die Bundesrepublik auch Besitz, der von deutschen Behörden im Ausland enteignet wurde. Trotz insgesamt durchaus beachtlicher Zahlungen[3] entzog sich die Bundesrepublik einer umfassenden Restitution der im Ausland geraubten Vermögenswerte bis heute.

Für die Opfer hatten die Enteignungsmassnahmen drastische Folgen, die bei Weitem nicht nur ihren Besitz betrafen.[4] Die Negierung ihres Eigentumsrechts stand auch für die Rücknahme rechtlicher Gleichheit und den

Entzug fundamentaler staatsbürgerlicher Rechte, dem sie weitgehend ohnmächtig ausgeliefert waren. In raschen Schritten wurde den Jüdinnen und Juden in immer weiteren Feldern die Berufsausübung und Geschäftstätigkeit verboten, die Boykotte erzwangen Geschäftsaufgaben und «Arisierungen», der Staat griff immer rabiater auf den Besitz der jüdischen Bevölkerung zu, dazu kamen die wachsende Bedrohung durch gewalttätige Übergriffe und Repressalien. Das ging mit gesellschaftlicher Stigmatisierung und Isolation einher; Unterstützung und Hilfe aus anderen Teilen der Gesellschaft fand die jüdische Bevölkerung kaum. Der Verlust der Lebensgrundlagen und die bald einsetzende Verarmung verstärkte die Wehrlosigkeit der jüdischen Bevölkerung gegenüber den Verfolgungsmassnahmen und verhinderte oft eine lebensrettende Flucht ins Ausland. Entrechtung, Enteignung, Vertreibung, Ghettoisierung und Vernichtung standen in engem Zusammenhang und bilden in den Biografien der Verfolgten eine dichte Kette von Bedrohungen, die bald tödlich waren.

Anmerkungen

1 Zur «Arisierung» im NS gibt es zahlreiche Studien, vgl. dazu den Forschungsüberblick von Benno Nietzel (2009). Eine wegweisende Arbeit legte Frank Bajohr 1997 mit seinem Buch «‹Arisierung› in Hamburg. Die Verdrängung jüdischer Unternehmer 1933–1945» vor.

2 Vgl. Online-Ausstellung «Geschlossene Grenzen. Die Internationale Flüchtlingskonferenz von Évian 1938»: evian1938.de/ (Abfrage 9.6.2020)

3 Nach offiziellen Berechnungen bezahlte die Bundesrepublik bis 1998 für alle Wiedergutmachungsleistungen im In- und Ausland insgesamt 105 Milliarden DM (Goschler 2005, 474 f.).

4 Vgl. zu biografischen Geschichten der Verfolgten auf der Basis der behördlichen Akten: Leder / Schneider / Stengel 2018; Aly 2004; Schilde 2001.

Literatur

Aly, Götz, 2004: Im Tunnel. Das kurze Leben der Marion Samuel 1931–1943. Frankfurt a. M.

Bajohr, Frank, 1997: «Arisierung» in Hamburg. Die Verdrängung jüdischer Unternehmer 1933–1945. Hamburg

Friedländer, Saul, 1998: Das Dritte Reich und die Juden. Die Jahre der Verfolgung 1933–1939. München

Goschler, Constantin, 2005: Schuld und Schulden. Die Politik der Wiedergutmachung für NS-Verfolgte seit 1945. Göttingen

Goschler, Constantin / Ther, Philipp (Hg.), 2003: Raub und Restitution. «Arisierung» und Rückerstattung des jüdischen Eigentums in Europa. Frankfurt a. M.

Gross, Raphael, 2013: November 1938. Die Katastrophe vor der Katastrophe. München

Institut für Zeitgeschichte (Hg.), 2008/9: Die Verfolgung und Ermordung der europäischen Juden durch das nationalsozialistische Deutschland 1933–1945, Bd. 1: Deutsches Reich 1933–1937; Bd. 2: Deutsches Reich 1938 – August 1939. München

Kuller, Christiane, 2013: Bürokratie und Verbrechen. Antisemitische Finanzpolitik und Verwaltungspraxis im nationalsozialistischen Deutschland. München

Leder, Bettina / Schneider, Christoph / Stengel, Katharina, 2018: Ausgeplündert und verwaltet. Geschichten vom legalisierten Raub an Juden in Hessen. Berlin

Lillteicher, Jürgen, 2007: Raub, Recht und Restitution. Die Rückerstattung jüdischen Eigentums in der frühen Bundesrepublik. Göttingen

Meinl, Susanne / Zwilling, Jutta, 2004: Legalisierter Raub. Die Ausplünderung der Juden im Nationalsozialismus durch die Reichsfinanzverwaltung in Hessen. Frankfurt a. M.

Nietzel, Benno, 2009: Die Vernichtung der wirtschaftlichen Existenz der deutschen Juden 1933–1945. Ein Literatur- und Forschungsbericht. In: Archiv für Sozialgeschichte, 49, 561–613

Schilde, Kurt, 2001: Bürokratie des Todes. Lebensgeschichten jüdischer Opfer des NS-Regimes im Spiegel von Finanzamtsakten. Berlin

Spannuth, Jan Philipp, 2007: Rückerstattung Ost. Der Umgang der DDR mit dem «arisierten» Eigentum der Juden und die Rückerstattung im wiedervereinigten Deutschland. Essen

Stengel, Katharina (Hg.), 2007: Vor der Vernichtung. Die staatliche Enteignung der Juden im Nationalsozialismus. Frankfurt a. M.

Wildt, Michael, 2007: Volksgemeinschaft als Selbstermächtigung. Gewalt gegen Juden in der deutschen Provinz 1919 bis 1939. Hamburg

Philippe Kellermann

Revolution und Eigentum im klassischen Anarchismus

«Revolutionen brauchen eine tragende Idee, wenn sie etwas anderes sein sollen als mehr oder minder pompöser Unfug.» (Schumpeter 1920/21, 305)

«Die Revolution um der Revolution willen zu verfolgen, ist sinnlos. Das Einzige, was die Revolution rechtfertigt, ist es, das Leben der Menschen besser zu machen.» (Kuhn 2017, 194)

Folgt man Schumpeter und Kuhn, dann bedarf eine Revolution einer «tragenden Idee», die sich mit dem Ziel vermitteln lässt, «das Leben der Menschen besser zu machen». Das Leben der Menschen besser zu machen, verdichtet sich für den Anarchismus in der Vorstellung eines selbstbestimmten Lebens für alle Menschen: «Zu leben, wie es einem gefällt, ist ein Wunschtraum vieler Menschen. Mitmenschlich und sozial ist er dann, wenn er die Ausbeutung anderer Menschen aus- und alle Menschen einschliesst.» (Giessler Furlan 2018, 60) Entscheidend für den Anarchismus ist nun die Vorstellung, dass eine freiheitlich-egalitäre Gesellschaft «nur durch Freiheit geschaffen werden» könne (Bakunin 1873, 339), das heisst nicht durch das Errichten einer neuen Herrschaft, denn «als Regierung wären wir sicherlich nicht besser als die anderen. Wir wären vielleicht sogar eine noch grössere Gefahr für die Freiheit, denn, überzeugt wie wir sind, Recht zu haben und das Richtige zu tun, wären wir als wahre Fanatiker geneigt, alle, die nicht wie wir denken und handeln würden, als Konterrevolutionäre und Feinde des Gemeinwohls zu betrachten» (Malatesta 1931, 236). Der Anarchismus beschrieb sich daher als «Partei der Freiheit *par excellence*, die Partei der freien Entfaltung, die Partei gesellschaftlichen Experimentierens» (Malatesta 1894, 37). Die Möglichkeit des Experimentierens setzt jedoch die Zerstörung jener Strukturen, die Herrschaft strukturell absichern, voraus. Wenngleich man sich mit Blick auf die Zukunft als «Gegner absoluter Festlegungen» verstand (Schwitzguébel 1880, 213), ging es dennoch darum, im Verlauf des Emanzipationskampfes zu verhindern, dass sich autoritäre Strukturen (erneut beziehungsweise wieder) bilden. Deshalb sei es nötig, sich die «grossen Linien einer neuen Gesellschaftsordnung» vor Augen zu führen, um dies zu verhindern (Schwitzguébel 1880, 213), weshalb man festhielt: «Wenn wir die Ordnung der Dinge besprechen, welche unserer Meinung nach aus der kommenden sozialen Revolution entstehen muss, sagt man uns oft: ‹All dies ist blosse *Theorie*, um die wir uns jetzt nicht zu kümmern haben; lassen wir dies beiseite und beschäftigen wir uns mit *praktischen* Dingen (zum Beispiel mit Wahlfragen). Bereiten wir die Eroberung der politischen Macht durch die Arbeiterklasse vor und später werden wir schon sehen, was aus der Revolution entstehen wird.» (Kropotkin 1882, 170)

Die Eigentumsfrage

Wenngleich sich der Anarchismus seit jeher als eine umfassende, kulturrevolutionäre Bewegung versteht, es ihm um einen «vollständigen Umbau aller sozialen Beziehungen» geht (Kropotkin 1896, 67), letztlich bis hin zu den «Grundlagen unseres Alltagslebens» (Landauer 1909, 175), und er daher «alle Lebensbereiche umfasst» (Goldman 1931, 185), so spielt die Umgestaltung der Eigentumsverhältnisse doch eine gewichtige Rolle. Denn es sind nicht zuletzt auch die Eigentumsverhältnisse, die herrschaftsförmige Gesellschaftsformen begründen und stützen. Im Anarchismus bildeten sich diesbezüglich drei zentrale Vorstellungen heraus, die sich an Malatesta (1929, 217) anschliessend wie folgt klassifizieren lassen: *Kommunismus* (assoziierte Produktion und freie Konsumtion für alle), *Kollektivismus* (assoziierte Produktion und Verteilung der Produkte entsprechend der Arbeit eines jeden) und *Individualismus* (jedem Menschen individuellen Besitz der Produktionsmittel und Genuss des vollständigen Produkts der eigenen Arbeit). Festzuhalten ist hierbei zunächst, dass der (ökonomisch-)individualistische Ansatz wenige Anhänger*innen in der anarchistischen Bewegung im engeren Sinn hatte, jedoch vor allem in den USA einen gewissen Rückhalt bei verschiedenen Akzentuierungen hatte und auch vor dem Hintergrund der spezifischen Verhältnissen dieses Landes zu diskutieren wäre. Die überwiegend kommunistisch und kollektivistisch ausgerichteten Anarchist*innen kritisierten den (ökonomisch-)individualistischen Anarchismus mit Blick auf die Eigentumsfrage scharf – inhaltlich durchaus ähnlich, wie es Marxist*innen unternahmen, wobei diese oft diesen marginalen Zweig zu *dem* Anarchismus erklärten, um so den Anarchismus aus dem Sozialismus auszugrenzen. Kernkritik war jedenfalls, dass der (ökonomisch-)individualistische Anarchismus das selbstgesetzte Ziel einer herrschaftsfreien Gesellschaft verfehlen würde, weil sich a.) mit ihm notgedrungen Konkurrenz statt solidarische Verhältnisse einstellen würden, sich b.) wieder hierarchische Trennungen zwischen Privateigentümern etablieren würden sowie c.) damit wieder eine Herrschaftsinstanz notwendigerweise auf den Plan treten würde. Waren sich hierin kollektivistische und kommunistische Anarchist*innen einig, so gab es dennoch auch zwischen diesen beiden Strömungen scharfe Auseinandersetzungen, die sich nicht ganz so leicht entflechten lassen. Vielleicht lassen sich zwei zentrale Aspekte hervorheben. Der erste betrifft die interessanterweise nahezu zeitgleich von Marx in der *Kritik des Gothaer Programms* aufgeworfene Frage nach dem Verhältnis von «jedem nach seinen Fähigkeiten» und «jedem nach seinen Bedürfnissen». Der anarchistische Kommunismus sah, wie Marx, im Fokus auf die Bedürfnisse das eigentlich anarchistische Ziel, ging aber, anders als Marx, davon aus, dass dieses Ziel unmittelbar im revolutionären Prozess umgesetzt oder zumindest angestossen werden müsse. Den kollektivistischen Anarchist*innen wurde mit ihrem Blick auf das Prinzip der Fähigkeiten entgegengehalten, dass dies kein fundamentaler Bruch mit der Tradition herrschaftsförmiger Organisationen sei. Das Problem an dieser Debatte ist jedoch, dass der kollektivistische Anarchismus – und hiermit berühren wir den zweiten Aspekt – ursprünglich gar nicht behauptet hatte, dass alle sich nach dem Prinzip der Fähigkeiten richten sollten. Ihm ging es vielmehr darum, dass die Organisation der Konsumtion nicht dogmatisch einheitlich festgelegt werden könne und man sich hier unterschiedliche Ansätze des Neubeginnens vorbehielt. Es wäre interessant, diese inneranarchistischen Diskussionen einmal näher mit Diskussionen in der marxistischen Tradition in Beziehung zu setzen, da sich sehr viele Überschneidungen finden lassen. Es bleibt aber dabei, dass sich sowohl der kommunistische als auch der kollektivistische Anarchismus vehement und grundsätzlich gegen jede Art von «Übergangsstaat» aussprachen und die Debatte oftmals um die Frage ging, welche der beiden Strömungen glaubwürdiger für sich in Anspruch nehmen konnte, dass es nicht zu einer (auch verschleierten) Wiederkunft einer Form von Staatlichkeit kommt.

Vermittlungsansätze unterwegs: Revolutionsansätze

Betrachten wir nun drei klassische anarchistische Revolutionsansätze: erstens den Aufstand, zweitens den revolutionären Generalstreik sowie drittens das Austreten. Dabei werde ich lediglich jeweils ein Beispiel anführen, um einen ersten Eindruck zu vermitteln. Zudem ist anzumerken, dass die unterschiedlichen Ansätze nicht immer unvermittelt nebeneinanderstehen, sondern durchaus ineinander übergehen können et cetera.

1. Der Aufstand

Die Revolution als Aufstandsgeschehen zu verstehen, knüpft zunächst an die bürgerlichen Revolutionen des 18. Jahrhunderts an. Die Spezifik der *anarchistischen* Variante des Aufstandes kann darin gesehen werden, dass es zwar durchaus eine Avantgarde geben kann, die den Aufstand beginnt, es aber nicht nur notwendig ist, dass die Massen dann *selbst* zu handeln beginnen, sondern auch, dass die anarchistische Avantgarde keineswegs eine herausgehobene beziehungsweise bevorrechtigte Stellung während des Aufstandsgeschehens einnehmen darf. Bei Bakunin liest sich dies folgendermassen:

> «Die Revolution, wie wir sie verstehen, muss vom ersten Tag an den Staat und alle Staatseinrichtungen radikal und vollständig zerstören. Die natürlichen und notwendigen Folgen dieser Zerstörung werden sein: a) Staatsbankrott […]; – d) Auflösung der Armee, des Gerichtspersonals, der Bureaukratie, der Polizei und des Klerus; – e) Abschaffung der offiziellen Justiz, Suspendierung aller sogenannten juridischen Rechte und ihrer Ausübung. […] – f) Konfiskation alles produktiven Kapitals und der Arbeitswerkzeuge zum besten der Arbeiterassoziationen, die gemeinsam mit ihnen produktive Arbeit verrichten werden; – g) Konfiskation allen Besitzes der Kirche und des Staates und der wertvollen Metalle in Privatbesitz zum besten der föderativen Allianz aller Arbeiterassoziationen, – einer Allianz, welche die Gemeinde bilden wird. Für die konfiszierten Güter wird die Gemeinde allen so beraubten Personen den einfachen Lebensunterhalt geben; sie können später durch eigene Arbeit mehr verdienen, wenn sie dies können und wollen; – h) Zur Organisation der Gemeinde die Föderation der Barrikaden in Permanenz und Funktionieren eines Rats der revolutionären Gemeinde durch Delegierung von ein oder zwei Deputierten per Barrikade, einem per Strasse oder Viertel; diese Deputierten mit imperativem Mandat werden

> stets verantwortlich und absetzbar sein. Der so organisierte Gemeinderat kann aus sich ausführende Komitees wählen, getrennte für jeden Zweig der revolutionären Verwaltung der Gemeinde. [...] – k) Appell an alle Provinzen, Gemeinden und Assoziationen, sie einladend, dem Beispiel der Hauptstadt folgend, sich zuerst revolutionär zu reorganisieren und dann an einen verabredeten Ort ihre Deputierten zu schicken, mit imperativem Mandat, verantwortlich und absetzbar, zur Konstituierung der Föderation der Assoziationen, Gemeinden und insurgierten Provinzen im Namen der gleichen Grundsätze und zur Organisation einer zur Besiegung der Reaktion fähigen revolutionären Macht. [...] – Abschaffung des nationalen Staates auch in dem Sinn, dass jedes fremde Land, jede Provinz, Gemeinde, Assoziation oder selbst Einzelperson, die sich im Namen der gleichen Grundsätze erhoben haben, in die revolutionäre Föderation aufgenommen werden ohne Rücksicht auf die gegenwärtigen Staatsgrenzen und trotz ihrer Zugehörigkeit zu verschiedenen politischen oder nationalen Systemen, und dass die eigenen Provinzen, Gemeinden, Assoziationen und Einzelpersonen, welche die Partei der Reaktion nehmen, von der Föderation ausgeschlossen bleiben. Also durch die Tatsache der Entfaltung und Organisation der Revolution selbst zur gegenseitigen Verteidigung der insurgierten Länder wird die auf die Beseitigung der Grenzen und den Ruin der Staaten gegründete Universalität der Revolution siegen.» (Bakunin 1868, 88 f.)

Man kann in diesen Ausführungen durchaus eine gewisse Vorwegnahme der Pariser Kommune (1871) erkennen, wenngleich Bakunin diese als noch zu autoritär organisiert eingeschätzt hatte. Zentral ist jedenfalls bei Bakunin, dass die unmittelbare Vergesellschaftung des Eigentums angestrebt und diese mit räteähnlichen Strukturen auf verschiedenen Ebenen verknüpft wird.

2. Der revolutionäre Generalstreik

Knüpft das Aufstandsparadigma an die Tradition bürgerlicher Revolutionen an, so wird der revolutionäre Generalstreik als spezifisch proletarisches Kampfmittel verstanden. Er begründet sich unter anderem damit, dass der eigentliche Ort der proletarischen Macht nicht die Strasse, sondern der Betrieb beziehungsweise die Arbeitsstelle ist. Von elementarer Bedeutung ist dabei, dass der Streik mit der Aneignung der Betriebe einhergeht (Fabrikbesetzung et cetera) und die Produktion in Eigenregie weitergeführt wird. Auf diese Frage hat vor allem der Anarchosyndikalismus grossen Wert gelegt und mit seinen Organisationsstrukturen zu vermitteln versucht. Rudolf Rocker erklärte dies wie folgt:

> «An jedem Orte schliessen sich die Arbeiter der revolutionären Gewerkschaft ihrer resp. Berufe an, die keiner Zentrale unterstellt ist, ihre eigenen Gelder verwaltet und über vollständige Selbstbestimmung verfügt. Die Gewerkschaften der verschiedenen Berufe vereinigen sich an jedem Orte in der Arbeiterbörse, dem Mittelpunkt der lokalen gewerkschaftlichen Tätigkeit und der revolutionären Propaganda. Sämtliche Arbeiterbörsen des Landes vereinigen sich in der Allgemeinen Föderation der Arbeiterbörsen, um ihre Kräfte in allgemeinen Unternehmungen zusammenfassen zu können.
> Ausserdem ist jede Gewerkschaft noch föderativ verbunden mit sämtlichen Gewerkschaften desselben Berufs im ganzen Lande und diese wieder mit den verwandten Berufen, die sich zu grossen allgemeinen Industrieverbänden zusammenschliessen. Auf diese Weise bilden die Föderation der Arbeiterbörsen und die Föderation der Industrieverbände die beiden Pole, um die sich das ganze gewerkschaftliche Leben dreht.
> Würden nun bei einer siegreichen Revolution die Arbeiter vor das Problem des sozialistischen Aufbaues gestellt, so würde sich jede Arbeiterbörse in eine Art lokales statistisches Büro verwandeln, und sämtliche Häuser, Lebensmittel, Kleider und so weiter unter ihre Verwaltung nehmen. Die Arbeiterbörse hätte die Aufgabe, den Konsum zu organisieren und durch die Allgemeine Föderation der Arbeiterbörsen wäre man dann leicht imstande, den Gesamtverbrauch des Landes zu berechnen und auf die einfach[s]te Art organisieren zu können.
> Die Industrieverbände ihrerseits hätten die Aufgabe, durch ihre lokalen Organe und mit Hilfe der Betriebsräte sämtliche vorhandenen Produktionsmittel, Rohstoffe und so weiter unter ihre Verwaltung zu nehmen und die einzelnen Produktionsgruppen und Betriebe mit allem Notwendigen zu versorgen. Mit einem Worte: Organisation der Betriebe und Werkstätten durch die Betriebsräte; Organisation der allgemeinen Produktion durch die industriellen und landwirtschaftlichen Verbände; Organisation des Konsums durch die Arbeiterbörsen.» (Rocker 1919, 11 f.)

In gewisser Weise lässt sich die anarchosyndikalistische Strategie und Organisationsstruktur als Fortschreibung und Konkretisierung eines bei Bakunin schon angedachten Ansatzes begreifen. Dabei tritt jedoch der Fokus auf den Aufstand – anders als beim sogenannten Insurrektionalismus – in den Hintergrund und verschiebt sich tendenziell auf das proletarische Milieu, wenngleich wiederum der Begriff des Proletariers hier sehr viel weiter gefasst wurde als beispielsweise in der marxistischen Tradition.

3. Das Austreten

Manche wiederum empfanden, dass die Fokussierung auf den Aufstand die vorbereitende Arbeit unterschätze, der es bedürfe, um in der Lage zu sein, eine herrschaftsfreie Gesellschaft zu organisieren beziehungsweise auf den Weg zu bringen. Der Anarchosyndikalismus begegnete dem durch den spezifischen Aufbau seiner Gewerkschaftsorganisationen. Andere kritisierten, dass der Syndikalismus zu sehr auf das Proletariat fixiert sei und zudem wirkliche Arbeit fernab von Staat und Kapital nicht leisten könne. Stattdessen gelte es den Austritt aus dem Bestehenden anzustreben, um unmittelbar mit dem Aufbau eigener Gemeinschaften zu beginnen, die dann wiederum auf ihre Umgebung ausstrahlen sollten. Als Beispiel sei hier der von Gustav Landauer propagierte Sozialistische Bund angeführt, dessen Grundlagen (*Die zwölf Artikel des Sozialistischen Bundes* (1912) – hier gekürzt) folgendermassen umrissen wurden:

> «Artikel 1: Sozialismus ist der Aufbau einer neuen Gesellschaft.
> Artikel 2: Die sozialistische Gesellschaft ist ein Bund selbständig wirtschaftender, untereinander in Gerechtigkeit tauschender Gemeinden, deren Individuen im Besonderen frei, im Gemeinsamen freiwillig einig sind.
> Artikel 3: Der Sozialistische Bund, der berufen ist, schliesslich an die Stelle der Staaten und der kapitalistischen Wirtschaft zu treten, kann nur dadurch anfangen, Wirklichkeit zu werden, dass die wollenden Sozialisten zu Lebensgemeinschaften zusammentreten und so nach jeweiliger Möglichkeit ihren Austritt aus der kapitalistischen Wirtschaft betätigen.
> Artikel 4: Die beginnenden Siedlungen des Sozialismus werden vorbereitet durch die Zusammenlegung des Konsums und den Ersatz der Geldwirtschaft durch gegenseitigen Kredit. Auf diese Weise wird die Möglichkeit geschaffen, dass die arbeitenden Menschen und die Wirtschaftsgemeinden ohne Dazwischentreten von Profitmachern

und Schmarotzern produzieren und die Produkte ihrer Arbeit untereinander tauschen.
[...]
Artikel 7: Damit die grosse Umwälzung in den Bodenverhältnissen komme, müssen die arbeitenden Menschen erst auf Grund der Einrichtungen des Gemeingeistes, der das sozialistische Kapital ist, so viel von sozialistischer Wirklichkeit schaffen und vorbildlich zeigen, wie ihnen jeweils nach Massgabe ihrer Zahl und Energie möglich ist.
Artikel 8: Solange die Sozialisten nicht da sind, die den Sozialismus verwirklichen und leben, ist keinerlei Aussicht auf Umgestaltung der sozialen und Eigentumsverhältnisse.
Artikel 9: Der Sozialismus ist keineswegs eine Sache der Staatspolitik, der Demagogie oder des Kampfes um Macht und Stellung der für die kapitalistische Wirtschaft tätigen Arbeiterklasse, ist ebenso wenig beschränkt auf Umwandlung materieller Verhältnisse, sondern ist heute in erster Linie eine geistige Bewegung.
Artikel 10: Anarchie ist nur ein andrer, in seiner Negativität und besonders starken Missverständlichkeit weniger guter Name für Sozialismus. Wahrer Sozialismus ist der Gegensatz zu Staat und kapitalistischer Wirtschaft. Sozialismus kann nur erwachsen aus dem Geiste der Freiheit und freiwilligen Einung, kann nur entstehen in den Individuen und ihren Gemeinden.» (Landauer 1912, 127 f.)

Nochmal: Die Eigentumsfrage

Wie zu sehen ist, spielt die Umgestaltung der Eigentumsverhältnisse im Kontext der Revolution bei allen drei Ansätzen eine zentrale Rolle. Um abschliessend daher noch einmal auf die Behauptung zurückzukommen, wonach sich der Anarchismus grundsätzlich gegen Staatlichkeit stellte und dies mit seinen Vorstellungen zur Gestaltung der ökonomischen Verhältnisse verband, sei an einen Kongress der Internationalen Arbeiter-Assoziation in Gent (1877) erinnert. Dort seien, wie es in einem Resumé festgehalten wurde, folgende Positionen aufeinandergetroffen:

«Über die Notwendigkeit der Sozialisierung der Produktionsmittel war man sich einig. Darüber, wer der zukünftige Besitzer der Produktionsmittel sein sollte, entspann sich aber eine lange Diskussion. [...] Die eine [Richtung], deren Hauptvertreter Greulich (Schweiz) war,

entwickelte folgenden Standpunkt: Das Kapital soll dem Staat angehören. Er reguliert die Produktion. Wären die Produktionsmittel in den Händen von Produzentengruppen, so hätten dieselben ein Monopol auf dieselben. Über allen Gruppen soll ein Vertreter der Allgemeinheit stehen, der die Konflikte der Gruppen schlichtet durch seine Machtmittel. Dieser Staat ist der Volkswille, der durch den Stimmzettel ausgedrückt wird, und die Regierung hat das Recht, Widerstrebenden diesen Willen aufzuerlegen.
Die zweite Richtung wandte sich dagegen, dass der Arbeiter anstatt Lohnarbeiter der Kapitalisten Lohnarbeiter des Staates würde. Damit sei der Freiheit nicht gedient. Die Produzentengruppen sollen auch Besitzer der Produktionswerkzeuge sein. Ein Antagonismus zwischen denselben sei undenkbar, da ja eine Gruppe auf die andere angewiesen sei. Aus diesem gegenseitigen Aufeinanderangewiesensein werde es sich ergeben, dass die Gruppen Verträge miteinander abschliessen. Auf dieser Tatsache werde das Gleichgewicht der Gesamtheit beruhen.» (Brupbacher 1913, 259 f.)

Die beiden Positionen sind nun nicht deshalb von Interesse, weil Greulich für *den* Marxismus stehen würde, und die zweite Richtung für *den* Anarchismus, sondern vielmehr, weil sich hier zwei grundsätzlich unterschiedliche Herangehensweisen an das infrage stehende Problem in seinen Grundzügen zeigen. Konzeptionell lässt sich die anarchistische Position wie folgt skizzieren: Das Allgemeine bildet sich aus dem Besonderen («von unten nach oben»), sodass es keiner Instanz bedarf, die (vermeintlich) das Allgemeine verkörpert und über Zwangsmittel verfügt, um dieses gegebenenfalls durchzusetzen. Dem liegt die Vorstellung zugrunde, dass Zwang die Menschen «einander nicht näher» bringt; «im Gegenteil, man schafft nur Entfremdung zwischen ihnen und züchtet Triebe des Eigennutzes und der Absonderung. Soziale Bindungen haben nur dann Bestand und erfüllen ihren Zweck bis ins tiefste, wenn sie auf Freiwilligkeit beruhen und den eigenen Bedürfnissen der Menschen entspringen» (Rocker 1933, 241). Nur da, wo alle «in Gleichwertigkeit miteinander verbunden» sind, entstehen Rücksichtnahme und Solidarität, während «gerade das System des Zentralismus» bedinge, «dass die einzelnen Gruppen sich wenig oder gar nicht um einander kümmern, ja oft gegeneinander arbeiten, um ihre Sonder-Interessen wahrzunehmen. Sie richten sich ja lediglich nach den Direktiven und Bestimmungen der Zentralstelle und haben kein zwingendes Interesse, auf die Nachbar-Gruppen Rücksicht zu nehmen» (Barwich 1926, 54 f.). In diesem Sinn arbeitet sich der Anarchismus andauernd an vielfältigen Problemen ab, die zum Beispiel in der marxistischen Tradition vorschnell aufgrund einer vermeintlichen technischen oder politischen Effektivität verabschiedet worden sind: *«Lasst alle Autonomie fahren, die Ihr eintretet!»* (Engels 1873, 306) Und gerade in diesem Sinn ist der Anarchismus der schwierigere Sozialismus.

Literatur

Bakunin, Michael, 1975 [1868]: Programm und Ziel der revolutionären Organisation der internationalen Brüder. In: Bakunin, Michael: Gesammelte Werke, Bd. 3. Berlin 84–90

Bakunin, Michael, 2007 [1873]: Staatlichkeit und Anarchie. Berlin

Barwich, Franz, 1979 [1926]: Der Kommunistische Aufbau des Syndikalismus. In: Barwich, Franz / Rocker, Rudolf / Gerlach, Erich / Lehning, Arthur / Rüdiger, Helmut: Arbeiterselbstverwaltung / Räte / Syndikalismus. Berlin, 43–62

Brupbacher, Fritz, 2013 [1913]: Marx und Bakunin. Ein Beitrag zur Geschichte der Internationalen Arbeiterassoziation. Potsdam

Engels, Friedrich, 1964 [1873]: Von der Autorität. In: Marx, Karl / Engels, Friedrich: Werke, Bd. 18. Berlin, 305–308

Giessler Furlan, Hannes, 2018: Verein freier Menschen? Idee und Realität kommunistischer Ökonomie. Springe

Goldman, Emma, 2010 [1931]: Gelebtes Leben. Autobiografie. Hamburg

Kropotkin, Peter, 1972 [1882]: Theorie und Praxis. In: Kropotkin, Peter: Worte eines Rebellen. Reinbek, 170–175

Kropotkin, Peter, 2008 [1896]: Die historische Rolle des Staates. In: Kropotkin, Peter: Der Staat und seine historische Rolle. Münster, 12–70

Kuhn, Gabriel, 2017: Revolution ist mehr als ein Wort. 23 Thesen zum Anarchismus. In: Kuhn, Gabriel: Anarchismus und Revolution. Münster, 177–194

Landauer, Gustav, 2008 [1909]: Nachwort. In: Landauer, Gustav: Internationalismus. Lich, 173–175

Landauer, Gustav, 2010 [1912]: Die zwölf Artikel des Sozialistischen Bundes. In: Landauer, Gustav: Antipolitik. Lich, 127–129

Malatesta, Errico, 2014 [1894]: Anarchie und Gewalt. In: Malatesta, Errico: Anarchistische Interventionen. Münster, 35–41

Malatesta, Errico, 2014 [1929]: Einige Betrachtungen über die Eigentumsverhältnisse nach der Revolution. In: Malatesta, Errico: Anarchistische Interventionen. Münster, 215–223

Malatesta, Errico, 2014 [1931]: Fragen zur Taktik. In: Malatesta, Errico: Anarchistische Interventionen. Münster, 232–236

Rocker, Rudolf, 1979 [1919]: Prinzipienerklärung des Syndikalismus. In: Barwich, Franz / Rocker, Rudolf / Gerlach, Erich / Lehning, Arthur / Rüdiger, Helmut: Arbeiterselbstverwaltung / Räte / Syndikalismus. Berlin, 7–42

Rocker, Rudolf, 1999 [1933]: Nationalismus und Kultur. Münster

Schumpeter, Joseph, 1920/21: Sozialistische Möglichkeiten heute. In: Archiv für Sozialwissenschaft und Sozialpolitik 48 (2), 305–360

Schwitzguébel, Adhémar, 1972 [1880]: Kollektivistisches Programm. In: Oberländer, Erwin (Hg.): Der Anarchismus. Olten, 193–216

Baldassare Scolari

Zurück in die Zukunft

Aneignung und Enteignung in Ursula K. Le Guins *The Dispossessed – An Ambiguous Utopia*

> *«Ich halte Vorstellungskraft für das mit Abstand nützlichste Werkzeug, das der Menschheit zur Verfügung steht.»*
>
> Ursula Le Guin: Am Anfang war der Beutel (2020, 23)

The Dispossessed – An Ambiguous Utopia von Ursula K. Le Guin ist ein paradigmatisches Beispiel für die Zusammenkunft von klassischer Utopie und Science-Fiction. Was diesen Roman noch heute so aktuell macht, ist unter anderem die Tatsache, dass hier eine utopische Gemeinschaft imaginiert wird, die unter der Bedingung planetarischer Ressourcenknappheit lebt. Nach der von Odo, einer Frau, eingeleiteten anarchistischen Revolution auf dem Planet Urras leben die Nachkommen der Aufständischen auf dem Mond Anarres im selbstgewählten Exil. Im Vergleich zu Urras ist Anarres ein unwirtlicher Ort: «Die Evolution war nicht über Fische und blütenlose Pflanzen hinausgegangen. Die Luft war so dünn wie die Luft auf Urras in sehr grosser Höhe. Die Sonne brannte, der Wind war eisig, der Staub verstopfte die Atemwege.» (Le Guin 2017, 106 [im Folgenden abgekürzt mit TD]) Urras hingegen ist der irdischen Welt sehr ähnlich und befindet sich in einer geopolitischen Lage, die ungefähr diejenige unseres Planeten während des kalten Kriegs widerspiegelt. Urras ist in mehrere Staaten unterteilt, wird jedoch von seinen beiden rivalisierenden Supermächten A-Io und Thu dominiert. A-Io ist ein Staat mit einer kapitalistischen Wirtschaft und einem patriarchalischen Gesellschaftssystem, während Thu die grundsätzlichen Züge eines stark zentralisierten und autoritären, realsozialistischen Regimes hat.

Im Unterschied dazu ist das Gemeinschaftsleben auf Anarres anarchosyndikalistisch organisiert. Die Anarresti, die sich nach der Begründerin ihrer politischen Philosophie Odonier nennen, kamen vor etwa zweihundert Jahren aus Urras nach Anarres. Um einem anarchosyndikalistischen Aufstand zuvorzukommen, gaben die grossen Urrasti-Staaten den Revolutionären das Recht, auf Anarres zu leben. Abgesehen von einigen Bergbauanlagen, hatte dieses zuvor keine dauerhaften Siedlungen gehabt. Die wirtschaftliche und politische Situation von Anarres ist in seiner Beziehung zu Urras ambivalent. Die Menschen in Anarres betrachten sich als frei und unabhängig; die Mächte von Urras sehen Anarres jedoch im Wesentlichen als ihre Bergbaukolonie an, die jährlich Edelmetalle an die Grossmächte auf Urras liefert.

Protagonist der Erzählung ist der theoretische Physiker Shevek, der an einer bahnbrechenden, die zeitliche Simultaneität und Sequenzialität miteinander verbindenden Theorie arbeitet. Auf Anarres kann er sich nicht mit ebenbürtigen Wissenschaftlern austauschen und kommt bald in eine theoretische Sackgasse. Als seine Forschungen auf Urras publik werden, wird er von der Universität der kapitalistischen Landes A-Io eingeladen. Auch wenn sein Vorhaben bei den meisten Landsleuten, die gegen jeglichen Kontakt mit Urras sind, auf Skepsis stösst, nimmt er die Einladung an. Bald muss Shevek aber einsehen, dass die Urrasti an seiner Theorie nur wegen ihrer militärischen Nutzung interessiert sind. Er verbündet sich daraufhin mit anarchistischen DissidentInnen, deren Streik aber blutig niedergeschlagen wird. Shevek schafft es schliesslich rechtzeitig in die Botschaft von Terra (die Erde), um von dort aus mit einem Raumschiff nach Anarres zurückzukehren. Er plant aber, seine Theorie für alle Welten frei zur Verfügung zu stellen, um die Ausbeutung durch einzelne zu verhindern.

Sheveks Theorie ist das zentrale Thema, auf dem der Roman inhaltlich und strukturell aufbaut. Worum es geht, ist das Problem der Vereinbarkeit von Synchronie und Diachronie, das heisst eine Theorie, die in der Lage ist, bestehende Strukturen in all ihren bestimmenden Kräften zu beschreiben und gleichzeitig Prozesse des historischen Wandels zu berücksichtigen (vgl. Freedman 2000, 111). Gleichzeit widerspiegelt sich Sheveks Theorie in der Plotstruktur des Romans, welche in abwechselnden Kapiteln zwei Handlungsstränge verfolgt – einerseits Sheveks Reise nach Urras und die sich dort entfaltenden Ereignisse, andererseits, im Rückblick, sein Leben auf Anarres von Geburt an. Die Handlung wechselt somit kapitelweise von Welt zu Welt, von der Gegenwart auf Urras zur Vergangenheit auf Anarres. Chronologisch gibt es eine Linie, die mit dem Heranwachsen von Shevek auf Anarres beginnt, mit seiner Reise und seinem Aufenthalt auf Urras weitergeht und mit der Rückreise auf Anarres endet. Die beiden Reisekapitel am Anfang und am Ende, in denen Shevek von einer Welt zur nächsten und dann von dieser zurückreist, schliessen die kreisförmige Handlung. Carl Freedman spricht in diesem Zusammenhang von einer dialektischen Epistemologie, die im Laufe der Erzählung zu einer Synthese von Diachronie und Synchronie führt (2000, 112). Im Verlauf des Romans werden die beiden Erzählstränge immer enger miteinander verbunden, da Sheveks biografische Entwicklung immer deutlicher auf seine kontroverse Entscheidung hinweist, Urras zu besuchen. Am Ende ist die Synthese abgeschlossen: Shevek kehrt nach Anarres zurück, und die Vollendung seiner Begegnung mit Urras ist eins mit der Vollendung seines Heranwachsens auf Anarres.

Es ist bemerkenswert, dass trotz des Titels in der zahlreichen Literatur zum Roman der Rolle des Begriffspaars Aneignung/Enteignung nur wenig Beachtung geschenkt wurde. Einer der wenigen Autoren, der spezifisch auf die richtungsweisende Bedeutung des Titels zu sprechen kommt, behauptet, dass die im Titel angekündigte Ambiguität der Utopie unter anderem auch darin liegt, dass das Begriffspaar *possession/dispossession* selbst zweideutig ist: «[The title's] ambiguity hinges around *possession* as ownership and *dispossession* as deprivation, on the one hand, and *possession* as bewitchment and *dispossession* as liberation on the other.»[1] (Spencer 2005, 95) Obgleich hier zu Recht die Wichtigkeit des Titels betont wird, wird der Terminologie zu schnell eine Zweideutigkeit zugeschrieben, statt dass der Versuch unternommen wird, ihre unmittelbare und grundsätzliche Dialektik zu untersuchen. Im Folgenden möchte ich der ethisch-politischen Umsetzung dieser kognitiven Dialektik im Roman anhand des Begriffspaars nachspüren.

Kapitalistische Enteignung und Entfremdung auf Urras

Die mächtigste Zivilisation auf Urras und die einzige, die Shevek tatsächlich besucht, ist die von A-Io, die in der Zeit der Romankomposition vorwiegend eine Figur für die monopolkapitalistischen Vereinigten Staaten ist. Die Entsprechung stellt jedoch keine perfekte Identität dar, da bestimmte Merkmale von A-Io vom Standpunkt der 1970er-Jahre aus regressiv sind. Die formelle Unterordnung der Frauen zum Beispiel sowie der grosse Generalstreik und die Aufstände am Ende des Romans gehören zu einer früheren Phase des Kapitalismus, die irgendwo zwischen dem viktorianischen Liberalismus und der Weltwirtschaftskrise der 1930er-Jahre liegt. Zudem unterscheidet sich A-Io grundsätzlich von den USA (und allen anderen irdischen Nationen) durch die wesentliche Vermeidung von Umweltverschmutzung, jedenfalls innerhalb seiner eigenen nationalen Grenzen.

Doch auch wenn auf dem Urras-Staat A-Io die Umweltkatastrophe durch «ökologische Kontrolle» vermieden werden konnte, ist die hier etablierte Produktionsform alles andere als gerecht. Im Roman wird die kapitalistische Enteignung an sich nicht geschildert beziehungsweise als schon abgeschlossen dargestellt. Was aber detailliert aus Sheveks Perspektive beschrieben wird, sind die Effekte, die diese kapitalistische Enteignung sowohl auf die ProduzentInnen als auch auf die NutzerInnen von Gütern auf A-Io hat. Marx verstand bekanntlich kapitalistische Enteignung als etwas, das letztlich zur Entfremdung der Arbeitenden von ihrer Tätigkeit führt: «Die [...] Verwirklichung der Arbeit erscheint in dem nationalökonomischen Zustand als *Entwirklichung* des Arbeiters, die Vergegenständlichung als *Verlust und Knechtschaft des Gegenstandes,* die Aneignung als *Entfremdung,* als *Entäusserung.*» (MEW 40, 512) Im Einklang mit Henri Lefebvre und Georg Lukács veranschaulicht Le Guins Roman aber, dass die «Knechtschaft des Gegenstandes» nicht nur die ArbeiterInnen, sondern auch die NutzniesserInnen der kapitalistischen Gesellschaft durch die Logik des Besitzes entfremdet. Inwiefern beispielsweise die KonsumentInnen selbst entfremdet sind, weil sie keinen Bezug mehr zur arbeiteten Tätigkeit haben, wird in einer Passage verdeutlicht, in der Shevek in der Hauptstadt von A-Io spazieren geht:

> **«Figürchen und Souvenirs und Mundschmuck und Flitter und Nippes, allesamt entweder von vornherein nutzlos oder so reich verziert, dass ihr Nutzen verborgen war; hektarweise Luxus, hektarweise Exkrement. [...] Und das Seltsamste an der Albtraumstrasse war, dass keines der Millionen verkäuflichen Dinge dort hergestellt wurde. Wo waren die Werkstädte, die Fabriken, wo waren die Bauern, die Handwerker, die Bergleute, die Weber, die Chemiker, die Drechsler, die Färber, die Gestalter, die Mechaniker, wo waren die Hände, die Menschen, die sie machten? Unsichtbar, anderswo. Hinter Mauern. In allen Läden waren die Menschen entweder Käufer oder Verkäufer. Ihre einzige Beziehung zu den Dingen war der Besitz.»** (TD 147 f.)

Die Metapher der Mauer, die alles trennt, alles verdeckt und unsichtbar macht, kommt im Roman immer wieder vor. Shevek selbst braucht eine gewisse Zeit auf Urras, um zu erkennen, dass es überall physische sowie geistige Mauern gibt, die die allgemeine Entfremdung des Menschen von sich selbst, seinen Mitmenschen und seiner Umwelt aufrechterhalten: «Sie sind alle im Gefängnis. Jeder für sich allein, einsam, mit einem Haufen Habseligkeiten. Sie leben im Gefängnis, sie sterben im Gefängnis. Das ist alles, was ich in ihren Augen sehe. Die Mauer, die Mauer!» (TD 253)

Enteignung als Ausgangspunkt für Wieder-Aneignung auf Anarres

Solche Passagen stellen nicht nur die Aktualitäten der kapitalistischen Verdinglichung und Entfremdung in einem entmystifizierenden Licht dar, sondern enthüllen auch viel über die utopische Subjektivität und den ästhetischen Geschmack von jemandem wie Shevek, der in einer Gemeinschaft aufgewachsen ist, in der die Herstellung und Verwendung von Dingen anstelle des Kaufs und Verkaufs von Waren wirtschaftlich wichtig ist. In Anschluss an die spezifische Begrifflichkeit der marxistischen Ökonomie könnte man sagen, dass Shevek den Triumph des Gebrauchswertes über den Tauschwert nicht nur befürwortet, sondern verkörpert (Freedman 2000, 120).

Die anarrische Gemeinschaftsform lässt sich am besten als «Synthese aus Feminismus und Anarchismus, verbunden mit einer dezidiert ökologischen Stossrichtung» (Saage 2006, 219) beschreiben. In ihrer Lebensweise und politischen Organisationsform widerspiegelt sich die Bakuninsche Überzeugung, dass Anarchismus Anarcho-Kommunismus sein muss. Dementsprechend wurden auf Anarres von Anfang an alle Lebensbereiche kollektivistisch organisiert. Demokratie ist direkt und es gibt keine spezialisierte staatliche Maschinerie: keine Gesetze, keine Polizei, kein Militär, keine Justiz. Mit der Abschaffung des Privateigentums wird das Konzept des Besitzes selbst erheblich geschwächt – sogar bis zu dem Punkt, dass singuläre Possessivadjektive (und singuläre persönliche Substantive im Genitivfall) selten verwendet werden: «Um auf Pravic ‹das ist meins und das ist deins› auszudrücken, sagte man: ‹Ich benutze dies, und du benutzt das›.» (TD 68)

Am stärksten haben wohl Peter Kropotkins Schriften Le Guin in ihrem utopischen Gedankenexperiment beeinflusst. An mancher Stelle liest sich der Roman wie eine treue Wiedergabe des Kropotkinschen Gemeinschaftsideals, so wie dieses insbesondere in *Die Eroberung des Brotes* geschildert wird. So haben die Bewohner von Anarres von Anfang an das Geld als Äquivalent des Warenaustauschs sowie das Prinzip des Kaufens und Verkaufens abgeschafft. Die Verteilung erfolgt in Magazinen: Man nimmt, was man braucht, nickt dem Registrator zu und geht. Abgesehen von einigen Gütern, die in Anarres nicht produziert werden können und die deswegen gezwungenermassen von Urras im Austausch für Edelmetalle, Quecksilber und Uran importiert werden, werden alle für den Erhalt der Gemeinschaft notwendigen Aufgaben in freiwillig gebildeten und strikt dezentralisierten Assoziationen (Syndikate) bewältigt, ohne aber die Zivilisation zu deurbanisieren und auf das Niveau vortechnologischer Stammeskulturen zurückzufallen.

Dieses Zusammentreffen von Kollektivierung und Dezentralisierung aller sozial relevanten Tätigkeiten – produktiver wie reproduktiver, repetitiver wie kreativer – schafft ein Gemeinschaftswesen, in dem es weder entfremdende Arbeit noch entfremdete menschliche Beziehungen gibt. Trotz der knappen natürlichen Ressourcen und der oft vorkommenden Notwendigkeit der Güterrationierung erfolgt die Mobilisierung der Arbeitsressourcen und die gerechte Verteilung von Gütern auf freiwilliger Grundlage. Die Einsicht, dass bestimmte notwendige Arbeiten, unter anderem auch unangenehme und anstrengende, verrichtet werden müssen, wurde von allen internalisiert und als wichtige Sinngebungsinstanz für die eigene Existenz anerkannt (Saage 2006, 223). So ist Arbeit auf Anarres auch nicht als eine streng formalisierte Rolle im Produktionsprozess definiert; die Begriffe «Arbeit» und «Spiel» sind sogar semantisch deckungsgleich. Die spielerische Komponente der Arbeit besteht darin, dass sie um ihrer selbst willen gemacht wird. Der Einzelne kann nicht nur die Arbeitstätigkeit auf eigene Initiative frei wählen und immer wieder wechseln, sondern sich auch entscheiden, gar nichts zu tun.

Diese Vorstellung eines spielerischen Umgangs des Menschen mit seinen Mitmenschen und seiner Umwelt ist schon bei Marx präsent, wenn er in den *Pariser Manuskripten* «*Kommunismus* als *positive* Aufhebung des *Privateigentums* als *menschlicher Selbstentfremdung* und darum als wirkliche *Aneignung* des *menschlichen* Wesens durch und für den Menschen» (MEW 40, 536) beschreibt. Die «wirkliche Aneignung» wird auf Anarres nicht durch die «Expropriation der Expropriateure», also durch die Enteignung der BesitzerInnen von Produktionsmitteln durch ökonomische oder politische Gewalt, erreicht. Vielmehr werden hier die Isolation von der kapitalistischen Welt Urras sowie das Leben auf der ressourcenknappen Welt Anarres als notwendige Bedingungen für die Erschaffung einer eigentumsfreien und nicht entfremdeten Gemeinschaft präsentiert. Völlig im Sinne Kropotkins scheint Le Guin davon auszugehen, dass erstens Gewalt intrinsisch konterrevolutionär ist und dass zweitens ohne zuvorkommende soziale Revolution jegliche politische Revolution unvollständig bleibt (vgl. Kropotkin 2014, 51). Beides – der Verzicht auf politische Gewalt und die radikale Umwälzung der zwischenmenschlichen Beziehungen, der Produktionsweise, ja sogar der Sprache und des ästhetischen Geschmacks – ist auf Anarres nur möglich, weil es auf dieser Welt keine Feinde gibt.

Das teleologische Problem: Weltaneignung als fortschreitender Prozess und nicht als Endzustand

Die Anarreser konnten anfänglich alle physischen und psychischen Mauern zerstören, die der Etablierung einer wahrhaft anarchistischen Gemeinschaftsform im Wege standen, indem sie eine einzige, aber wesentliche Mauer errichteten: Die Mauer, die Anarres von Urras und vom Rest des Universum trennt. Die Wichtigkeit dieser Mauer wird schon in den ersten Zeilen des Romans unterstrichen: «Es gab eine Mauer. Sie wirkte nicht wichtig. [...] Wo sie die Strasse kreuzte, hatte sie kein Tor, sondern verkümmerte zu blosser Geometrie, einer Linie, einer vorgestellten Grenze. Aber die Vorstellung war real. Sie war wichtig. [...] Der ganze Planet lag hinter ihr, ein grosses Gefangenenlager, abgeschnitten von den anderen Welten und anderen Menschen, in Quarantäne.» (TD 7 f.)

Dies führt zu einem zentralen dialektischen Moment in *The Dispossessed*: der anarchistischen Selbstkritik. Denn obwohl der Roman den Anarcho-Kommunismus als positive Alternative zum Kapitalismus auf A-Io sowie dem autoritären Real-Sozialismus auf Thu darstellt, thematisiert Le Guin die innere Problematik ihres anarchistischen Gemeinschaftswesens. Der Widerspruch zwischen Ideal und Wirklichkeit wird immer wieder durch den Protagonisten Shevek verdeutlicht. So erfahren wir im Laufe des Romans, dass auf Anarres die Freiheit des Individuums zunehmend durch informelle Machtstrukturen unterdrückt zu werden droht. Theoretisch hat die Verwaltungs- und Managementstruktur PDK (Produktions- und Distributionskoordination) keine Macht über die Menschen: «Sie ist für die Koordination sämtlicher Syndikate, Föderationen und Individuen zuständig, die produktive Arbeit leisten. Die PDK bestimmt nicht über die Menschen; sie organisiert die Produktion.» (TD 88) Um zu verhindern, dass sich eine Machtelite beziehungsweise eine Herrschaftshierarchie herausbildet, wird das Personal der PDK aus Freiwilligen rekrutiert, die durch das Los bestimmt werden. Alle vier Jahre wechselt das Personal und der Rekrutierungsprozess fängt von neuem an. Nichtsdestotrotz gibt es auf Anarres Negativfiguren wie den Physiker Sabul, der immer mehr informelle persönliche Macht akkumuliert und für eine längere Zeit den wissenschaftlichen Dialog zwischen Shevek und den urrasischen Physikern hindert.

So erklärt Bedap seinem Freund Shevek an einer Stelle das Problem der informellen Macht:

> **«Wir haben keine Regierung, keine Gesetze, das stimmt. Aber soweit ich sehe, wurden Ideen noch nie von Gesetzen und Regierungen kontrolliert, nicht einmal auf Urras. [...] Ideen lassen sich nicht durch Unterdrückung ausrotten. Sondern nur, indem man sie nicht zur Kenntnis nimmt. Indem man sich weigert, etwas zu denken oder zu ändern. Und genau das macht unsere Gesellschaft! Sabul nutzt dich aus, wo er kann [...] Er hat Macht über dich. Woher bekommt er sie? Nicht durch amtliche Befugnis, die gibt es nicht. [...] Er bezieht sie aus der angeborenen Feigheit der durchschnittlich Denkenden. Öffentliche Meinung! Das ist die Machtstruktur, an der er teilhat und die er zu nutzen versteht.»** (TD 185)

Le Guins anarchistische Selbstkritik betrifft nicht nur die Möglichkeit des Missbrauchs von Macht vonseiten einzelner Individuen, sondern erstreckt sich auch auf die Strukturen der Meinungsbildung. Zwar ist nach Odos Prinzipien Solidarität die Basis für die gemeinschaftliche Kooperation, aber durch die Isolation und den damit verbundenen Stillstand der Ideen und der Eigeninitiative droht Kooperation zum Gehorsam zu verkommen: «Auf Urras herrschen Minderheiten. Hier herrscht die Mehrheit. Aber eine Herrschaft, eine Regierung ist auch das! Das soziale Bewusstsein ist nichts Lebendiges mehr, sondern etwas Mechanisches, eine Machtmaschine kontrolliert von Bürokraten!» (TD 186) Dies sind Bedaps Worte, mit denen Shevek zuerst nicht einverstanden ist. Später im Roman äussert er aber ähnliche Ansichten und rekurriert dabei wiederum auf die omnipräsente Metapher der Mauer:

> **«Wir kooperieren nicht, sondern *gehorchen*. Wir fürchten uns davor, ausgestossen zu werden, faul, dysfunktional, Egoisierer genannt zu werden. Wir haben mehr Angst vor der Meinung unseres Nächsten als Achtung für die eigene Entscheidungsfreiheit. [...] Wir haben Gesetze geschaffen, Gesetze konventionellen Verhaltens. Wir haben uns mit Mauern umstellt und können sie nicht sehen, weil sie ein Teil unseres Denkens sind.»** (TD 362 f.)

Shevek und seine FreundInnen erkennen zunehmend, dass die anarchische permanente Revolution nicht nur durch Gewohnheit und Trägheit, sondern auch durch die Komplexität industriell-technologischer Abläufe sowie durch Erfordernisse des Krisenmanagements in Notsituationen immer wieder ins Stocken gerät. Und genau aus diesem Grund möchten sie die Mauern durchbrechen, die nicht nur Anarres vom Rest des Universums trennen, sondern auch den dynamischen und nie endenden Prozess der kognitiven, sinnlichen sowie stofflichen Weltaneignung erstarren lassen.

Als LeserInnen werden wir dadurch ZeugInnen eines dramatischen Vorganges: Einerseits führt uns Le Guin eine radikale Alternative zu Kapitalismus und Autoritarismus vor Augen, anderseits indiziert sie die Gefahren und Probleme, die mit einem undialektischen und statischen Verständnis der Idealgesellschaft und allgemein des Utopischen verbunden sind. Wie Saage zurecht beobachtet, zeigt Le Guin auf, dass die utopische Gemeinschaftsform «weder durch Extrapolation gegenwärtiger Trends der Ursprungsgesellschaft antizipiert noch durch *social engineering* verwirklicht werden» kann (2006, 230). Diese Einsicht fordert uns auch zu einem besseren Verständnis der Dialektik von Enteignung und Aneignung auf. *The Dipossessed* verhilft uns nicht nur zur nach fast zweihundert Jahren Hegelkritik eher trivialen Erkenntnis, dass es illusorisch, wenn nicht sogar gefährlich ist, die Entwicklung hin zu einer freien, gerechten und herrschaftsfreien Gesellschaft als Prozess zu denken, der irgendwann zu einem Abschluss kommen wird beziehungsweise kann. Der Roman legt auch nahe, dass reaktionäre Retrotopien sowie romantische Vorstellungen eines dezentralisierten Urkommunismus gleichsam illusorisch und gefährlich sind, weil – heraklitisch ausgedrückt – alles fliesst, nichts zu einem Stillstand kommt, auch nicht das menschliche Begehren danach, die Welt immer neu zu verstehen und zu gestalten. Weder die technikkritische Wunschvorstellung einer Rückbesinnung auf eine Wesentlichkeit oder Eigentlichkeit des Menschen noch der technoutopische Traum einer sich auf andere Planeten, wenn nicht sogar Galaxien ausbreitenden Menschheit können uns dabei helfen, der menschlichen Entfremdung, der eigenen sowie der der anderen, Einhalt zu gebieten. Wie Shevek und seine FreundInnen müssen wir versuchen, die materiellen wie immateriellen Mauern zu identifizieren und niederzureissen, die uns daran hindern, individuell wie gemeinschaftlich einen nachhaltigen, herrschaftslosen und für alle freien und gerechten Weltbezug zu ermöglichen. Utopia liegt weder in einer mythischen Vergangenheit noch in einer von vermeintlichen ProphetInnen verkündeten Zukunft. In den Worten Le Guins: «Wenn Utopia ein Ort ist, der nicht existiert, dann muss dorthin – wie Laozi sagen würde – ein Weg führen, der kein Weg ist. Auf ähnliche Weise muss die Utopie, die ich hier zu beschreiben versuche, um entstehen zu können, bereits existieren.» (Le Guin 2020, 49)

Anmerkungen

1 Der Titel spielt mit den Begriffen Besitz (possession) und Enteignung (dispossession) im Sinne von Eigentum und Entbehrung und verweist gleichzeitig auf Besitznahme als Verzauberung und Enteignung als Befreiung (vereinfachte Übersetzung BS).

Literatur

Freedman, Carl, 2000: Critical Theory and Science Fiction. Middletown

Kropoktin, Pjotr Alexejewitsch, 2014: Die Eroberung des Brotes. Aschaffenburg

Le Guin, Ursula K., 2017: Freie Geister. Eine zwiespältige Utopie. Frankfurt a. M.

Le Guin, Ursula K., 2020: Am Anfang war der Beutel. Klein Jasedow

MEW 40: Marx, Karl, 1968: Ökonomisch-philosophische Manuskripte aus dem Jahre 1844. In: Marx, Karl / Engels, Friedrich: Werke, Bd. 40. Berlin

Saage, Richard, 2006: Utopische Profile. Widersprüche und Synthesen des 20. Jahrhunderts. Berlin

Spencer, Douglas, 2005: The Alien Comes Home. Getting Past the Twin Planets of Possession and Austerity in Le Guin's The Dispossessed. In: Davis, Laurence / Stillman, Peter (Hg.): The New Utopian Politics of Ursula K. Le Guin's The Dispossessed. Oxford, 95–108

Suvin, Darko, 1979: Metamorphoses of Science Fiction. On the Poetics and History of a Literary Genre. New Haven/London

Nora Komposch

«Als Genossenschafterin fühle ich mich sicherer»

Wie sich New Yorker Care-Arbeiter*innen mit Kooperativen selbstermächtigen[a]

> *«Es gibt viele Chefs, die uns Migrantinnen ausnutzen. Manchmal bezahlen sie dich, manchmal nicht. In der Kooperative ist das anders. Wir sind alle Inhaberinnen und Arbeiterinnen. Wir haben alle eine Stimme.»*
>
> (Silvia, 44)[1]

In selbstorganisierten Arbeiter*innenkooperativen (engl. «Worker Cooperatives»)[2] stehen die Arbeiter*innen und deren Bedürfnisse im Zentrum des Betriebs. Alle Arbeiter*innen sind Betriebseigentümer*innen und bestimmen so kollektiv über dessen Organisation. Insbesondere in prekären Arbeitsbereichen wie im gemeinhin unter Care-Arbeit zusammengefassten Reinigungs- und Pflegebereich bieten Kooperativen grosses Potenzial. Bezahlte Care-Arbeit impliziert neben schlechten Löhnen meist auch lange Arbeitstage, unzureichende Arbeitsausrüstung und Isolation – Gründe, warum die Arbeit zu überwiegenden Teilen an Migrantinnen ausgelagert wird. In New York City (NYC) stösst daher das Kooperativenmodell insbesondere im Care-Bereich auf immer mehr Interesse. Während sieben Monaten qualitativer Feldforschung zwischen 2018 und 2019 untersuchte ich Veränderungen im Alltag von Migrantinnen nach deren Eintritt in solche Reinigungs-

a Eine abgeänderte und ins Englische übersetzte Version dieses Artikels erscheint in der Online-Zeitschrift *Metropolitics* (www.metropolitiques.eu).

und Pflegearbeiter*innenkooperativen in NYC. Die kollektive Betriebsführung ermöglicht Care-Arbeiter*innenkooperativen nicht nur bessere Löhne, sondern öffnet Räume der Selbstermächtigung, die weit über den finanziellen Bereich hinausgehen. Nachfolgend diskutiere ich das Potenzial dieser Genossenschaften bezüglich Selbstermächtigung von Migrantinnen in unterschiedlichen Lebensbereichen.

Prekarität und Marginalisierung entgegenwirken

Strukturelle Diskriminierung und administrative Hürden erschweren vielen Migrant*innen den Zugang zu gut bezahlter und sicherer Arbeit. Wie in vielen anderen Metropolen wurde auch in NYC mit einer starken Arbeitsmarktpolarisierung eine wachsende Nachfrage nach Niedriglohnarbeiter*innen geschaffen, die zu einem grossen Teil durch Migrant*innen aus dem globalen Süden gedeckt wird (Sassen 1991). Im Zuge neoliberaler Politiken nahm nicht nur die armutsbedingte internationale Migration zu, auch die Prekarität niedrig bezahlter Arbeit in den USA stieg rasant an (Herod/Aguiar 2006). Mangelhafte staatliche Vorschriften im Arbeitsrecht zusammen mit stetiger Immigration ermöglichten es Arbeitgeber*innen, freie Stellen zu besetzen, ohne die Arbeitsbedingungen zu verbessern.

Im Care-Bereich in NYC werden viele Migrant*innen aus lateinamerikanischen oder asiatischen Ländern unter prekären Arbeitsbedingungen beschäftigt (Fraser 2016). Neben den schlechten Löhnen erschweren isolierte Arbeitsorte die Absprache mit Arbeitskolleg*innen und setzen Arbeiter*innen oftmals der Willkür und Übergriffen von Kund*innen aus (Yeung 2018). Dass Pflege und Reinigung als «typisch weibliche» Tätigkeiten angesehen werden, die Frauen ohne Entlohnung leisten sollen und wofür keine Qualifizierung von Nöten sei, führt zu einer weiteren Abwertung ebendieser Arbeit. Daneben impliziert solche Arbeit meist auch lange Arbeitstage und unzureichende Arbeitsausrüstung. So berichten Sarah und Paula, zwei ecuadorianische Reinigungsarbeiterinnen:

> **«Wir bekamen von unseren Arbeitgebern keine gute Ausrüstung. Aber wenn du Arbeit brauchst, insbesondere wenn du eine Familie hast, nimmst du auch solche Jobs an. Du tust es aus Not. Natürlich stellen Arbeitgeber gerne Migrantinnen an, da sie uns lediglich ein wenig Geld geben können – ohne weitere Verpflichtungen.» (Sarah, 42)**

«Auf Anweisung meines Chefs musste ich chemische Reinigungsmittel mit sehr viel Chlor benutzen. Dies führte dazu, dass ich über längere Zeit meinen Geruchssinn verlor.» (Paula, 47)

Die meisten Arbeiter*innen werden über externe Pflege- oder Reinigungsagenturen vermittelt oder direkt von Privathaushalten angestellt. Während im ersten Fall die von den Arbeiter*innen erwirtschafteten Profite in die Taschen der Agenturmanager*innen fliessen, hängen bei Privatanstellungen die Arbeitsbedingungen von der Kaufkraft und dem Wohlwollen der Kund*innen ab. Damit es sich für Privatpersonen lohnt, ihre Reproduktionsarbeit auszulagern, müssen die Kosten tiefer als ihr eigenes Einkommen sein, was wiederum die Löhne der Angestellten drückt. Migrant*innen, die ohne gültige Aufenthaltspapiere reinigen und pflegen, hält oft die Angst vor einer Ausweisung davon ab, sich gegen gesetzeswidrige Arbeitsverhältnisse zu wehren. Vielen fehlen zudem die dafür notwendigen Ressourcen wie Englischkenntnisse, Kenntnisse des US-amerikanischen Arbeitsrechts, ein lokales soziales Netzwerk, die Anerkennung von Bildungsabschlüssen oder gewerkschaftliche Organisierung.

Eine Möglichkeit, solch prekären Arbeitsverhältnissen entgegenzuwirken, stellen in NYC die Arbeiter*innenkooperativen dar. Die Metropole zählt heute rund dreissig solche Kooperativen, die mehrere Tausend Arbeitsplätze schaffen (NYC NoWC 2020). Unter Arbeiter*innenkooperativen werden Unternehmen verstanden, die den Bedürfnissen der Mitglieder dienen und dabei die Profitmaximierung Einzelner verhindern sollen. Natürlich müssen Kooperativen, genau wie alle anderen Betriebe auch, ihre Kosten decken und mit anderen Unternehmen konkurrieren. Arbeiter*innenkooperativen unterlaufen aber kapitalistische Logiken durch die Tatsache, dass die Arbeiter*innen auch Eigentümer*innen ihres Unternehmens sind und dieses in Selbstverwaltung führen. Die demokratische Entscheidungsfindung innerhalb der Kooperativen wird durch gleiches Stimmrecht aller Mitglieder gesichert.

In den USA waren und sind Arbeiter*innenkooperativen insbesondere unter Afroamerikaner*innen und Migrant*innen beliebt, da sie eine Möglichkeit bieten, die wirtschaftliche Marginalisierung aufgrund rassistischer Diskriminierung zu vermindern (Gordon Nembhard 2014). Historisch hat die Kooperativenbewegung meist in wirtschaftlich schwierigen Zeiten einen Aufschwung erlebt, wie etwa nach der Weltwirtschaftskrise 1929, während der 1960er- und 1970er-Jahre infolge steigender Arbeitslosigkeit sowie schliesslich auch im Zuge der Wirtschaftskrise 2007 und 2008 (Pavlovskaya/Safri/Hudson

2016; Gupta 2014; Jackall/Levin 1984). In NYC stieg die Anzahl Kooperativen in den letzten zehn Jahren stark an. Infolge der krisenbedingten Arbeitslosigkeit sowie der Occupy-Bewegung und der Wahl von Bill de Blasio zum Stadtpräsidenten erhält die New Yorker Kooperativenbewegung seit 2014 finanzielle Unterstützung der Stadt. Obwohl diese Finanzierung nicht direkt an die Kooperativen fliesst, sondern an Nichtregierungsorganisationen, die den Genossenschafter*innen in Form von administrativer Unterstützung oder Weiterbildungen beim Aufbau ihrer Betriebe helfen, wurden in NYC seither zahlreiche neue Kooperativen gegründet.[3]

Selbstermächtigung im Alltag

Dass solche Arbeiter*innenkooperativen dazu beitragen können, prekäre Arbeitsbedingungen zu verhindern, Einkommensungleichheiten zu verringern und Diskriminierung am Arbeitsmarkt entgegenzuwirken, konnte wiederholt aufgezeigt werden (Berry/Bell 2017; Gordon Nembhard 2014) und wurde auch in meiner Forschung deutlich. Während die Stundenlöhne der Frauen, die an dieser Forschung teilnahmen, vor der Mitgliedschaft in der Kooperative zwischen 7 und 20 US-Dollar lagen, verdienen die Genossenschafterinnen heute ungefähr zwischen 15 und 30 US-Dollar pro Stunde. Kombiniert mit dem Miteigentum der Genossenschaft ermöglichte dies vielen von ihnen auch eine Reduktion und eine freiere Einteilung ihrer Arbeitszeit. Gleichwohl widmen sie den Selbstorganisationsprozessen des Betriebs, insbesondere in den Gründungsphasen der Genossenschaften, viel unbezahlte Arbeit, was für viele Genossenschafterinnen und ihre Familien sehr anstrengend sein kann. Viele erklärten jedoch, dass ihnen die dabei erlernten Fähigkeiten wie Betriebsführung, die kollektive Entscheidungsfindung oder das Vertreten der eigenen Meinung vor anderen Menschen sowohl bei der Lohnarbeit wie auch im Familienleben nützten. Da Migrantinnen aufgrund ihres Geschlechts und ihrer Herkunft oft strukturell von Entscheidungsprozessen ausgeschlossen werden, sind solche Veränderungen umso bedeutungsvoller. Zudem implizieren die Kooperativen eine Zusammenarbeit als Team und somit eine Verfestigung und Vergrösserung des sozialen Netzwerks der Migrantinnen, was beispielsweise dazu führt, dass sie sich am Arbeitsplatz sicherer fühlen. So berichtet Guadalupe, eine Betagtenbetreuerin mexikanischer Herkunft:

> **«Wenn ich heute zu einem Kunden nach Hause gehe, fühle ich mich viel sicherer als zu der Zeit, als ich noch nicht Genossen-**

schaftsmitglied war. Denn heute wissen all meine Kolleginnen immer genau, wann ich wo bin.» (Guadalupe, 38)

Viele Migrantinnen berichten auch von einem erhöhten Selbstbewusstsein gegenüber Kund*innen. So beispielsweise Carina, Mitglied einer Kinderbetreuungskooperative, aus Guatemala:

> **«Als die Familie ein weiteres Kind erhielt, forderte ich mehr Lohn. Ich hatte keine Angst mehr vor der Antwort des Kunden, da ich durch die Genossenschaft abgesichert war.» (Carina, 46)**

Die Mitgliedschaft in einer Kooperative brachte bei vielen Arbeiterinnen auch zahlreiche Veränderungen im Familienleben mit sich. Die besseren Löhne, das erworbene Wissen und das vergrösserte soziale Netzwerk verhalfen den Migrantinnen oftmals zu mehr Unabhängigkeit von ihren Partnern. Zudem berichteten viele von einer gerechteren Verteilung unbezahlter Hausarbeit, auch wenn die meisten von ihnen nach wie vor die Hauptverantwortung für Sorge- und Hausarbeit zu Hause tragen. Das Aufbrechen traditioneller Geschlechterrollen durch die selbständige und besser verdienende Ehefrau führte jedoch auch zu Konflikten in der Partnerschaft. Teils endeten diese Konflikte in Trennungen, die durch die finanzielle Unabhängigkeit der Frau einfacher möglich geworden waren; teils mündeten sie in Beziehungen auf Augenhöhe. So beispielsweise im Falle der Kolumbianerin Fernanda, Mitglied einer Kinderbetreuungsgenossenschaft:

> **«Durch die Genossenschaft ermächtigen wir Frauen uns selbst [...]. Mein Mann sah mich vorher als ihm untergeordnet, da er das Geld verdiente. Ich sah mich selber so. Ich dachte: Er bringt das Geld nach Hause, also muss ich respektieren, was er sagt. Jetzt sehe ich mich anders. Ich treffe meine eigenen Entscheidungen und mein Mann, meine Kinder und auch meine Mutter, alle sehen diese Veränderung in mir. [...] Mein Mann hat sich auch verändert. Er fragt mich jetzt nach meiner Meinung, nicht wie früher, als er alles selber entschied.» (Fernanda, 46)**

Schliesslich veränderte die Mitgliedschaft in der Genossenschaft auch die Freizeit der Migrantinnen. Aufgrund besserer Löhne und grösserer Flexibilität geniessen die meisten jetzt mehr Freizeit. Zudem verbringen zahlreiche Migrantinnen seit ihrer Mitgliedschaft in Kooperativen (mehr) Zeit mit politischem Aktivismus. So berichtet beispielsweise die Mexikanerin Elena, die Teil einer Reinigungskooperative ist:

> **«Vor meiner Mitgliedschaft in der Kooperative hätte ich nie an einer Demonstration teilgenommen, nie und nimmer! Aber seit ich in der Kooperative dabei bin, bin ich mir [der politischen Themen] viel stärker bewusst.» (Elena, 38)**

Die Engagements sind divers und reichen von der Teilnahme an Protesten bis zur Organisation von Nachbarschaftskollektiven oder Lobbyarbeit bei Politiker*innen. Solch politische Teilhabe wird oftmals durch Weiterbildungskurse (beispielsweise zu Arbeitsrechten) der Nichtregierungsorganisationen unterstützt, welche die Genossenschafter*innen während der Aufbauphase der Kooperativen besuchen. Zudem sind die Frauen einer Kooperative bereits als Gruppe von Migrantinnen organisiert, was ein gemeinsames, weiterführendes politisches Engagement vereinfacht. Die kollektive Arbeitsform einer Kooperative gibt so Rückhalt für ein öffentliches Erheben der eigenen Stimme, was die von aussen wohl sichtbarste Form der Selbstermächtigung darstellt.

Fazit

Die Mitgliedschaft in Arbeiter*innenkooperativen führte bei den an der Forschung teilnehmenden Frauen zu mehr Selbstvertrauen und Handlungsfähigkeit in verschiedenen Lebensbereichen. Bedenkt man die Hürden, mit denen Migrantinnen aufgrund ihres Geschlechts, ihrer Herkunft und ihrer Klasse konfrontiert sind, so ist ein solcher Prozess besonders bedeutungsvoll. Auch wenn Kooperativen von Mitgliedern viel unbezahltes Engagement für die Selbstverwaltung verlangen, ermöglicht ihnen die Mitgliedschaft letztlich grössere Handlungsfreiheit und die Verringerung von Diskriminierungsverhältnissen. Strukturelle Herausforderungen wie globale Ungleichheiten, auf deren Grundlage Wohlhabende ihre Reproduktionsarbeit an Migrantinnen auslagern, wie auch die Reproduktion von geschlechtsspezifischer Arbeitsteilung bleiben auch mit Genossenschaften bestehen. Doch auch wenn Kooperativen kapitalistische Machtstrukturen nicht auf gesamtgesellschaftlicher Ebene zu durchbrechen vermögen, so zeigte meine Forschung deutlich, wie sich diskriminierte Gruppen, in diesem Fall Migrantinnen, durch Arbeiter*innenkooperativen selbstermächtigen können. Angesichts der momentanen wirtschaftlichen Verwerfungen und den historischen Beispielen von Kooperativen als Möglichkeit eines zumindest partiell selbstbestimmten Wirtschaftens in Krisenzeiten bietet diese Organisationsform vielversprechende Ansätze für zukünftige (Care-) Arbeiten – und dies nicht nur in NYC.

Anmerkungen

1 Die Zitate wurden aus dem Spanischen oder Englischen von der Autorin übersetzt. Die Namen wurden anonymisiert.

2 Im Bereich von Care-Kooperativen, die von Migrant*innen geführt werden, nimmt NYC eine Pionierrolle ein. Arbeiter*innenkooperativen werden im deutschsprachigen Raum auch Mitarbeiter*innengenossenschaften genannt. In der Schweiz gibt es diesbezügliche Bestrebungen in Basel: Migrantinnen planen zusammen mit dem Verein Crescenda die Lancierung einer Kooperative im Herbst 2020.

3 Auch die Kooperativen, die an dieser Forschung teilgenommen haben, erhielten insbesondere in der Aufbauphase Unterstützung der Inkubator-Organisation Center for Family Life.

Literatur

Bell, Myrtle / Berry, Daphne, 2017: Worker cooperatives. Alternative governance for caring and precarious work. In: Equality, Diversity and Inclusion, 37 (4), 376–391

Fraser, Nancy, 2016: Capitalism's crisis of care. In: Dissent 63 (4), 30–37

Gordon Nembhard, Jessica, 2014: Collective Courage. A History of African American Cooperative Economic Thought and Practice. Pennsylvania

Gupta, Clare, 2014: The co-operative model as a «living experiment in democracy». In: Journal of Co-operative Organization and Management 2 (2), 98–107

Herod, Andrew / Aguiar, Luis, 2006: Introduction. Cleaners and the dirty work of neoliberalism. In: Aguiar, Luis / Herod, Andrew (Hg.): The Dirty Work of Neoliberalism. Cleaners in the Global Economy. Malden/Oxford/Carlton, 1–10

Jackall, Robert / Levin, Henry, 1984: Work in America and the cooperative movement. In: Jackall, Robert / Levin, Henry (Hg.): Worker Cooperatives in America. Berkeley/Los Angeles/London, 3–15

NYC NoWC (New York City Network of Worker Cooperatives), 2020: members. nycworker.coop/membership/ (Abfrage 9.7.2020)

Pavlovskaya, Marianna / Safri, Maliha / Hudson, Lauren, 2016: NYC Worker Cooperatives Survey. Round 1 Detailed Public Report. www.geo.hunter.cuny.edu/~mpavlov/Articles/WC_Survey-Public-Detailed-2016-03-01.pdf (Abfrage 10.2.2019)

Sassen, Saskia, 1991: The Global City. New York, London, Tokyo. New Jersey

Yeung, Bernice, 2018: In A Day's Work. The Fight to End Sexual Violence Against America's Most Vulnerable Workers. New York/London

Orhan Akman / André Scheer

Menschenwürde hört beim Algorithmus nicht auf

«Je mehr ihr über den Gewichtsverlust von Adele twittert, desto weniger Zeit haben wir für die Diskussion, wie wir Jeff Bezos' Reichtum enteignen können.»

Julia Claire, Schriftstellerin, New York[1]

Jeffrey Preston Bezos ist Gründer und oberster Chef des Handelsriesen Amazon und gilt inzwischen als reichster Mann der Welt. 1994 in den USA als Online-Buchversand gegründet, ist Amazon heute ein riesiger Mischkonzern, der als Einzelhändler, Logistiker, Internetplattform, Musik-und Videostreaming-Anbieter, Filmproduzent und Zeitungsverlag nach eigenen Angaben weltweit rund 840 000 Menschen beschäftigt, davon mehr als 590 000 im Stammland USA und 115 000 in Europa.[2] In Deutschland zählt Amazon zwischen 13 000[3] und 20 000[4] festangestellte Vollzeitbeschäftigte, hinzu kommen vor allem im Weihnachtsgeschäft Tausende befristet angestellte Arbeiterinnen und Arbeiter. Den Umsatz bezifferte der Konzern 2019 auf 280,5 Milliarden US-Dollar.[5] Damit ist die Finanzkraft von Amazon vergleichbar mit dem Bruttoinlandsprodukt ganzer Länder wie Portugal oder Vietnam. Bezos gehört ausserdem zu den Profiteuren der Corona-Krise. Schon Mitte April 2020 war sein Vermögen Medienberichten zufolge um weitere 24 Milliarden auf 138,5 Milliarden US-Dollar gestiegen.[6] Hintergrund dafür ist der erhöhte Bedarf nach Liefer- und Onlinediensten während der Ausgangsbeschränkungen zur Eindämmung der Covid-19-Pandemie. Dieser hat Amazon eine Umsatzsteigerung um 26 Prozent beschert, wovon drei Viertel auf die Computercloud-Tochter Amazon Web Services (AWS) entfielen.[7]

Eine Schattenseite der angeblichen Erfolgsgeschichte von Amazon ist die Überlastung und Gesundheitsgefährdung der Beschäftigten, die sich unter anderem in hohen Krankheitsständen widerspiegelt.[8] Ende März beklagte Peter Fritz, der in Frankenthal (Rheinland-Pfalz) bei Amazon arbeitet, den vom Konzern betriebenen «Pandemieschutz auf amerikanische Art»: «Da werden einerseits die Spinde aus dem Umkleidebereich weiträumig bis in die Kantine verteilt, um Schutzabstände einzuhalten – andererseits kommen rund hundert Leute für die Normalschicht zur gleichen Zeit an und stehen dann zur Übergabe bei Schichtwechsel dicht zusammen mit denen, die sie am Arbeitsplatz ablösen. Zur Arbeit kommen viele mit dem überfüllten Shuttle-Bus von der Strassenbahn zum Lager.»[9]

Medienwirksam präsentiert sich der Konzern inzwischen als mustergültig bei den Präventionsmassnahmen. Beschäftigte berichten dagegen nach wie vor von Problemen – und die von der Unternehmensleitung ergriffenen Massnahmen, um zum Beispiel Personalkonzentrationen zu entzerren, gehen oft genug zulasten der Beschäftigten. So wurde Ende Mai aus Pforzheim berichtet, dass dort die Nachtschicht auf 32,5 Stunden in der Woche reduziert worden sei, damit es kein Zusammentreffen mit den Kolleginnen und Kollegen aus dem Frühdienst gibt. Die dadurch entstehenden Minusstunden sollen jedoch später nachgearbeitet werden.

Angesichts einer solchen Unternehmenspolitik ist es kaum verwunderlich, dass etwa im «Fulfillment Center» in Winsen/Luhe bei Hamburg bis Ende Mai 2020 mindestens 53 Infektionsfälle registriert wurden. Das gilt auch für andere Standorte wie Bad Hersfeld, wo bis Ende Juni mehrere Dutzend Infektionsfälle verzeichnet wurden.[10] Das örtliche Gesundheitsamt hatte dort bereits im Mai das Tragen von Mund-Nasen-Bedeckungen im Betrieb angeordnet.[11] Beschäftigten, die ein ärztliches Attest vorlegen konnten, dass sie keine Masken tragen können, wurde lediglich «angeboten», unbezahlt zu Hause zu bleiben.

Langer Kampf für Tarifverträge und bessere Arbeitsbedingungen

Solche Zustände belegen die Bedeutung des von der Vereinten Dienstleistungsgewerkschaft ver.di zusammen mit den organisierten Beschäftigten bei Amazon in Deutschland geführten Arbeitskampfes für Tarifverträge sowie für gute und gesunde Arbeit. Dieser ist zu einem Symbol für die Auseinandersetzung zwischen der akkumulierten Finanzmacht eines Weltkonzerns einerseits und der durch aktive Gewerkschafterinnen und Gewerkschafter getragenen Macht der Arbeiterorganisationen geworden. Zudem geht es um die Frage, wie die Gefahr bekämpft werden kann, die solche Konzerne für die Demokratie bedeuten, indem sie etwa das Zahlen von Steuern, Umweltschutzmassnahmen, die Einhaltung von Tarifverträgen und so weiter verweigern oder sich daran vorbeischmuggeln. Vonseiten der Regierungen haben die Gewerkschaften dabei kaum Unterstützung zu erwarten. Bereits 2011 sprach Bundeskanzlerin Angela Merkel bei einer Pressekonferenz davon, «die parlamentarische Mitbestimmung so zu gestalten, dass sie trotzdem auch marktkonform ist».[12] Es fällt schwer, dabei nicht an die Marxsche Formulierung vom Staat als geschäftsführendem Ausschuss der Kapitalistenklasse zu denken.[13]

Der Arbeitskampf bei Amazon begann 2013, als ver.di den Handelskonzern erstmals zur Aufnahme von Tarifverhandlungen aufforderte, was das Management ablehnte. «Wir haben nicht vor, einen Tarifvertrag abzuschliessen», antwortete damals Armin Cossmann, Regionaldirektor Deutschland für den Logistikbereich. «Er stünde nicht im Einklang mit unserem Ansatz, Mitarbeiter am Erfolg von Amazon zu beteiligen.»[14]

ver.di wies diese Argumentation als «abenteuerlich» zurück, denn Tarifverträge seien «wie geschaffen dafür, die Amazon-Beschäftigten am Erfolg zu beteiligen und ihnen durch gute Tariferhöhungen auch Wertschätzung entgegenzubringen – ganz abgesehen davon, dass kein Tarifvertrag dieser Welt aussertarifliche Extras verbietet».[15] Seither haben die Beschäftigten und ihre Gewerkschaft nicht nachgelassen, mit regelmässigen Streiks und anderen Aktionen Druck auf das Unternehmen auszuüben, sich endlich zu Verhandlungen bereitzufinden. Dabei geht es zum einen um die Anerkennung der ver.di-Branchentarifverträge des Einzel- und Versandhandels, zum anderen um einen Tarifvertrag «Gute und gesunde Arbeit» – ein Anliegen, dessen Dringlichkeit sich vor dem Hintergrund der Corona-Pandemie erneut gezeigt hat.

Der Konzern erklärt dagegen offen, dass er mit Gewerkschaften keine verbindlichen Vereinbarungen treffen will. Cossmann formulierte 2019 gegenüber dem Internetportal Golem.de die gewerkschaftsfeindliche Haltung des Unternehmens: «Wir wollen keine externen Organisationen am Tisch sitzen haben. ver.di würde uns nicht helfen. Die Gewerkschaften sind noch nicht in den modernen Zeiten angekommen.»[16]

Vorreiter im Industrialisierungsprozess der Dienstleistung

Diese «modernen Zeiten» sind alter Wein in neuen Schläuchen. Neu und genau zu analysieren ist es allerdings, dass Amazon Vorreiter im Prozess der Industrialisierung der Dienstleistung ist. Dabei wird die Arbeit der Beschäftigten wie zum Teil in der fordistischen Industrie in kleine Arbeitsschritte zerteilt. Die Arbeit wird immer mehr verdichtet und ständig «optimiert», das Tempo fortlaufend erhöht. Den Beschäftigten wird dabei jegliche Kontrolle über ihr eigenes Tun entzogen, sie werden zu einem reinen Anhängsel der Technologie degradiert, das sich den Vorgaben des Algorithmus zu unterwerfen hat. «Ich bin nicht mehr ich», fasste dies ein Kollege gegenüber ver.di zusammen. «Sobald ich bei Amazon bin, bin ich Amazon. Ich kann keine Entscheidungen selber treffen. Der Scanner sagt mir: Geh nach rechts oder links, nach unten, nach oben, jetzt nicht arbeiten, jetzt schneller arbeiten. Man ist von diesem Scheiss-Gerät abhängig.»[17]

Tim Bray, der bis zum 1. Mai 2020 Vizepräsident von Amazon war und als Reaktion auf die Repression des Unternehmens gegen gewerkschaftlich aktive Beschäftigte in den USA seinen Posten aufgab, spricht davon, dass Amazon «die Menschen in den Lagern als austauschbare Einheiten mit der Fähigkeit zum Auswählen und Einpacken [behandelt].»[18] Das betreffe aber nicht nur Amazon, so funktioniere der «Kapitalismus des 21. Jahrhunderts». Anders als Bray sehen wir allerdings keinen «Kapitalismus des 21. Jahrhunderts», sondern im Kern nach wie vor dasselbe kapitalistische System, das Karl Marx schon im 19. Jahrhundert beschrieben hat. So könnte man an die riesigen Amazon-Logistikzentren denken, wenn es heisst: «Die moderne Industrie hat die kleine Werkstube des patriarchalischen Meisters in die grosse Fabrik des industriellen Kapitalisten verwandelt. Arbeitermassen, in der Fabrik zusammengedrängt, werden soldatisch organisiert. Sie werden als gemeine Industriesoldaten unter die Aufsicht einer vollständigen Hierarchie von Unteroffizieren und Offizieren gestellt. Sie sind [...] täglich und stündlich geknechtet von der Maschine, von dem Aufseher und vor allem von den einzelnen fabrizierenden Bourgeois selbst.»[19] Tatsächlich sucht Amazon in Deutschland per Stellenanzeigen gezielt nach ehemaligen Bundeswehroffizieren als Führungskräfte.[20]

Marx resümiert schon im 1848 verfassten *Manifest der kommunistischen Partei*: «Die Arbeit der Proletarier hat durch die Ausdehnung der Maschinerie und die Teilung der Arbeit allen selbständigen Charakter und damit allen Reiz für den Arbeiter verloren. Er wird ein blosses Zubehör der Maschine, von dem nur der einfachste, eintönigste, am leichtesten erlernbare Handgriff verlangt wird.»[21] Das Problem heisst Entfremdung der Arbeit und in der Arbeit. Marx beschrieb diese Erscheinung des Kapitalismus 1844 in seinen *Ökonomisch-philosophischen Manuskripten* mit den Worten: «Erstens, dass die Arbeit dem Arbeiter *äusserlich* ist, das heisst nicht zu seinem Wesen gehört, dass er sich daher in seiner Arbeit nicht bejaht, sondern verneint, nicht wohl, sondern unglücklich fühlt, keine freie physische und geistige Energie entwickelt, sondern seine Physis abkasteit und seinen Geist ruiniert. Der Arbeiter fühlt sich daher erst ausser der Arbeit bei sich und in der Arbeit ausser sich. Zu Hause ist er, wenn er nicht arbeitet, und wenn er arbeitet, ist er nicht zu Haus. Seine Arbeit ist daher nicht freiwillig, sondern gezwungen, *Zwangsarbeit.* [...] Ihre Fremdheit tritt darin rein hervor, dass, sobald kein physischer oder sonstiger Zwang existiert, die Arbeit als eine Pest geflohen wird.»[22]

Zwangsarbeit? ... kapitalistisches Geschäftsmodell!

Vielen Betroffenen bleibt tatsächlich kaum etwas anderes möglich, als ihre Arbeitskraft Amazon oder vergleichbaren Unternehmen zu verkaufen. So berichtet der damals 24-jährige Aaron Callaway Anfang 2018, dass ihm Sanktionen des Jobcenters drohen, wenn er aus eigenem Antrieb die Anstellung bei Amazon aufgeben würde: «Ich habe darüber nachgedacht, zu kündigen, aber ich kann nicht aus eigenem Entschluss gehen. Wenn ich das täte, würde ich vom Jobcenter bestraft werden und meinen Anspruch auf Leistungen und Unterstützung für sechs Monate verlieren. Ich habe nicht viele andere Möglichkeiten, als weiter dort zu arbeiten. Bis ich einen neuen Job finde, bin ich an diesem Platz eingesperrt.»[23] Die Lage in Deutschland ist nicht grundsätzlich anders, auch hierzulande drohen Erwerbslosen Leistungssperren, wenn sie das Ende der Anstellung «schuldhaft» herbeigeführt oder «ohne berechtigten Grund» selbst gekündigt haben. Das gilt auch, wenn von der Arbeitsagentur vermittelte «Eingliederungsmassnahmen» verweigert oder abgebrochen werden.

2011 berichtete unter anderem das Internetportal Gegen-Hartz.de, dass Arbeitsagenturen es Amazon ermöglichten, Erwerbslose über Wochen zu beschäftigen, ohne ihnen Gehalt zu zahlen. In der Vorweihnachtszeit wurden demnach Erwerbslose an den Konzern vermittelt, der Aushilfskräfte für die Auslieferung der Waren suchte. Die Vermittelten sollten allerdings zunächst ein nicht vergütetes «Praktikum» absolvieren, das Jobcenter zahlte in dieser Zeit die Leistungen nach «Hartz IV» sowie Fahrtkostenzuschüsse. Wer das «Praktikum» ablehnte, musste mit Sanktionen in Form von Leistungskürzungen rechnen.[24]

Trotzdem ist der Begriff «Zwangsarbeit» im engen juristischen Sinne kaum auf die Gegebenheiten bei Amazon anzuwenden. Vielmehr entspricht auch dieses Geschäftsmodell der Natur des kapitalistischen Privateigentums, «welches auf Exploitation fremder, aber formell freier Arbeit beruht»,[25] wie es Marx im *Kapital* feststellte. Dabei werden via Sprache die Klassengegensätze manipuliert und vernebelt, denn derjenige, der seine Arbeitskraft verkauft, wird «Arbeitnehmer» genannt, während der Abnehmer als «Arbeitgeber» bezeichnet wird. In nahezu magischer Weise werden die Konzernherren so zu Zauberern, die reicher werden, indem sie etwas «geben».

Bei Amazon müssen die Beschäftigten zudem noch ihre Arbeitskraft in einer bis ins Detail fremdbestimmten Weise verkaufen. Diese Entfremdung zeige sich, so Marx, «nicht nur im Resultat, sondern im Akt der Produktion, innerhalb der produzierenden Tätigkeit selbst».[26] In der Folge entfremdet sich der Mensch auch vom Menschen, denn dadurch, dass er kleinteilig, stereotyp und ohne freie Kooperation mit seinen Kolleginnen und Kollegen arbeitet, werden sie ihm zunehmend gleichgültig. Im Kampf um den Arbeitsplatz sind sie seine Konkurrent*innen[27] – etwa, wenn es bei Amazon darum geht, eine Entfristung des Arbeitsvertrages zu erhalten, um auch über das personalintensive Weihnachtsgeschäft hinaus den Arbeitsplatz zu behalten.

«Lower Cost»-Struktur oder Klassenkampf

Amazon ist dabei lediglich ein Beispiel für die Entwicklung kapitalistischer Handels- und Logistikkonzerne unter den heutigen Produktionsbedingungen. Die ständige Ausweitung des Angebots und der Tätigkeitsbereiche sorgt dafür, dass der Einfluss des Konzerns immer weiter expandiert – und dabei unter anderem klassische Warenhausketten, die überwiegend stationär am Markt vertreten sind, verdrängt.

Das Geschäftsmodell von Amazon basiert zentral auf einer solchen ständigen Expansion.

Das breite Warenangebot (Selection) zieht demnach Kund*innen an, die dort ihren Einkauf tätigen. Ihre positiven Erfahrungen (Customer Experience) durch niedrige Preise, einfache Kaufabwicklung und so weiter sorgen dafür, dass sie an diesen Platz zurückkehren und ihn auch empfehlen. In der Folge steigen die Nutzungszahlen (Traffic). Zur weiteren Expansion öffnet sich der Konzern für Drittanbieter (Sellers), die vom bereits generierten Kundenstamm profitieren – und durch ihre Angebote wiederum zu einer Ausweitung der Angebotspalette beitragen. Durch das Wachstum soll die Kostenstruktur abgesenkt werden, in der Folge sinken die Preise der Waren.[28]

Was in diesem Konzept allerdings ausgeblendet beziehungsweise unter «Lower Cost Structure» subsumiert wird, ist der Preis der zur Realisierung dieses Prozesses ausgebeuteten menschlichen Arbeitskraft. Es ist in diesem Schema nicht vorgesehen, dass die Beschäftigten vom Wachstum profitieren, etwa durch Einkommenssteigerungen und/oder bessere Arbeitsbedingungen. Oder um es mit Marx zu formulieren: «Diese Arbeiter, die sich stückweis verkaufen müssen, sind eine Ware wie jeder andere Handelsartikel und daher gleichmässig allen Wechselfällen der Konkurrenz, allen Schwankungen des Marktes ausgesetzt.»[29]

Daraus ergibt sich, dass die weltweit geführten Auseinandersetzungen zwischen Gewerkschaften und zivilgesellschaftlichen Gruppen einerseits und Amazon andererseits, zu denen auch der Tarifkonflikt zwischen ver.di und Amazon in Deutschland gehört, nicht isoliert zu betrachten sind. Es handelt sich um nichts anderes als Klassenkampf, der gesellschaftliche und strategische Auswirkungen haben wird. Im Arbeitskampf von ver.di geht es auch darum, inwieweit Beschäftigte zu Anhängseln von technischen Prozessen und Algorithmen degradiert werden. Es geht aber ebenfalls um die Würde der Beschäftigten und die Humanisierung der Arbeit, um ein Erkämpfen von «Freiräumen» im weitesten Sinne am Arbeitsplatz: Den Freiraum, dass Beschäftigte am Arbeitsplatz soziale Kontakte haben und pflegen können, sich mit ihrer Arbeit und den Ergebnissen des Einsatzes ihrer Arbeitskraft identifizieren können, eine Kontrolle über ihre eigenen Tätigkeiten haben und bekommen, nicht von technischen Prozessen und Algorithmen herumkommandiert werden und am Ende der Arbeitsschicht nicht völlig erschöpft sind.

Im Arbeitskampf bei Amazon entscheidet sich mit, ob Megakonzerne die Ausbeutung der Beschäftigten durch vom Algorithmus bestimmte Managemententscheidungen als Standard durchsetzen können oder ob es der Arbeiter*innen- und Gewerkschaftsbewegung gelingt, diesem ungezügelten Kapitalismus Schranken zu setzen – bis hin zur Expropriation der Expropiateure.[30]

Anmerkungen

1 twitter.com/ohjuliatweets/status/1258066215232208899 (Abfrage 6.6.2020) (eigene Übersetzung aus dem Englischen)

2 Amazon.com, Inc., Letter to Shareholders (16. April 2020). www.sec.gov/Archives/edgar/data/1018724/000119312520108427/d902615dex991.htm (Abfrage 26.5.2020)

3 www.amazon.jobs/en/landing_pages/versandmitarbeiter (Abfrage 9.6.2020)

4 www.aboutamazon.eu/map/investing-in-europe (Abfrage 26.5.2020)

5 www.macrotrends.net/stocks/charts/AMZN/amazon/revenue (Abfrage 6.7.2020)

6 Amazon-Aktie auf Rekordhoch – Jeff Bezos wird noch reicher (Meldung vom 15.4.2020). www.manager-magazin.de/unternehmen/handel/corona-krise-jeff-bezos-wird-noch-reicher-amazon-aktie-auf-rekordhoch-a-1306273.html (Abfrage 6.6.2020)

7 Demling, Alexander, 2020: Amazons Umsatz steigt dank Corona – die Kosten steigen jedoch stärker. www.handelsblatt.com/unternehmen/handel-konsumgueter/onlinehaendler-amazons-umsatz-steigt-dank-corona-die-kosten-steigen-jedoch-staerker/25793466.html?ticket=ST-836391-qW5BcVqmuKQogwLCie15-ap4 (Abfrage 26.5.2020)

8 Greene, Jay / Dwoskin, Elizabeth, 2020: Amazon's warehouse workers sound alarms about coronavirus spread. www.washingtonpost.com/technology/2020/03/17/amazons-warehouse-workers-sound-alarms-about-coronavirus-spread/ (Abfrage 26.5.2020)

9 www.verdi.de/themen/arbeit/corona/++co++b116b7dc-72d1-11ea-8f22-525400b665de (Abfrage 27.5.2020

10 Winter, Thorsten, 2020: Drei Dutzend Infektionen bei Amazon in Bad Hersfeld. www.faz.net/aktuell/rhein-main/drei-dutzend-corona-infektionen-bei-amazon-in-bad-hersfeld-16828449.html (Abfrage 1.7.2020)

11 Corona-Infektionen bei Amazon-Standort in Bad Hersfeld – Maskenpflicht eingeführt (Meldung vom 2.6.2020). www.hersfelder-zeitung.de/bad-hersfeld/corona-amazon-bad-hersfeld-infektion-13782567.html (Abfrage 8.6.2020)

12 Pressestatements von Bundeskanzlerin Angela Merkel und dem Ministerpräsidenten der Republik Portugal, Pedro Passos Coelho in Berlin (1.9.2011). www.bundeskanzlerin.de/bkin-de/aktuelles/pressestatements-von-bundeskanzlerin-angela-merkel-und-dem-ministerpraesidenten-der-republik-portugal-pedro-passos-coelho-848964 (Abfrage 8.6.2020)

13 Marx, Karl / Engels, Friedrich, 1977: Manifest der kommunistischen Partei. In: Marx, Karl / Engels, Friedrich: Werke, Berlin, Bd. 4, 464: «Die moderne Staatsgewalt ist nur ein Ausschuss, der die gemeinschaftlichen Geschäfte der ganzen Bourgeoisklasse verwaltet.»

14 www.amazon-verdi.de/21 (Abfrage 26.5.2020)

15 Ebd.

16 Sawall, Achim, 2019: Amazon ohne Betriebsräte «nicht mehr vorstellbar». www.golem.de/news/regionaldirektor-amazon-ohne-betriebsraete-nicht-mehr-vorstellbar-1907-142344.html (Abfrage 26.5.2020)

17 Akman, Orhan, 2020 (unveröffentlicht): Präsentation «Für Tarifvertrag & gute – gesunde Arbeitsbedingungen. Unser weiteres Vorgehen im Arbeitskampf bei Amazon»

18 Bray, Tim, 2020: Bye, Amazon. www.tbray.org/ongoing/When/202x/2020/04/29/Leaving-Amazon (Abfrage 28.5.2020)

19 Marx, Karl / Engels, Friedrich, 1977: Manifest der kommunistischen Partei. In: Marx, Karl / Engels, Friedrich: Werke, Berlin, Bd. 4, 469

20 Amazon sucht ehemalige Soldaten (Meldung vom 5.8.2019). www.faz.net/aktuell/karriere-hochschule/buero-co/amazon-sucht-ehemalige-soldaten-als-fach-und-fuehrungskraefte-16319312.html (Abfrage 8.6.2020)

21 Marx, Karl / Engels, Friedrich, 1977: Manifest der kommunistischen Partei. In: Marx, Karl / Engels, Friedrich: Werke, Berlin, Bd. 4, 468 f.

22 Marx, Karl, 1968: Ökonomisch-philosophische Manuskripte. In: Marx, Karl / Engels, Friedrich: Werke, Berlin, Bd. 40, 514 (Hervorhebungen wie im Original)

23 Ferguson, Dona, 2018: The Amazon worker. Paid £18,000 a year to shift 250 items an hour. In: The Guardian, 20.1. www.theguardian.com/money/2018/jan/20/amazon-worker-warehouse (Abfrage 26.5.2020), eigene Übersetzung aus dem Englischen

24 Ohne Lohn bei Amazon? (Meldung vom 28.10.2011). www.gegen-hartz.de/news/hartz-iv-ohne-lohn-bei-amazon (Abfrage 7.5.2020)

25 Marx, Karl, 1962: Das Kapital. In: Marx, Karl / Engels, Friedrich: Werke, Berlin, Bd. 23, 790

26 Marx, Karl, 1968: Ökonomisch-philosophische Manuskripte. In: Marx, Karl / Engels, Friedrich: Werke, Berlin, Bd. 40, 514

27 Hubert, Martin, 2020: Entfremdet – Mit Karl Marx am Rande des Nervenzusammenbruchs (WDR 5, Sendung vom 21.5.2020). www1.wdr.de/radio/wdr5/sendungen/dok5/marx-128.html (Abfrage 6.6.2020)

28 Peppler, Lance, 2019: The Amazing Flywheel Effect. medium.com/swlh/the-amazing-flywheel-effect-80a0a21a5ea7 (Abfrage 1.7.2020)

29 Marx, Karl / Engels, Friedrich, 1977: Manifest der kommunistischen Partei. In: Marx, Karl / Engels, Friedrich: Werke, Berlin, Bd. 4, 468

30 Marx, Karl, 1962: Das Kapital. In: Marx, Karl / Engels, Friedrich: Werke, Berlin, Bd. 23, 791

Bernhard Siegl

Wie Datenrohstoffe geschürft werden

Enteignung und Überwachung im digitalen Kapitalismus

Die weltweit grössten Unternehmen (nach Marktwert) sind fast ausschliesslich digitale Unternehmen: Microsoft (1200 Milliarden US-Dollar Marktwert), Apple (1113 Milliarden), Amazon (971 Milliarden), Alphabet/Google (799 Milliarden), Alibaba (522 Milliarden), Facebook (475 Milliarden) und Tencent (469 Milliarden; PwC 2020, 26). Was haben diese digitalen Unternehmen gemeinsam? Sie stehen stellvertretend für einen grundlegenden Wandel, den der Kapitalismus Anfang des 21. Jahrhunderts vollzieht. Aktuelle Zeitdiagnosen verwenden dafür Begriffe wie «digitaler Kapitalismus» (Staab 2016; 2019), «Plattform-Kapitalismus» (Srnicek 2017), «Überwachungskapitalismus» (Zuboff 2015; 2019) oder «Informationskapitalismus» (Mason 2016). Gemeinsam ist diesen Begriffen, dass sie den industriellen Kapitalismus mit seiner industriellen Produktionsweise als im Verschwinden betrachten, während sie eine neue Art von Kapitalismus erblicken, der auf einer digitalen Produktionsweise beruht.

Traditionell agieren Industrieunternehmen folgendermassen: Sie kaufen Waren ein (hierzu zählt die menschliche Arbeitskraft), die sie zu neuen Waren (wie z. B. Autos) verarbeiten und dann profitträchtig verkaufen. Doch im digitalen Kapitalismus stösst diese industrielle Produktionsweise auf Widersprüche in der Logik der Kapitalakkumulation. Digitale Produkte (Software, Musikdateien, Videos) können nämlich zu «null Grenzkosten» (Rifkin 2014) produziert werden, das heisst sie können im Prinzip kostenlos vervielfältigt und weitergereicht werden. Ohne Preis gibt es aber keinen Profit und somit auch keine Kapitalakkumulation. Was die digitale Kapitalakkumulation schliesslich ermöglicht, sind Daten. Diese entstehen nämlich jedes Mal, wenn digitale Produkte genutzt werden. Die digitalen Unternehmen des 21. Jahrhunderts haben diese digitale Akkumulationslogik verinnerlicht, indem sie sämtliche Daten sammeln, verarbeiten und profitabel verkaufen.

Datenhungrige Überwachung

Die US-amerikanische Wirtschaftswissenschaftlerin Shoshana Zuboff beschreibt sehr genau, wie das Sammeln von Daten zum Zweck der Profitgenerierung mit einer zunehmenden Überwachung einhergeht. Die Akkumulationslogik dieses digitalen Überwachungskapitalismus lässt sich sehr gut am Beispiel von Google skizzieren. Zu Beginn (also um die Jahrtausendwende) arbeitete Google nur mit jenen «Verhaltensdaten», die unmittelbar mit der Nutzung von Googles Suchmaschine zusammenhingen. In diesem Stadium spricht Zuboff (2019, 70) von einem Verhaltenswert-Reinvestitionszyklus, das heisst es wurden nur jene Verhaltensdaten «reinvestiert» (also in die hauseigene «Maschinenintelligenz» eingespeist), die die Funktionsfähigkeit der Suchmaschine (also die von Google angebotene Leistung) im Dienste der NutzerInnen verbesserten. Obwohl Google in diesem Stadium bereits sogenannte «Datenabgase» sammelte, betrachtete das Unternehmen diese Art von Verhaltensdaten eher als Bei- oder Abfallprodukt der Suchmaschinennutzung und schenkte ihnen daher keine besondere Aufmerksamkeit. In diesem Stadium herrschte in Zuboffs Worten noch ein «Gleichgewicht der Kräfte» beziehungsweise eine Art von «Reziprozität» zwischen Unternehmen und NutzerInnen: Je mehr Leute Googles Suchmaschine nutzten, desto mehr Verhaltensdaten ergaben sich zur Verbesserung der Suchfunktion, was wiederum bestehende NutzerInnen zufriedenstellte und neue NutzerInnen anlockte.

Nach dem Platzen der Dotcom-Blase im Jahr 2000 wurde Google von seinen InvestorInnen dazu gedrängt, endlich ernsthafte Erlösquellen vorzuweisen (die Nutzung der Suchmaschine ist schliesslich kostenlos). In den Jahren 2001 und 2002 entdeckte Google die neuen Quellen des digitalen Reichtums – den Verhaltensüberschuss. Das, was zuvor nur als Beiprodukt menschlichen Verhaltens im Internet betrachtet wurde (als «Datenabgase»), wurde nun als Rohstoff erkannt, der gewinnträchtig abgebaut und weiterverarbeitet werden kann. Im Unwissen der treuen NutzerInnen entstand hiermit ein erweiterter Zyklus, in dem der Verhaltenswert-Reinvestitionszyklus nur mehr eine marginale Rolle spielte (Zuboff 2019, 97). In diesem erweiterten Zyklus wird der Grossteil der Verhaltensdaten in die hauseigene «Maschinenintelligenz» eingespeist, um daraus Vorhersageprodukte zu erstellen, die in weiterer Folge auf Verhaltensterminkontraktmärkten («behavioral futures markets») verkauft werden. In diesem Stadium geht es Google also nicht mehr darum, die Suchmaschine im Interesse der NutzerInnen zu verbessern, sondern das gegenwärtige und zukünftige Verhalten der NutzerInnen so genau wie möglich zu prognostizieren. Von Reziprozität zwischen Google und seinen NutzerInnen kann hier keine Rede mehr sein. Die Suchmaschine ist auch gar nicht mehr Googles «Produkt», genauso wenig wie die NutzerInnen Googles «KundInnen» sind. Googles tatsächliche Produkte sind von diesem Zeitpunkt an die Vorhersageprodukte, die an Googles KundInnen, hauptsächlich Werbeunternehmen, verkauft werden. Wir sind somit nicht mehr wie im Industriekapitalismus die Subjekte der Wertrealisation: «Wir sind vielmehr die Objekte, aus denen Google unrechtlich den Rohstoff für seine Vorhersagefabriken bezieht. Wir sind die Mittel zu anderer Leute Zweck.» (Zuboff 2018, 117)

Der eben beschriebene erweiterte Zyklus kann auch folgendermassen beschrieben werden: Aus dem Verhaltensüberschuss wird das Rohmaterial, das im Überwachungskapitalismus als Überwachungsaktiva («surveillance assets») dient. Diese Aktiva werden investiert und erzeugen dann Überwachungserlöse, die reinvestiert beziehungsweise akkumuliert werden, also zu Überwachungskapital werden. Die Akkumulationslogik dieses ganzen Prozesses nennt sich letztendlich Überwachungskapitalismus. Diese Akkumulationslogik steht in direktem Zusammenhang zum wichtigsten Produktionsmittel im digitalen Kapitalismus – es ist dies die von uns vereinfacht genannte «Maschinenintelligenz». Dabei handelt es sich nicht lediglich um grosse Computer oder automatisierte Produktionsprozesse – diese digitalen Technologien des 21. Jahrhunderts sind selbstlernende, algorithmische Informationssysteme, die im Laufe der Zeit immer grösser, immer genauer, immer selbständiger, also immer intelligenter werden (Blom 2017, 48). Diese Technologien sind ausserdem dauerhungrig, das heisst sie werden immer produktiver, je mehr Daten sie verschlingen. Dies erklärt daher die Tendenz zum (parasitären) Wachstum im digitalen Kapitalimus (Staab 2016): Es müssen immer mehr Lebensbereiche des Menschen zu Daten werden, zu digitalem Rohmaterial also, das dann von ÜberwachungskapitalistInnen wie Google, Facebook oder Microsoft profitabel weiterverarbeitet wird.

Digitale Enteignung

In Anlehnung an Karl Marx muss dem digitalen Kapitalismus so etwas wie eine ursprüngliche Datenakkumulation vorausgehen, um seine Entstehung einleiten zu können. Genauso wie der englischen Landbevölkerung im Rahmen der «enclosures» Grund und Boden weggenommen wurde, um so etwas wie einen «Agrarkapitalismus» und später den Industriekapitalismus einzuleiten, erforderte der digitale Kapitalismus zu Beginn eine weitreichende «digitale Enteignung» (Zuboff 2019, 99). In Anlehnung an Hannah Arendt (1973 [1951], 148) reichen aber einmalige «digitale Diebstahlsakte» nicht aus, um weitere Kapitalakkumulationen zu gewährleisten. Ständig neue und weitreichendere Datenenteignungprozesse sind notwendig, damit der Zustrom von Überwachungserlösen nicht versiegt. Das heisst, dass unser Onlineverhalten durch Googles Algorithmen, durch Facebooks «Like»-Button, durch unsere vom Internetanbieter vermittelte IP-Adresse, durch Cookies von Internetseiten sowie durch sämtliche Apps kontinuierlich verfolgt wird, um uns mittels gezielter – euphemistisch gesprochen: «personalisierter» – Werbung profitträchtig zu beeinflussen. Wie Zuboff (2019) im zweiten Teil ihres Buches erläutert, greifen die digitalen Fangarme des Überwachungskapitals aber bereits nach Verhaltensüberschüssen, die in der «realen Welt» entstehen – mithilfe von Sensoren, Kameras, tragbaren Geräten, Satellitenaufnahmen, Mikrochips und so weiter. In den Worten von Google-Gründer Larry Page: «Your whole life will be searchable.» (Edwards 2011, Kapitel 20)

Mittlerweile haben die digitalen Konzerne bei der Eroberung von neuem Datenterritorium eine eigene Strategie entwickelt, die Zuboff (2019, 138–155) als einen vierstufigen «Enteignungszyklus» beschreibt (vgl. auch Thelen 2018). In der ersten Stufe kommt es zum Übergriff: Das Unternehmen dringt in bisher «unbewohntes» Datenterritorium ein und deklariert sämtliche daraus resultierende Verhaltensdaten als sein Eigentum, um daraus Profit zu schlagen. Das Unternehmen wird dabei so lange weiter eindringen und enteignen, bis sich erste Widerstände regen. Dann geht das Unternehmen in die zweite strategische Stufe über: die Gewöhnung. In dieser Stufe geht es darum, schnell weiterzumachen mit der Enteignung, während im Hintergrund langwierige Gerichtsverfahren laufen. Ziel ist dabei, in der Bevölkerung das Gefühl der Unvermeidbarkeit der neuen Technologie zu verbreiten und gleichzeitig widerständige AkteurInnen in die Resignation zu treiben. Wenn das Unternehmen aber tatsächlich für seine Praktiken gerichtlich verurteilt wird, dann zahlt es entweder die (üblicherweise vernachlässigbare) Strafe oder es verspricht schnelle (und meistens oberflächliche) Verhaltensänderungen, um die Forderungen von Gerichten, Behörden und öffentlicher Meinung scheinbar zu erfüllen. In dieser dritten Stufe des Enteignungszyklus geht es somit um eine strategische Anpassung. In der kurz darauf folgenden vierten und letzten Stufe kündigt das Unternehmen schliesslich eine Neuausrichtung an, die von bestehenden Datenenteignungsprozessen ablenken soll oder diese mithilfe einer neuen, visionären Weltverbesserungsrhetorik legitimieren soll.

Abermals dient Google als Beispiel für diese Praxis. Zuboff (2019, 141–155) beschreibt ausführlich, wie Google Street View im Jahr 2007 seinen ersten Datenübergriff startete und damit einen langjährigen Enteignungszyklus einleitete. Erst Jahre nach dem erstmaligen Übergriff wurde indessen bekannt, dass Google nicht nur Bilder von Strassen und Gebäuden angefertigt hatte, sondern auch heimlich persönliche Daten wie E-Mails, Passwörter, Telefonnummern, Kreditkarteninformationen, Photos, Videos und so weiter aus privaten WLAN-Netzen gestohlen hatte (Zuboff 2019, 143 f.). Google gab selbst zu, dass zwischen 2008 und 2010 insgesamt 600 Gigabyte an persönlichen Informationen «unrechtmässig» gesammelt worden waren (The New York Times 2010).

Big Other statt Big Brother

Die digitalen Überwachungstechnologien des 21. Jahrhunderts ermöglichen eine vollkommen unsichtbare Herrschaft. Egal ob im Betrieb, auf der Strasse oder zu Hause – die digitalen Fangarme der datenhungrigen ÜberwachungskapitalistInnen reichen insgeheim immer weiter in die «reale Welt» der Menschen und versuchen so zu immer mehr Verhaltensdaten zu gelangen, um daraus profitable und manipulative Vorhersageprodukte zu machen. Google besitzt mittlerweile Technologien, mithilfe derer das Unternehmen menschliches Verhalten nicht nur im Internet, sondern auch auf der Strasse, im Park, in Gebäuden und sogar innerhalb der eigenen vier Wände verfolgen beziehungsweise «tracken» kann – ohne dass die meisten von uns das überhaupt (geschweige denn spontan) überprüfen können. Der «ad tracker» FidZup beispielsweise kann die Präsenz von Mobiltelefonen und somit von deren BesitzerInnen erkennen, indem er über die in einem Gebäude befindlichen Lautsprecher einen für das menschliche Ohr nicht hörbaren Ultraschallton abgibt (Zuboff 2019, 137). Google operiert also wie ein «Einwegspiegel» (Zuboff 2019, 81): Google weiss alles über uns, aber wir wissen nichts über Google.

Die Gefahr, die daher vom digitalen Kapitalismus ausgeht, ist laut Zuboff (2015) nicht so sehr – wie das in der Vergangenheit der Fall war – die des totalitären Staates, der alles bewacht und kontrolliert. Wir müssen uns im 21. Jahrhundert nicht so sehr vor Big Brother fürchten, sondern vor etwas viel Mächtigerem – vor Big Other. Während der totalitäre Staat mit seinen analogen, mechanischen und menschlichen Überwachungs- und Kontrollmethoden einerseits selbst immer als mehr oder weniger sichtbarer Feind der Bevölkerung präsent war und andererseits immer ein paar Schlupflöcher zuliess, sind die digitalen, automatisierten und anonymen Überwachungs- und Kontrollmethoden der digitalen Konzerne unsichtbar und omnipräsent. Die von Big Brother erzwungene Konformität der kontrollierten Bevölkerung droht durch Big Other zu einer mechanischen Ordnung zu werden – zu einer gelebten Erfahrung reiner Reizreaktion (Zuboff 2015, 82). Die zentralisierte Macht des Staates mit seinen drakonischen Strafen wird somit ersetzt durch einen universellen, digitalen Überwachungsapparat, der gar keine Strafen mehr benötigt, da er mithilfe kommodifizierter Verhaltensmodifikation von vornherein einen menschlichen Automatismus erzeugt, der unabhängig vom freien Willen des Menschen ist. Der «Warenfetisch» (Marx 2013 [1867]) ist in diesem Kapitalismus schon längst überholt, stattdessen sorgt der «digitale Fetisch» (Ellmer 2015) für eine unvergleichlich stärkere Vernebelung des menschlichen (Klassen-)Bewusstseins.

Literatur

Arendt, Hannah, 1973 [1951]: The Origins of Totalitarianism. San Diego

Blom, Philipp, 2017: Was auf dem Spiel steht. München

Edwards, Douglas, 2011: I'm Feeling Lucky. The Confessions of Google Employee Number 59. Boston

Ellmer, Markus, 2015: The Digital Division of Labor. Socially Constructed Design Patterns of Amazon Mechanical Turk and the Governing of Human Computation Labor. In: Momentum Quarterly 4 (3), 174–186

Marx, Karl, 2013 [1867]: Das Kapital. Kritik der politischen Ökonomie. Erster Band, Buch I: Der Produktionsprozess des Kapitals. Berlin

Mason, Paul, 2016: Postkapitalismus. Grundrisse einer kommenden Ökonomie. Berlin

PwC, Mai 2020: Global Top 100 companies by market capitalisation. www.pwc.com/gx/en/services/audit-assurance/publications/global-top-100-companies.html (Abfrage 2.6.2020)

Rifkin, Jeremy, 2014: Die Null-Grenzkosten-Gesellschaft. Das Internet der Dinge, kollaboratives Gemeingut und der Rückzug des Kapitalismus. Frankfurt a. M.

Srnicek, Nick, 2017: Platform Capitalism. Cambridge

Staab, Philipp, 2016: Falsche Versprechen. Wachstum im digitalen Kapitalismus. Hamburg

Staab, Philipp, 2019: Digitaler Kapitalismus. Markt und Herrschaft in der Ökonomie der Unknappheit. Berlin

The New York Times, 3.6.2010: Google to Give Governments Street View Data. www.nytimes.com/2010/06/04/business/global/04google.html (Abfrage 2.6.2020)

Thelen, Kathleen, 2018: Regulating Uber. The Politics of the Platform Economy in Europe and the United States. In: Perspectives on Politics 16 (4), 938–953

Zuboff, Shoshana, 2015: Big other. Surveillance capitalism and the prospects of an information civilization. In: Journal of Information Technology 30, 75–89

Zuboff, Shoshana, 2018: Das Zeitalter des Überwachungskapitalismus. Frankfurt a. M.

Zuboff, Shoshana, 2019: The Age of Surveillance Capitalism. The Fight for a Human Future at the New Frontier of Power. London

Jutta Weber

Von Maschinen anders lernen[a]

Aneignung und Enteignung in Mensch-Maschine Assemblagen

Den meisten Menschen gilt Technik immer noch als Mittel zum Zweck. Doch Technik ist mehr als ein Werkzeug. Mit (Fahr-)Rad, Kino, Atombombe, Invitro-Fertilisation oder PC hat sich unsere Selbst- und Weltwahrnehmung geändert. Und gleichzeitig entstehen neue Technologien, weil sich unsere Wahrnehmung von Welt und Selbst ändert. Heute leben wir in einer *Technowissenschaftskultur* (Haraway 1995; Weber 1999; Böhme 2000), in der es keine wichtigen kulturellen oder gesellschaftlichen Phänomene gibt, die nicht wesentlich von Technik geprägt sind. Der Aktivist und Science-Fiction-Autor Cory Doctorow macht das am Beispiel des Internets anschaulich: «Es gibt viele Kämpfe, die wichtiger sind als der Kampf um die Regulation des Internets. Überwindung der Rassendiskriminierung, Gleichheit der Geschlechter und der sexuellen Präferenz; Aufhebung der Schere von Arm und Reich; die Klimakrise – das alles ist wichtiger als der Kampf um die Regulation des Internets. [...] Ausser, dass das Internet darüber bestimmt, wie diese Kämpfe gewonnen oder verloren werden. Ohne ein freies, faires und offenes Internet werden die Verfechter*innen dieser wichtigen Kämpfe für Gerechtigkeit von den mächtigen Verteidiger*innen des Status Quo ausmanövriert und überholt werden. Der Kampf um das Internet ist nicht der wichtigste, aber er ist der grundlegendste.» (Doctorow 2015; Übers. JW)

Bis heute bleiben Technik und ihre Bedeutung häufig unsichtbar – man denke an Wasser- und Stromleitungen, Serverfarmen, Handynetze, aber auch an den Facebook-Newsfeed oder den Google-Such-Algorithmus.

a Teil 2 einer losen Reihe von Aufsätzen zum Themenkomplex des Human-Machine Learnings. Die Zitate aus dem Englischen sind in eigener Übersetzung wiedergegeben und durch die Initialen der Autorin gekennzeichnet.

Gleichzeitig leben wir Technik auf intimste Weise, denn wir agieren in multiplen und komplexen Mensch-Maschine-Gefügen beziehungsweise *Assemblagen* – in denen unter anderem die Waschmaschine, das Smartphone, die Menstruationstasse oder das «Navi» eine zentrale Rolle spielen, indem sie Handlungen sowie Handlungsabläufe wesentlich mitkonfigurieren. In diesen Assemblagen verschränken sich menschliche Praktiken und maschinelle Prozesse, zugleich sind sie aber auch in Narrative (z. B. der Effizienz, der Sicherheit, der Innovation et cetera) eingebettet. Diese Technik ist weder gut noch böse noch neutral – worauf die Science & Technology Studies (STS) schon in den 1980er-Jahren hingewiesen haben. In ihr sind Modelle, Interessen, Werte eingeschrieben, die über Teilnahmechancen entscheiden, Aneignungsweisen mitkonfigurieren und Enteignungen befördern können. Forscher*innen wie Donna Haraway, Lucy Suchman oder Langdon Winner formulierten damals die Hoffnung auf eine bessere «Technopolis» (Winner 1978), auf eine demokratisch-partizipative Technikgestaltung und solidarische(re) Mensch-Maschine-Assemblagen. Wie sieht es nun, im Zeitalter des disruptiven «Überwachungskapitalismus» (Zuboff 2015) – und unter den Bedingungen der Pandemie – mit unseren Hoffnungen und Befürchtungen aus?

Die Publizistin Magdalena Taube spricht davon, dass die Corona-Krise einen beunruhigenden Schub der KI-basierten Überwachungstechnologien und -politiken ausgelöst hat. Die Krise bietet nicht nur beispiellose Möglichkeiten für IT-Giganten, ihre Reichweite und Macht im Bereich der Datenextraktion zu erweitern. Sie verstärkt auch «die laufende Umwandlung des globalen Kapitalismus in ein *riesiges, demokratisch unregierbares Technologielabor*». (Taube 2020; Hervorhebung JW) Durch das Social / Physical Distancing erleben wir eine Verstärkung des wissensbasierten Automatisierungsschubs (Machine Learning, Internet of Things, Click- & Crowdwork, Arbeit 4.0). Dieser veränderte schon zuvor Arbeitsstrukturen und Lebensbedingungen radikal und bedrohte Millionen von Menschen, nicht nur mit prekären Jobs, sondern auch aus dem mittleren Management, mit Arbeitslosigkeit (Raffetseder/Schaupp/Staab 2017; Taube/Woznicki 2020). Internetbasiertes Home Schooling und gleichzeitiges Homeoffice bürden in der Pandemie vor allem Frauen zusätzliche Alltagspraxen der Sorge auf. Neben der Enteignung verfügbarer Zeit werden dadurch Geschlechterdualismen vertieft und Retraditionalisierungen verstärkt (unter anderem Kohlrausch 2020).

Human-Machine Assemblagen

Spätestens im Zeitalter von Big Data und Machine Learning lassen sich komplexe soziotechnische Systeme wie zum Beispiel automatisierte Logistikzentren, Suchmaschinen, Algorithmen zur Berechnung der Kreditwürdigkeit, von Machine Learning gestützte Bewerbungsverfahren oder Gesichtserkennungssysteme an Flughäfen nicht als klassische, eindeutige Werkzeuge fassen. Sie sind komplexe Human-Machine Assemblagen beziehungsweise hybride, kooperierende, aufeinander verwiesene Mensch-Maschine-Konstellationen. Diese produzieren Urteile; ihnen werden Kompetenzen zugeschrieben und dadurch produzieren sie auch Bedeutungen. Durch die Interaktion von menschlichen Praktiken und «intelligenter» Algorithmik entwickeln sich Anpassungsroutinen: Abläufe werden teilautomatisiert, aber aufeinander abgestimmt. In diesen Assemblagen konfiguriert sich eine gemeinsame «soziomaterielle Handlungsfähigkeit» (Suchman 2007). Technik ist somit mehr als nur ein Mittel, über das Menschen verfügen, um spezifische Zwecke zu erreichen. Der Begriff der *sociomaterial Assemblages*, den die feministische Technikforscherin Lucy Suchman geprägt hat, bezeichnet dies folgendermassen: «Die entscheidende Bewegung in diesen Studien ist die Verschiebung weg von einer Auseinandersetzung mit singulären und separat konstituierten Subjekten und Objekten hin zu einem Fokus auf die Arten der Verbindungen und Handlungskapazitäten, die in spezifischen Arrangements von Personen und Dingen gewährt wird.» (Suchman 2019, 73)

Algorithmen, Daten-Plattformen und Crowdwork

Mit diesem Technikverständnis möchte ich einen Blick auf die disruptiven Modelle von Handels- und Datenplattformen wie zum Beispiel Amazon(Turk), Uber, AirBnB, Facebook, TripAdvisor oder Ebay werfen, welche auf digitalen Infrastrukturen für den Austausch von Services und Waren zwischen Nutzer*innen oder zwischen der Plattform und den Nutzer*innen basieren. Sie setzen auf Netzwerkeffekte – versuchen also, möglichst grosse Netzwerke mit monopolartigem Status aufzubauen. Über Zugangsregelungen, Schnittstellen und Algorithmen kontrollieren diese *Intermediären* aber nicht nur ihre Nutzer*innen, sondern auch ihre Angestellten, Arbeiter*innen sowie kurzfristig angeheuerte, betriebsexterne Crowdworker*innen, an die viele Arbeitsschritte ausgelagert werden. Wichtige Teile dieser neuen digitalen Plattform-Arbeitsinfrastrukturen sind unter anderem Rating- und Scoringtechnologien, sensorenbasierte Feedbacksysteme sowie forcierte

Client-to-Worker oder auch Peer-to-Peer-Evaluierungen. Rating- und Scoringtechnologien werden ebenfalls genutzt, um die eigenen Angestellten und Arbeiter*innen zu evaluieren und zu überwachen sowie für interne Hierarchisierungsprozesse (Staab/Geschke 2019). Man denke an Anwendungen wie Amazons *Anytime Feedback Tool* oder Zalandos *Zonar* (ebd.), die die eigenen Angestellten auffordern, ihre Kolleg*innen zu evaluieren – manchmal sogar mit der expliziten Aufforderung, auch deren Schwachstellen zu benennen. Aber auch in die Produktionsmittel integrierte sensorbasierte Feedbacksysteme (z. B. smarter Handschuhe bei Amazon) ermöglichen neue Formen der Überwachung. Damit lässt sich noch die kleinste Verschnaufpause registrieren und fast alle Bewegungen im Raum nachvollziehen, was wiederum zu erhöhten Anpassungsanforderungen und Konkurrenzsituationen führt (Raffetseder u. a. 2017).

Mit den Plattformen entstehen Arbeitsformen, die häufig zu einem grösseren Machtgefälle zwischen Konzernen und Angestellten beziehungsweise Freelancer*innen führen – denn den «Zugriff auf die erhobenen Daten hat fast immer ausschliesslich das Management» (ebd., 243). Zudem können auch die Kategorien und Kriterien, die Vorannahmen, Werte, Normen, die in die Algorithmen eingegangen sind, kaum verhandelt werden. Der Algorithmus ist mehr oder weniger eine Blackbox. Die Arbeitenden verlieren durch intransparente, digitalisierte Anweisungen, durch (Peer-to-peer-)Evaluierung sowie automatisierte, erhöhte Leistungskontrolle und Überwachung an Kontrollmöglichkeiten und Autonomie. Das geschieht zum Beispiel, wenn Uber Fahrer*innen ausgeschlossen werden, weil sie einen zu schlechten Performancewert aufweisen, ohne dass ihnen die Kriterien dafür offengelegt werden (Scholz 2017).

Dieses algorithmenbasierte Management der Arbeit hat primär drei Funktionen (Lee/Kusbit u. a. 2015): Anweisung, Optimierung und Evaluierung der jeweiligen Tätigkeiten. Annelie Pentenrieder zeigt das sehr anschaulich am Beispiel von Essenslieferant*innen: «Die Fahrerin erhält ihre Aufträge ausschliesslich über die Fahrer-App des Lieferservice auf ihrem Smartphone [...]. Algorithmen weisen ihr über die App ihren nächsten Lieferauftrag zu, sie optimieren ihre Routen durch die Stadt mittels einer Schnittstelle zu Google Maps und sie evaluieren ihre Fahrt, indem sie relevante Daten in der Fahrsituation erheben und an die Zentrale zurücksenden. [Diese Daten werden; JW] wieder in die nächste Auftragsanweisung der Fahrerin miteinbezogen.» (Pentenrieder 2019, 118) Es kann also nicht mehr mit den Auftraggeber*innen darüber verhandelt werden, welche Tätigkeiten wie durchgeführt werden, was als gute Leistung zählt und wie diese gemessen wird, denn das wurde von

Software-Ingenieur*innen festgelegt und kann nur schwer in Frage gestellt werden. Auf dieser Basis können weder Ungerechtigkeiten ausgeglichen noch individuelle Wünsche berücksichtigt werden.

Algorithmic Imaginary ... oder wie sich wehren?

In bestimmten Kontexten kann man allerdings teilweise mit dem Algorithmus «verhandeln». Bei der Arbeit mit Algorithmen entwickeln Menschen häufig ein implizites Wissen von deren Logik beziehungsweise versuchen dieses durch entsprechende Praktiken zu gewinnen und strategisch einzusetzen[1] – denn «Menschen neigen dazu, sich mentale Modelle und Theorien über das Funktionieren zu machen, als eine Möglichkeit, durch die Welt zu navigieren und mit dieser zu interagieren» (Bucher 2017, 40; Übers. JW). Aufschlussreich ist hier eine auch von Pentenrieder (2018) aufgegriffene Geschichte eines taz-Journalisten, der sich als Foodora-Fahrer verdingte: «Am Anfang bin ich besonders schnell gefahren. Bis zu zwanzig Stundenkilometer im Durchschnitt. Und die App hat mir daraufhin die sehr langen Strecken zugewiesen. Als ich das erkannt habe, wurde ich zum nettesten Fahrradfahrer der Welt: Ich habe alle Leute vorgelassen, an jeder Ampel gewartet. [...] Schnell bemerkte ich, dass die Strecken tatsächlich kürzer wurden. [...] Mein Ziel war es, die Geschwindigkeit immer unter zehn Stundenkilometer zu halten, weil ich dann viel kürzere Strecken bekommen habe, das war nicht so anstrengend und brachte mehr Trinkgeld.» (Töpfer 2016) Durch diese Erzählung wird deutlich, wie Menschen Algorithmen austesten und mit einem algorithmic imaginary arbeiten, um sie in ihrem Sinne zu beeinflussen. Dadurch entstehen sicherlich keine paritätischen Arbeitsverhältnisse, aber es wird deutlich, dass nicht nur die Praktiken der Software-Ingenieur*innen eine relevante Rolle spielen, sondern auch die Anwendungen und Aneignungen der Algorithmen in gelebten Arbeitspraxen. Im Zwischenraum zwischen Top-Down-Modellierung durch die Informatiker*innen und der Aneignung durch die Nutzer*innen gibt es einen gewissen Spielraum für Handlungsoptionen und Interventionen.

Das löst nicht das Problem der Vorannahmen, der vorgegebenen Kategorien und der blinden Flecken, die Teil einer Software sind, welche meist mit Ausschlüssen und Ungerechtigkeiten für «andere Andere» einhergehen; für jene, die nicht in die Logik meist weisser, männlicher Programmierer oder auch nicht zu den Optimierungsstrategien der Konzerne passen. Aber es gibt durchaus die Möglichkeit, durch Aufmerksamkeit für diese Nutzungspraktiken sowie durch entsprechende ethnologische Studien (Suchman

2007; Pentenrieder 2018) Human-Machine Assemblagen zu verbessern, indem man ihre Verzerrungen zu verstehen lernt und dadurch die Blackbox zumindest partiell öffnet.

Parallel dazu haben sich international verschiedene Strategien entwickelt, mit denen man versucht, Intransparenz, Vertrauens- und Autonomieverlust entgegenzuwirken. Einmal werden alternative Plattformen beziehungsweise andere Formen von Plattformen gebaut – das reicht von selbstorganisierten Plattformkooperativen mit fairen Grundsätzen (Fairmondo, RideAustin, FairBnB et cetera), Plattformen für die Koordination von Arbeiter*innen (Coworker; Organise), Plattformen, die Wissen über hegemoniale Plattformen von Arbeitgeber*innen sammeln und nach offen gelegten Kriterien bewerten (www.fixmyjob.com/; faircrowd.work/de/platform-reviews/) bis zu Whistleblower-Plattformen wie LabourLeaks oder auch Tracking-Software, die die Arbeitsstunden misst und den Durchschnittslohn ermittelt (Workerbird.co.uk). Arbeiter*innen und Angestellte versuchen zudem mit eigenen Rating- oder Tracking-Systemen, ihre Arbeitsbedingungen zu verbessern und das Hierarchiegefälle in Sachen Daten und Wissen zu verringern. Ausserdem wurden Gewerkschaften für Freelancer*innen (faircrowd.work; Freelancers Union) inklusive Plattformen gegründet. Die genannten Plattformen sind in der Regel transparenter, was ihre Arbeitsweise und ihre Bewertungskriterien betrifft. Auch wenn ihre Funktionsweise nicht grundlegend anders ist, versuchen sie doch, das Wissensgefälle zwischen Konzernen und Arbeiter*innen zu verringern. Die weiterführende Frage wäre hier, ob und wie sich Plattformen mit einer grundsätzlich anderen epistemologischen Logik ohne Hierarchieeffekte bauen liessen.

Demokratisierung der Arbeit – und der Algorithmen!

«Es fand schon vor Corona ein Umdenken statt. Während die Wirtschaftskrise noch auf einen stark neoliberal geprägten Diskurs traf, der öffentlicher Daseinsvorsorge nichts abgewinnen konnte und auf massenhafte Privatisierung setzte, ist heute der Ausbau des Internets, des Bahnnetzes oder der medizinischen Versorgung aus Wahlprogrammen nicht mehr wegzudenken. [...] Zehn Jahre nach der Wirtschaftskrise scheint die Vorstellung, dass das Wohlbefinden der Bevölkerung und ihr Lebensstandard Güter sind, die vom Staat garantiert werden sollten, wieder Common Sense zu werden.» (Koester 2020)

Isabelle Ferreras, Julie Battilana und Dominique Méda, Initiatorinnen der akademischen Initiative *Democratizing work*, die – nicht zuletzt unter dem Eindruck des Versagens von konservativ-neoliberal regierten Staaten während der Covid-19-Pandemie – von mehr als 6000 Wissenschaftler*innen unterschrieben wurde, fordern gemeinsam mit vielen bekannten Theoretiker*innen: «Als Wissenschaftler*innen und Forscher*innen tragen wir Verantwortung dafür, der Gesellschaft dabei zu helfen, ihre Zukunft zu gestalten, indem wir nützliches Wissen liefern, das auf gründlichen Studien beruht, wie wir uns auf verschiedene Weisen organisieren können.» (Ferreras u. a. 2020, Übers. JW) Diesen Ansatz bringen sie am Schluss auf den Punkt: «Demokratisiert Konzerne; entkommerzialisiert Arbeit; hört auf, menschliche Wesen als Ressourcen zu behandeln, sodass wir gemeinsam an einem nachhaltigen Leben auf diesem Planeten arbeiten können.» (ebd. Übers. JW)

Strukturelle Veränderungen und die Beendigung des gegenwärtigen Plattformkapitalismus (Srnicek 2017) sind absolut wichtige Schritte. Aber wir müssen auch unsere Algorithmen und Mensch-Maschine-Gefüge reorganisieren und demokratisieren. Wie die Beispiele oben zeigen, können wir mithilfe unserer algorithmic imaginaries, die nicht mehr reaktiv, sondern proaktiv auf der Basis unserer bisherigen Praxiserfahrungen arbeiten, sowie mit paritätischen und reversiblen (Plattform-) Architekturen und Infrastrukturen konstruktive Mensch-Maschine-Assemblagen entwickeln, die eine gerechte Verteilung und ein nachhaltiges Leben für alle auf diesem Planeten ermöglichen. Die Pandemie hat deutlich gemacht, dass Krisen vor allem durch gesellschaftlichen Zusammenhalt und gemeinsame Verantwortung bewältigbar werden. Dazu brauchen wir eine offene und lebendige Technowissenschaftskultur mit solidarisch funktionierenden Mensch-Maschine-Assemblagen und keine geschlossenen Plattformen auf der Basis undurchsichtiger Algorithmen. Einen Weg hinaus aus dem «demokratisch unregierbaren Technologielabor» weist ein Human-Machine Learning – wie wir von und mit Maschinen lernen – nicht um der Profitsteigerung willen, sondern um nachhaltigere und lebbarere Maschinen beziehungweise Mensch-Maschine-Gefüge zu bauen. Denn wir nutzen Technik nicht nur, sondern wir leben sie (Winner 1978). Das meint auch die Harawaysche Metapher des Cyborgs, die sich heute wohl besser als hybrides, sich aneinander abarbeitendes, assimilatives Mensch-Maschine-Gefüge übersetzen liesse. Deshalb halte ich es für essenziell, dass wir lustvolle Weisen der Verschränkung von menschlichen Praktiken und algorithmischen Prozessen entwickeln, die Verantwortung genauso ermöglichen wie fantasievolle Devianz jenseits von Rekombination, Korrelation oder auch Nudging[2] (vgl. Weber 2016).

Anmerkungen

1 Siehe auch Bucher (2017). Bucher beschreibt diverse Reverse-Engineering-Methoden, mit denen ihre Interviewpartner*innen versuchen, den Newsfeed-Algorithmus von Facebook zu manipulieren.

2 Nudging (engl. «nudging»« für «Anstossen», «Schubsen») bezeichnet eine Methode, mit der man jemanden auf mehr oder weniger subtile Weise – das heisst ohne Bestrafung, Zwang oder Verbote – dazu bewegt, ein erwünschtes Verhalten zu tun oder ein unerwünschtes zu lassen.

Literatur

Böhme, Hartmut, 2000: Kulturgeschichte der Technik. In: Böhme, Hartmut / Matussek, Peter / Müller, Lothar: Orientierung Kulturwissenschaft. Was sie kann, was sie will. Hamburg, 164–178.

Bucher, Taina, 2017: The Algorithmic Imaginary. Exploring the Ordinary Affects of Facebook Algorithms. In: Information, Communication & Society, 20 (1), 30–44

Doctorow, Cory, 2015: The Internet is the Answer to all the Questions of our Time. In: The Guardian, 15.6. www.theguardian.com/technology/2015/jun/15/internet-answer-questions-of-our-time (Abfrage 19.7.2020)

Federici, Silvia, 2020: Die Welt wieder verzaubern. Feminismus, Marxismus & Commons. Wien

Ferreras, Isabelle / Battilana, Julie / Méda, Dominique, 2020: WORK. DEMOCRATIZE, DECOMMODIFY, REMEDIATE. democratizingwork.org/read/#english (Abfrage 19.7.2020)

Haraway, Donna, 1995: Ein Manifest für Cyborgs. Feminismus im Streit mit den Technowissenschaften. In: Haraway, Donna (Hg.): Die Neuerfindung der Natur. Primaten, Cyborgs und Frauen. Frankfurt a. M., 33–72

Klinger, Cornelia, 2013: Krise war immer … Lebenssorge und geschlechtliche Arbeitsteilung in sozialphilosophischer und kapitalismuskritischer Perspektive. In: Appelt, Erna u. a. (Hg): Gesellschaft. Feministische Krisendiagnosen. Münster, 81–104

Koester, Elsa, 2020: Heldinnenlohn. Die Pandemie schärft das Bewusstsein dafür, wie wichtig weibliche Arbeit ist. Nun müssen wir durchsetzen, dass sie angemessen honoriert wird. In: Der Freitag, 23. www.freitag.de/autoren/elsa-koester/heldinnenlohn (Abfrage 20.7.2020)

Kohlrausch, Bettina / Zucco, Aline, 2020: DIE CORONA-KRISE TRIFFT FRAUEN DOPPELT. Weniger Erwerbseinkommen und mehr Sorgearbeit. In: Policy Brief WSI Nr. 40. www.boeckler.de/pdf/p_wsi_pb_40_2020.pdf (Abfrage 20.7.2020)

Lee, Min Kyung / Kusbit, Daniel / Metsky, Evan u. a., 2015: Working with Machines. The Impact of Algorithmic and Data-Driven Management on Human Workers. In: Proceedings of the 33rd Annual ACM Conference on Human Factors in Computing Systems. ACM Press, 1603–1612. wtf.tw/ref/lee.pdf (Abfrage 13.8.2020)

Pentenrieder, Annelie, 2018: Alltägliches Hantieren mit algorithmischen Entscheidungsketten. Plausibilisierungsstrategien zum informierten Umgang mit Routenplanern. Unveröffentlichte Dissertationsschrift, Universität Paderborn

Raffetseder, Eva-Maria / Schaupp, Simon / Staab, Philipp, 2017: Kybernetik und Kontrolle. Algorithmische Arbeitssteuerung und betriebliche Herrschaft. In: Prokla 187 (2), 229–248

Scholz, Trebor, 2017: Uberworked and underpaid. How workers are disrupting the digital economy. Cambridge

Srnicek, Nick, 2017: Platform Capitalism. Cambrigde MA

Staab, Philip / Geschke, Sascha-Christopher, 2019: Ratings als arbeitspolitisches Konfliktfeld. Das Beispiel Zalando. Study Hans-Böckler-Stiftung, Bd. 429. Düsseldorf

Suchman, Lucy, 2007: Human-machine reconfigurations. Plans and situated actions. Cambridge MA

Suchman, Lucy, 2019: Feministische Science & Technology Studies (STS) und die Wissenschaften vom Künstlichen. In: Lengersdorf, Diana / Weber, Jutta (Hg.): Gender. Zeitschrift für Geschlecht, Kultur und Gesellschaft, 11 (3), 56–83

Taube, Magdalena, 2020: Zusammenarbeiten trotz Corona-Krise? Warum der aktuelle Netz-Hype unsere Gesellschaft gefährdet. In: Berliner Gazette. berlinergazette.de/zusammenarbeit-corona-krise-netz-hype/ (Abfrage 20.7.2020)

Taube, Magdalena / Woznicki, Krystia, 2020: COVID-19. A Crisis Of … In: Berliner Gazette.

projekte.berlinergazette.de/silent-works/ (Abfrage 20.7.2020)

Töpfer, Klaus, 2016: Radeln against the Machine. Unterwegs als Kurierfahrer bei Foodora. In: *taz*, 16. 4. www.taz.de/!5292438/ (Abfrage 20.7.2020)

Weber, Jutta, 1999: Contested Meanings. Nature in the Age of Technoscience. In: Mittelstrass, Jürgen (Hg.): Die Zukunft des Wissens. XVIII. Deutscher Kongress für Philosophie. Konstanz, 466–473

Weber, Jutta, 2016: Keep Adding. Kill Lists, Drone Warfare and the Politics of Databases. In: Environment and Planning D. Society and Space. Special Issue on «The Politics of the List: Law, Security, Technology» by Marieke de Goede, Anna Leander and Gavin Sullivan, 34 (1), 107–125

Winner, Langdon, 1978: Autonomous Technology. Technics-out-of-Control as a Theme in Political Thought. Cambridge MA

Zuboff, Shoshana, 2015: Big Other. Surveillance Capitalism and the Prospects of an Information Civilization. In: Journal of Information Technology, 30(1), 75–89.

Julia Klebs

Wem der Text gehört

Vor noch nicht allzu langer Zeit stellte das Buch europaweit eine durch gesetzliche Eingriffe geschützte Ware dar. Unter anderem legte die – in der Schweiz 2007 abgeschaffte – Buchpreisbindung den Preis eines Buches fest, der von den Buchhandlungen weder über- noch unterschritten werden durfte. Begründet wurde diese Regulation des Marktes damit, dass das Buch ein «nationales Kulturgut» sei (Schönstedt/Breyer/Mayländer 2010, 44). Der gebundene Buchpreis geriet jedoch unter Druck, als der EU-Binnenmarkt entstand, der Wettbewerbsbeschränkungen für den Handel zwischen Mitgliedsstaaten untersagt (ebd.). Zusammen mit dem Internetbuchhandel setzte dies der Buchbranche massiv zu.

Die in den europäischen Ländern unterschiedlich angepassten rechtlichen Grundlagen des Buchhandels werden im vorliegenden Artikel nicht im Einzelnen in den Blick genommen. Sie dienen aber als einleitendes Beispiel für die grossen strukturellen Veränderungen, unter denen Bücher geschrieben wurden und werden. Im Zentrum des vorliegenden Artikels stehen Arbeitsbedingungen und ökonomische Konzentrationsprozesse im literarisch-künstlerischen Feld sowie die von linken Autor*innen aufgeworfene Frage, in welchem Verhältnis individuelle Autorschaft und kollektive Arbeitsformen – nicht zuletzt unter digitalen Vorzeichen – stehen.

Denn wovon lebt die Autorin?

Natürlich ist es nicht so, dass es je ein goldenes Zeitalter für Schriftsteller*innen gegeben hätte. Auch als das Buch noch ein «nationales Kulturgut» war (dem an dieser Stelle im Übrigen keineswegs nachgetrauert wird), kostete das Leben Geld. Davon zeugen die «Bettel- und Brandbriefe berühmter Schriftsteller», die Birgit Vanderbeke unter dem Titel *Ich bin ganz, ganz tot, in vier Wochen* herausgegeben hat (Vanderbeke 2006). Vanderbeke selbst steht für diese Problematik: Sogar nach Erhalt des Bachmann-Preises und der Veröffentlichung ihres fünften Buches Mitte der 1990er-Jahre erhielt die Autorin vom Verlag «eine Jahresabrechnung über etwas mehr als dreitausend Mark» (Vanderbeke 2006, 11).

Als der Dichter noch Sänger und Verkünder göttlicher Weisheit war, benötigte er einen Mäzen, um seiner Tätigkeit nachgehen zu können. Der freie, bürgerliche Autor emanzipierte sich von solch einengenden feudalen Bedingungen und tauschte sie gegen das angespannte Verhältnis von Kunst und Markt.[1] An Ideen, wie man auf selbigem bestehen konnte, mangelte es nicht. So lud 1773 etwa Friedrich Gottlieb Klopstock zur Subskription einer Zeitschrift ein, um «die Gelehrten» anstelle der Buchhändler zu «Eigenthümern ihrer Schriften» zu machen.[2] Dieser Marketing-Schachzug fand zur selben Zeit statt, wie andernorts die Genieästhetik erfunden wurde, gemäss der der Dichter sein Werk ganz aus sich selbst schöpft. Dieses widersprüchlich mit dem Aufklärungsprojekt verbundene, autonome Künstlergenie versprach gleichermassen ästhetische Innovation, Emanzipation von den adligen, das Herrscherlob umfassenden Bedingungen und Distanz zu den Niederungen des Marktes: Kunst sollte zweckfrei und auf keinen Fall um des ökonomischen Erfolges willen erzeugt werden – eine Idealvorstellung, die wir auch heute (unabhängig von ihrem Realitätsgehalt) noch anerkennen.

Von der Kultur zur Kreativwirtschaft

Im Namen der Autonomie brechen Künstler*innen fortan auch mit der bürgerlichen Gesellschaft. Pierre Bourdieu analysiert, wie im 19. Jahrhundert eine künstlerische Bohème entsteht, die auf der Suche nach Freiheit die Regeln der bürgerlichen Gesellschaft verletzt, sich von dieser nicht vereinnahmen lassen will und sich als Gegentendenz zu ihr etabliert (Bourdieu 1999).

Im Anschluss an Bourdieu haben die Soziolog*innen Luc Boltanski und Ève Chiapello in ihrer Studie *Der neue Geist des Kapitalismus* gezeigt, dass sich das Verhältnis zwischen bedrohter kultureller Autonomie und vereinnahmender Ökonomie grundlegend veränderte. Seit den 1990er-Jahren unterliege der Kapitalismus zunehmend einer projektförmigen Netzwerklogik, die er sich bei den Künstler*innen und deren Gesellschaftskritik abgeschaut habe. «Autonomie, Spontaneität, Authentizität, Selbstverwirklichung, Kreativität, Leben» – all das, was sich traditionell jenseits der Lohnarbeit und diesseits der kreativen Arbeit befindet, sei aus der Welt der Kunst auf die Arbeitswelt übertragen worden und habe dieser gleichsam zu neuer Legitimität verholfen (Boltanski/Chiapello 2006, bes. 540–544, Zitat: 541). Die Analyse bestätigt sich zum Beispiel beim Blick auf die Webseite der Zürcher Hochschule für Künste, die affirmativ schreibt, dass «Karrieremodelle in der Kultur- und Kreativwirtschaft selten eindimensional und geradlinig» verlaufen – «ein Befund, der in zunehmendem Masse auf fast alle Branchen zutrifft» (Zhdk online, Stichwort: Kultur und Kreativwirtschaft).

Wie aber konnte diese «Künstlerkritik» als kapitalistische Triebkraft genutzt werden? Laut Boltanski/Chiapello ist es wesentlich, dass in der Zeit nach 1968 eine ursprünglich aus dem (sub-)kulturellen Bereich stammende Kritik an hierarchischen und machtförmigen Strukturen zunehmend von der sozialen Kritik an (den alltäglichen ökonomischen) Ausbeutungsverhältnissen entkoppelt wurde (Boltanski/Chiapello 2006, 542). So schwand Sozialkritik und mit ihr zunehmend das sogenannte «Normalarbeitsverhältnis». Stattdessen boomte Projektarbeit, die versprach, sich innerhalb bestehender (und längst nicht mehr hinterfragter) Strukturen zu verwirklichen. Dass dies für die Mehrheit zum Bumerang werden könnte, ahnten wohl die wenigsten, als sie in jungen Jahren MacBooks gegen geregelte Arbeitsalltage und Sicherheit gegen vernetzt-globalisierte Freiheit eintauschten. Die eine oder andere Arbeit mag dabei zwar an Eintönigkeit verloren haben, insgesamt prekarisierten sich die Verhältnisse jedoch und die Kreativitätsdiskurse entpuppen sich als Teil der kapitalistischen (Selbst-)Täuschung. Lohnarbeit, die zum Anhängsel von Maschinen oder Algorithmen zu werden droht, existiert nach wie vor (und global mehr denn je) – auch im Kreativbereich.

Ökonom*innen werteten den Kulturbereich dessen ungeachtet (oder vielleicht zutreffender: gerade deswegen) nicht nur terminologisch auf – seit den 1990er-Jahren spricht man von «Kultur- und Kreativwirtschaft» –, sondern entdeckten in ihm auch einen Markt mit zunehmendem Wachstumspotenzial. Der terminologische Sündenfall etablierte sich mithilfe der neoliberalen Sozialdemokratie: Die britische New-Labour-Regierung benutzte den Begriff *Creative Industries*, um jene Aktivitäten zu bezeichnen, die durch die Erzeugung und Nutzung von intellektuellem Eigentum, Wohlstand und Arbeitsplätze mehren würden (Manske/Merkel 2009, 296). Seither firmiert die traditionelle Produktion von Kunst – Büchern, bildender Kunst, Musik, Gemälden – unter demselben Begriff wie die Herstellung von Medien, Computerspielen oder Design. So rückten Kulturproduktion und Wertschöpfung noch näher zueinander, als es in der Werbeindustrie ohnehin schon etabliert war. Ganz so, als hätten sie sich nie in einem Widerspruch befunden, an dem sich Generationen von Künstler*innen abarbeiteten.

Monopole, marktorientierter Literaturbetrieb und prekäres Schreiben

Zugleich fand der eingangs zitierte Strukturwandel statt, der aus dem Buch weniger Kulturgut und mehr Ware machte und der mittlerweile das gesamte literarische Feld betrifft. Dieses entfaltet sich auf einem zunehmend monopolisierten Markt, der durch grosse Medienketten geprägt ist – sowohl auf Verlagsebene (Pearson, Springer Nature Group, Haufe et cetera) als auch im (Online-)Buchhandel (amazon, Barnes & Noble, Weltbild et cetera).[3] Das verschlechtert nicht nur die Bedingungen für traditionelle Buchhandlungen und mittelständische und kleine Verlage, sondern führt auch zu einer zunehmenden Konzentration auf einige wenige Titel. Zwar werden heute mehr Bücher denn je publiziert – auch anspruchsvolle, und diese teils sogar von den grossen, profitorientierten Verlagen, die das symbolische Kapital von Literatur weder ignorieren wollen noch können. Die Jagd nach Bestsellern und deren Autor*innen führt aber dazu, dass vor allem sie wahrgenommen und gelesen werden. Damit nimmt zwar nicht die Diversität der verlegten Bücher ab, wohl aber jene der gelesenen. Diese bewegen sich zunehmend auf einem «a winner-takes-more-market», wo sich alle Aufmerksamkeiten auf die sogenannt «grossen Namen» richten (Thompson 2010, 386–391, Zitat: 391).[4]

Wenn schon Klopstock und Birgit Vanderbeke Schwierigkeiten hatten, von der Literatur zu leben, so gilt dies selbstredend umso mehr für Autor*innen, die unter den Bedingungen der Monopol- und Kreativwirtschaft schreiben. Hauptberuflich Autor*in sein – von Honoraren, Lesungen, Literaturpreisen oder Stipendien leben –, das können sich die wenigsten leisten. Kommt hinzu, dass von Preisen und Stipendien immer nur wenige profitieren. Ohne entsprechenden familiären Hintergrund sind daher Mischkalkulationen zwischen schlecht entlohnter Schreib- und anderweitiger Lohnarbeit an der Tagesordnung. Nun soll an dieser Stelle nicht behauptet werden, dass durch Lohnarbeit erworbene Kenntnisse der literarischen Qualität abträglich wären. Ganz im Gegenteil, davon zeugt auch zeitgenössische Literatur mit Bezug auf in der Arbeitswelt gemachte Erfahrungen, etwa von Clemens Meyer. Dennoch sind instabile berufliche Existenzen ohne Planbarkeit der eigenen Zukunft nicht wünschenswert, auch für kreativ Arbeitende nicht. Zumal es nicht jedem gegeben ist, trotz dauernder Unterbrechungen, Sorgen und Nöten die zur Schreibarbeit nötige Konzentration aufzubringen.

Sollen sich Autor*innen als Schöpfer*innen ihrer Werke also vermehrt für die angemessene Bezahlung ihres geistigen Eigentums einsetzen? In der gegenwärtigen Situation scheint dies der gangbarste Weg. Eine höhere Bezahlung wäre allein deshalb angemessen, weil (durchschnittlich) der geringste Teil des Erlöses aus einem verkauften Buch bei den Autor*innen ankommt – und der grösste beim Handel. Allerdings lässt sich eine solche auf das geistige Eigentum referierende Position nicht ganz widerspruchslos vertreten, da sie seit längerem umstritten ist. Schon Johann Wolfgang von Goethe, ein Vordenker des Geniekonzepts, bezeichnete den *Faust* nicht als sein geistiges Eigentum, sondern als «das Werk eines Kollektivwesens, das den Namen Goethe trägt» (Goethe 1993, 521 f.). Die folgenden Beispiele sollen darlegen, warum Autor*innen als alleinige Urheber*innen ihrer Werke sowohl aus ästhetischer als auch aus technologischer Perspektive nicht mehr so recht in unsere Zeit passen wollen.

Brecht und das Urheberrecht

In kaum einem anderen Werk der deutschsprachigen Literatur werden die Themen «Diebstahl» und «Eigentum» so umfassend verhandelt wie in den Werken Bertolt Brechts. Ausgerechnet dieser Brecht besteht im sogenannten «Dreigroschenprozess» aber auf seinen Urheberrechten. Wie kam es dazu?

Der Dreigroschenprozess ist ein als «soziologisches Experiment» (Brecht 1992, 139) konzipierter Gang vor Gericht, bei dem die Nero-Filmgesellschaft und der klagende Dramatiker gegeneinander antraten. Brecht hatte der Filmgesellschaft im Vertrag über die Erstellung eines Drehbuchs zu einem Film über die *Dreigroschenoper* zwar Mitsprache- und Änderungsrechte eingeräumt, sich jedoch vorbehalten, dass der Film die politische Botschaft transportieren müsse. Während in Berlins Strassen auf Arbeiterdemonstrationen geschossen wurde, sollte aus der erfolgreichen Oper und den zu Schlagern gewordenen Songs von Kurt Weill nicht auch noch ein flacher kommerzieller Unterhaltungsfilm werden. Als sich die Dreharbeiten in eben diese Richtung entwickelten, erklärte die Nero Film AG den protestierenden Brecht für vertragswidrig und drehte den Film ohne ihn. Den daraufhin angestrengten Prozess verloren Brecht und der Komponist Kurt Weill in allen Punkten – die zeitgenössische Presse kommentierte, dass die Künstler gegen eine von der Nero Film AG bereits getätigte Investition von 800 000 Mark zu Felde gezogen seien (ebd. 146). Diese Niederlage war indessen von Anfang an einkalkuliert, aus didaktischen Gründen geradezu erwünscht: Denn vor Gericht sollten nicht die Eigentumsrechte am Werk diskutiert werden – Brecht bezeichnete das Urheberrecht als «überholt» (ebd.). Stattdessen sollten «gewisse Vorstellungen» sichtbar werden, «die für den gegenwärtigen Zustand der bürgerlichen Ideologie charakteristisch sind» (ebd. 139). Dazu gehört laut Brecht das Konzept, dass das Kunstwerk «der adäquate Ausdruck einer Persönlichkeit ist» (ebd. 180). Dies sei mit den arbeitsteiligen Bedingungen moderner technischer Verfahren längst in Widerspruch geraten – *das Kunstwerk im Zeitalter seiner technischen Reproduzierbarkeit* (Walter Benjamin) repräsentiere nicht seine Urheber*innen, sondern stehe dafür, dass es massenhaft verbreitet werden kann. Die Frage nach dem Original rückt damit in den Hintergrund (Theisohn 2009, 443–445).

Technologisch sei die Gesellschaft weiter fortgeschritten und arbeitsteiliger organisiert, als es ihre Selbstbilder und Eigentumsrechte vermuten lassen. Deswegen seien auch die Rechte des Urhebers vor Gericht nicht einklagbar: «Praktisch ermöglicht die Justiz die Produktion, wie soll sie da eine Ideologie (‹Geistiges Eigentum ist unantastbar!›) schützen, welche die Produktion gefährdet?» (Brecht 1992, 204) Allein die technischen Möglichkeiten (und die daran gebundenen Möglichkeiten zur Realisierung von Profit) verschaffen dem Medienkonzern die weitaus besseren Ausgangsbedingungen als dem Urheber des Werks. Brecht kommentiert lapidar: «Die kapitalistische Produktionsweise zertrümmert die bürgerliche Ideologie» (ebd.) und stellt die Frage nach der Bestimmungsgewalt über die Produktion: «Die Technik, die hier siegt und nichts anderes zu können scheint, als den Profit einiger Saurier und damit die Barbarei zu ermöglichen, wird, in die rechten Hände gelangt, durchaus anderes können.» (Ebd.) Wobei die erhoffte Befreiung der Technik die Expropriation derer bedingt, die vom skizzierten Widerspruch zwischen Schein und Sein profitieren.

Kreativität und Transformation

Einige Zeit nach der brechtschen Probe aufs Exempel interessierte die Bedeutung des Textes als *textum* (ein aus aufeinander verweisenden Zitaten bestehendes Textgewebe) trotz der skizzierten Monopolisierungsprozesse nicht auf ökonomischer, sondern primär auf ästhetischer Ebene. So gehört etwa die poststrukturalistische These vom Tod des Autors (Roland Barthes) zu den folgenreichsten Sätzen der neueren Literaturtheorie. Sie behauptet die Auflösung des Subjekts in einem aus intertextuellen Bezügen bestehenden Textgewebe, aus dem sich zwar beliebig viele Subjektentwürfe, Rollen und Identitäten lesen lassen, aber kein (für sein geistiges Eigentum haftbar machender) Autor mehr. Dagegen wird eingewendet, dass ein solches Literaturverständnis Schreibende von jeder Verantwortung entbindet und unter anderem der postfaktischen Problematik in die Hände spielt. Mittlerweile sind die Autor*innen wieder zurückgekehrt (Jannidis 2000), überspannte Positionen, die Autorschaft an sich als unzulässige Machtposition bezeichneten (Theisohn 2009, 470), haben ihren Zenit längst schon überschritten. Was aber bleibt, ist die Erkenntnis, dass weder Autor*innen noch Texte als autonome Einheiten zu betrachten sind. Sie stehen immer auf den Schultern ihrer Vorgänger*innen, fügen sich in eine sich kollektiv entwickelnde, vielfältig ineinander verwobene Kultur ein und Autor*innen schreiben von bestimmten Positionen aus und verfügen letztlich nicht über ihr Werk.

Die Digitalisierung, auf die an dieser Stelle nur am Rande eingegangen wird, befeuerte die Diskussion um kollektives Schreiben und kaum mehr einhaltbare Urheberrechte weiter (die Auswirkungen des 2019 auf europäischer Ebene angepassten digitalen Urheberrechts sind erst noch abzuwarten). So publiziert etwa Elfriede Jelinek seit der Verleihung des Literaturnobelpreises 2004 nur noch im Netz und bezeichnet dies unter anderem als Massnahme, um zur «extrem korrupten und nepotistischen» (Jelinek 2014) Verlags- und Literaturwelt auf Distanz zu gehen. Eurydike, eine Figur Jelineks, erklärt im Theaterstück *Schatten (Eurydike sagt)*, dass sie weder Werke schaffen noch als «Figur» (Jelinek 2011, 54) in irgendein Werk eingeführt werden will. Stattdessen bevorzugt sie es, Teil eines – die Gewebemetapher umspielenden – «Schattenteppichs» (ebd. 37) zu sein, wo sich niemand eifersüchtig um Anerkennung, Ruhm und Ehre streitet und eine Existenz als Schriftstellerin vorstellbar ist (Autorinnen werden, wie Jelinek argumentiert, im herkömmlichen Literaturbetrieb ohnehin nicht beachtet, was im Fall von Dramatikerinnen sogar eine über 2400 Jahre alte Tradition hat (Roeder 1989, 7)).

Eine andere, in digitalisierten Zeiten zukunftsweisende Position zeichnet sich im Bereich des wissenschaftlichen Publizierens ab. So setzen sich Wissenschaftspolitik und Bibliothekskonsortien in der Frage des Open-Access-Publishing seit einigen Jahren erfolgreich gegen (Gross-)Verlage durch, die bislang die für wissenschaftliche Zeitschriften sehr hohen Preise diktieren konnten. Artikel, die von öffentlichen Geldern bezahlte Wissenschaftler*innen verfassen, sollen unter freien Lizenzen publiziert werden und ohne Pay-wall zugänglich sein.[5] Mit Brecht lässt sich fragen, ob hier «die Organisationsform der geistigen Produktion [...] der technischen Entwicklung angeglichen werden» (Theisohn 2009, 527) soll und sich der einst skandalisierte Widerspruch an dieser Stelle gerade auflöst oder ob er neue Formen annehmen und die Grossverlage ihre Zahlen anderweitig ins Trockene bringen werden.[6]

Die von Brecht, Jelinek und vielen anderen angedachten Strategien bleiben indessen aktuell und es lohnt sich, weiter daran zu arbeiten, zumal sich Künstler*innen als von der Corona-Krise besonders betroffene Gruppe zur Zeit vermehrt solidarisieren und organisieren (Bossen 2020). Heute erlauben technologische Entwicklungen in potenzierter Form neue Formen der Zusammenarbeit und der Reproduzierbarkeit von Inhalten, mehr denn je profitieren aber vor allem die grossen Tech-Monopole davon – das Netz wird zum Grenzgebiet, in das der globale Kapitalismus seine «Landnahme» auch noch ausdehnen kann.[7] Dabei wäre dringend zu diskutieren, wie soziale, kulturelle, technologische und mentale Produktionsverhältnisse nach den Bedürfnissen gesellschaftlicher Mehrheiten ausgerichtet werden können. Auch im Bereich der Literaturproduktion und -rezeption, die momentan – als liessen sich aus den poststrukturalistischen Debatten keine Erkenntnisse mitnehmen – wieder auf individuelle Autorschaft fokussiert (der Shitstorm für Peter Handke spricht diesbezüglich Bände). Dazu gehört auch, die oben skizzierte linke Medienutopie und deren Fundierung in der technologischen Entwicklung auf den Prüfstand zu stellen. Dies in Anbetracht der unzähligen Rebound-Effekte (Rückschlageffekte) in der aktuellen Phase des Internets. Berechtigterweise erhoffen wir Effizienz-, Demokratisierungs- und Kooperationspotenziale von der Technik, die sich gegenwärtig aber vermehrt gegen uns kehren. Zu den Rebound-Effekten gehören unter anderem: die Verschärfung bestehender Machtstrukturen im Netz, Social-Media-Überkonsum, Blaseneffekte, eine Hass- und Hetzkultur, vor der sich vor allem Minderheiten und Linke in Acht nehmen müssen, der Einfluss von vorwiegend akademisch gebildeten Einzelpersonen auf Social Media und eine Linke, die ihre Diskussionen zu weiten Teilen – und aus nachvollziehbaren Gründen! – auf (jederzeit abschaltbaren) Plattformen grosser Technologiekonzerne führt. Auf der Basis solcher Vorbehalte wäre erneut zu fragen, wie der von Brecht topisch skizzierte Widerspruch unter den aktuellen Verhältnissen zur Infragestellung ökonomischer Imperative genutzt werden kann und welche Räume sich für Kritik und Gegenkultur eröffnen, wenn wir das Bewusstsein um die Widersprüche mit dem notwendigen Kampf für öffentliche Kultureinrichtungen und existenzsichernde Arbeitsbedingungen verbinden.

Anmerkungen

1 Die männliche Form ist jeweils bewusst gewählt. Autorinnen prägten bis in die jüngere Vergangenheit weder die Literatur, nach der Epochen konstruiert wurden, noch die Literaturtheorie – dies, obschon es schreibende Frauen seit je gibt.

2 Zitiert nach Pape, Helmut: Die gesellschaftlich-wirtschaftliche Stellung F. G. Klopstocks, Bonn 1961, 405.

3 Quellen: buchreport.de (*Verlagsranking 2020* sowie *Die grössten Buchhandlungen 2019/20*) und Google-Recherche zum englischsprachigen Raum.

4 Zu überprüfen wäre, inwiefern dies – jenseits etablierter Belletristik – auch auf populäre Literatur wie Fantasy oder Science-Fiction zutrifft.

5 Der Stand der Vereinbarungen zwischen deutschen Wissenschaftsorganisationen und den kommerziellen Verlagen findet sich auf der Webseite des Projekts DEAL (www.projekt-deal.de, Abfrage 5.6.2020). Auch die Schweizer Universitäten verhandeln mit den Grossverlagen über eine Transformation zu Open Access (www.swissuniversities.ch/themen/digitalisierung/open-access/verlagsverhandlungen, Abfrage 12.6.2020). Mit freien Lizenzen, z. B. den Creative Commons, lassen sich bei der Verbreitung und Nutzung von Publikationen mehr Rechte einräumen, als es im Urheberrechtsgesetz vorgesehen ist.

6 Daneben stellt sich auch die Frage, was der Trend zu freien Lizenzen für Nischenverlage oder -medien bedeutet, etwa den *Widerspruch*, der auf eine zahlende Leser*innenschaft angewiesen ist.

7 Siehe Beitrag Siegl in diesem Band.

Literatur

Boltanski, Luc / Chiapello, Ève, 2006: Der neue Geist des Kapitalismus. Konstanz

Bossen, Anja, 2020: Einfach nur: Danke! medien-kunst-industrie.verdi.de/ueber-uns/nachrichten/++co++f840694e-6cf2-11ea-bc8b-525400f67940 (Abfrage 12.6.2020)

Bourdieu, Pierre, 1999: Die Regeln der Kunst. Genese und Struktur des literarischen Feldes. Frankfurt a. M.

Brecht, Bertolt, 1967: Der Dreigroschenprozess. Ein soziologisches Experiment. In: Brecht, Bertolt: Gesammelte Werke in 20 Bänden, Bd. 25. Frankfurt a. M., 139–209

Goethe, Johann Wolfgang von, 1993: Sämtliche Werke, Abt. II, 11 (Frankfurter Ausgabe). Frankfurt a. M.

Jannidis, Fotis u. a., 2000: Texte zur Theorie der Autorschaft. Stuttgart

Jelinek, Elfriede, 2011: Schatten (Eurydike sagt) [zitiert nach einem vom Rowohlt Theaterverlag zur Verfügung gestellten Textbuch].

Jelinek, Elfriede, 2014: Interview mit Elfriede Jelinek, 27.2.2014. fiktion.cc/elfriede-jelinek/ (Abfrage 12.6.2020)

Manske, Alexandra / Merkel, Janet, 2009, Prekäre Freiheit – Die Arbeit von Kreativen. In: WSI-Mitteilungen 6, 295–301

Pape, Helmut, 1961: Die gesellschaftlich-wirtschaftliche Stellung F. G. Klopstocks. Bonn

Roeder, Anke, 1989: Autorinnen. Herausforderungen an das Theater. Frankfurt a. M.

Theisohn, Philipp, 2009: Plagiat. Eine unoriginelle Literaturgeschichte. Stuttgart

Thompson, John B., 2010: Merchants of Culture. The Publishing Business in the Twenty-First Century. Cambridge

DISKUSSION

spw
Heft 239
Ausgabe 4 - 2020 | 7,00 Euro
Corona-Kapitalismus?
Arno Brandt, Torsten Windels
Zur politischen Ökonomie der Corona-Krise
Björn Hacker
Never waste a good crisis
Mit dem Corona-Krisenmanagement versucht die EU den Befreiungsschlag auch in anderen Politikfeldern
Michaela Evans, Denise Becka, Christopher Schmidt
Nur systemrelevant in der Pandemie?
Vorläufige Ein- und Aussichten für den Gesundheits- und Pflegesektor
Cornelia Heintze
Europäische Gesundheitssysteme vor und während der Coronapandemie

Wolfgang Hien

Vom Umgang mit Verletzlichkeiten

Überlegungen zum Kampf um Gesundheit in der neoliberalen Arbeitswelt

Die Geschichte der modernen Industriearbeit ist nicht nur im ökonomischen Sinne eine Geschichte von Ausbeutung, sondern auch im sozialen Sinne eine Geschichte extremer körperlicher und seelischer Belastungen, eine Geschichte von Leid, Krankheit und frühem Tod (Hien 2018). Hochindustrialisierung, Fordismus und Postfordismus haben eine gewaltige Schattenseite, deren Thematisierung nicht immer auf offene Ohren stösst; selbst bei Betroffenen werden gerne die schönen Seiten erinnert, bei Werftarbeitern zum Beispiel sind dies die grossen und beeindruckenden Schiffe, die sie gebaut haben. Der Produzentenstolz verdrängt das eher bedrückende Thema des Arbeitsleides, so zum Beispiel den frühen Tod durch Asbest vieler Kollegen (Hien u. a. 2002; 2007).

Eduard Heimann, ein sozialethisch denkender Ökonom, veröffentlichte 1929 sein Buch *Soziale Theorie des Kapitalismus*. Dort wird, wie es noch bis 1933 üblich war, der Arbeiterschutz – auch begrifflich noch nicht eingedampft auf «Arbeitsschutz» – als eine der sozialpolitischen Hauptaufgaben begriffen. Heimann benennt das Problem in einem klaren Satz: «Der Markt ist kurzsichtig und zum Raubbau geneigt; deswegen muss man marktfremde Mittel gegen den Raubbau anwenden.» (ebd., 219) Heimann hoffte auf eine «Sozialisierung von unten», zweifelte aber an der schöpferischen Kraft des Proletariats. Gleichwohl stand der ArbeiterInnenschutz in den ersten Jahrzehnten der modernen ArbeiterInnenbewegung ganz im Vordergrund, so zum Beispiel in den grossen Bergarbeiterstreiks 1889, 1905 und 1913 und in den grossen Streiks der Textilarbeiterinnen 1893, 1903, 1911 und 1912. Der Kapitalseite musste Gesundheitsschutz mühsam Stück für Stück abgerungen werden. Die Gewerkschaftsbürokratie, die vor dem Hintergrund der «Dialektik der partiellen Errungenschaften» (Ernest Mandel) immer stärker ihre Eigeninteressen zu verteidigen begann, versuchte zusehends, zwischen den gegensätzlichen Interessen zu vermitteln. Sie orientierte dabei auf staatliche Regulierung und Rechtsetzung, nicht aber auf die Mobilisierung der Arbeitenden selbst. Die sozialdemokratischen Partei- und Gewerkschaftsführungen setzen auf ein gesellschaftliches Konzept der Sozialpartnerschaft – sichtbar schon vor dem Ersten Weltkrieg, explizit betrieben mit der Burgfriedenspolitik und fortgesetzt mit der Mitbestimmungspolitik nach dem Zweiten Weltkrieg.

Neoliberalisierung der Arbeitsverhältnisse – agile Arbeit

Im Rahmen eines Projekts zu chronischen Krankheiten im Arbeitsleben, an dem der Autor beteiligt war, wurde unter anderem die Arbeitskultur des IT-Sektors untersucht (Hien/Funk 2019). Aus den qualitativen Interviews liessen sich folgende Kernsätze herauskristallisieren: «Die IT kennt ja nur aufwärts», «Alles ist schick und toll hier» und «Die Arbeit übt einen Sog auf mich aus». Bei sehr unterschiedlichen betrieblichen Bedingungen – grosse Auftragserwartungen mit Absturzgefahr, kleine aber sichere Nischen-Dienstleistungen oder Eingliederung in ein globales Unternehmen mit unklarer Orientierung – gibt es ein allgemein gültiges Kennzeichen: Allen Fällen gemeinsam ist die hohe Arbeitsintensität, ebenso wie die extensive zeitliche Vereinnahmung. In einem Folgeprojekt (Hien 2020) berichtet ein Interviewpartner, IT-Fachkraft in einem Nürnberger Unternehmen der Metallbranche, über einen enorm gewachsenen Arbeitsdruck in den letzten Jahren: «Du kriegst ein Projekt auf den Tisch gelegt, sagen wir für sechs Wochen, aber dann kommen mindestens 300 Sachen nebenbei dazu, die du auch noch machen sollst, alles parallel.» Der Konkurrenzdruck unter Kollegen und Kolleginnen sei enorm gewachsen, und es zeichneten sich Konturen eines intergenerativen Konfliktes ab, denn: «Da kommen neue junge Mitarbeiter, frisch von der Uni oder der Hochschule, die sind gut ausgebildet und die springen dauernd auf neue Sachen.» Das sei insbesondere dann fatal, wenn die jungen Kollegen schnell zum Team- oder Projektleiter avancieren. «Es ist wie ein Fluss, der fliesst und fliesst, und du musst sehen, wie du mit der Flut klarkommst. Und du kommst nicht klar, wenn du stehen bleibst. Du kannst es nicht anhalten. Also bei uns jedenfalls ist das so. Ältere und Kranke haben da absolut keine Chance.» Der Befragte scheint überwältigt von der in seinem Umfeld herrschenden spezifischen Arbeitskultur und Arbeitsatmosphäre. Er sieht, obwohl gewerkschaftlich aktiv, kaum Möglichkeiten, sich dieser Kultur zu entziehen oder gar zu widersetzen. Hier entpuppt sich die unternehmerische Klage hinsichtlich eines Fachkräftemangels als zwielichtig, wenn nicht sogar als scheinheilig – ist doch die Intention deutlich sichtbar, eher auf junge, flexible und anpassungsfähige MitarbeiterInnen zu setzen und die älteren und gesundheitlich angeschlagenen auf irgend eine Weise «loszuwerden». Selbst das *Handelsblatt* (10. April 2019) spricht von einem «Jugendwahn», dem die IT-Branche nach wie vor verfallen sei. Auch wenn ausgerechnet IT-Unternehmen wie zum Beispiel SAP immer wieder «Gesundheitspreise» bekommen, wird schnell klar: Es handelt sich fast ausschliesslich um Massnahmen der Verhaltensprävention. Die Verhältnisse bleiben sakrosankt; es geht alleine um Anpassung und Resilienz – ein breites Betätigungsfeld für psychologische und pädagogische UnternehmensberaterInnen.

Eingebettet sind diese Arbeitsstrategien in ein Konzept der «agile(n) Arbeit». Dies ist ein Konzept, das auf Teamarbeit, Teamkontrolle und kurzfristige Zeitzyklen setzt. Qualifizierte und tradiert-ganzheitliche Aufgaben werden fliessbandgerecht kleingestückelt. Der Marktdruck wird auf die ArbeiterInnen heruntergebrochen. Alle Verantwortung für die Turbulenzen und Schrecklichkeiten des kapitalistischen Marktes werden auf die arbeitenden Menschen abgewälzt. Kollektivität darf sich nur im Konsens mit den Markterfordernissen entwickeln – eine entfremdete und letztlich absurde Fehlorientierung menschlicher Ressourcen. Die Poren des Arbeitstages – eingedenk der Freude, etwas tun und auch mal etwas lassen zu können, und eingedenk der kleinen Fluchten in einem sozialen Raum – werden ausgepresst wie eine Zitrone. Die britische Ökonomin Phoebe Moore hat in den Niederlanden agiles Arbeiten untersucht und darüber publiziert. Sie konstatiert einen Zwang zu «dauerhafte(n) Hochleistungen», geködert von dem Versprechen, Beschäftigte könnten ihren Arbeitsbereich autonom gestalten. Doch diese Autonomie unterliegt der Logik der Marktkonformität. Und die scheinbar demokratischen Betriebsstrukturen entsprechen der Vision der «marktkonformen Demokratie». «Es kommt zu einer immer stärkeren Verschränkung von Arbeit, Identität und Leben. [...] Dadurch drohen sie [die Arbeitenden] zu agilen Subjekten in einem ewigen Zustand der Entfremdung zu werden» (Moore 2019, 243, 253).

Psychische Belastungen führen, wenn unsere Bewältigungsressourcen erschöpft sind, zu psychischen und psychosomatischen Erkrankungen. Es wird davon ausgegangen, dass rund fünfzehn Prozent der erwerbsfähigen Bevölkerung an psychischen oder psychosomatischen Erkrankungen leiden, wobei viele Erkrankte weiter zur Arbeit gehen und versuchen, ihre Probleme zu übergehen oder zu verheimlichen. Hinter vielen Burnout-Fällen versteckt sich eine depressive Episode, die bei guter betrieblicher Atmosphäre und einem positiven sozial-emotionalen Umfeld im Arbeitsbereich aufgefangen oder besser bewältigt werden könnte. Doch diese Kontexte werden durch Vereinzelung und Konkurrenzdruck unterminiert. Das Einzelkämpferdasein führt zur systematischen Überforderung (Fuchs u. a. 2018). Ein kaum zu unterschätzendes Problem stellen die Diskrepanzen dar, die sich zwischen der eigenen berufsethischen Haltung und den vom Arbeitgeber oder «dem Markt» gesetzten Rahmenbedingungen auftun. Wenn einer Altenpflegerin die für ihre emotionale Arbeit notwendige Zeit fehlt und sie nur die mechanischen Abläufe bewerkstelligen kann, entwickeln sich innerlich hoch belastende emotionale Dissonanzen (Hien 2009).

Das Konzept «Gute Arbeit» – eine positive Alternative?

Das Konzept «Gute Arbeit» setzt einige Grundaxiome voraus, die zu explizieren für unseren thematischen Zusammenhang hilfreich ist: (a) Arbeit – im Kapitalismus: Lohnarbeit – ist für den Menschen der entscheidende Faktor seiner Identitätsbildung, gleichsam eine anthropologische Kernkonstante; (b) sinnvolle, persönlichkeitsfördernde und gesunderhaltende Arbeit ist im Kapitalismus grundsätzlich möglich; (c) Mechanisierung und Digitalisierung schaffen tendenziell schwere Arbeit ab; (d) Interessensgegensätze lassen sich über Mitbestimmung ausgleichen, das heisst «Arbeitgeber» lassen sich durch gute Argumente überzeugen. Um es vorweg offen zu sagen: Diese Grundannahmen sind mehr oder weniger illusorisch, und das wissen im Grunde auch die beteiligten wissenschaftlichen, politischen, administrativen und gewerkschaftlichen AkteurInnen. Und selbst dann, wenn sich Menschen mit Arbeit, auch mit «schlechter Arbeit» – also dem Gegenteil von «guter Arbeit»: unqualifizierter und unbefriedigender Arbeit – zu identifizieren scheinen, erzählt ihr Körper – ihr körperliches und seelisches Leid – eine andere Geschichte. Jedes dritte erwerbstätige Individuum quält sich mit einer, oftmals mit mehreren chronischen und schmerzhaften Erkrankungen, bei den über 50-Jährigen ist es jedes zweite. Der Körper spricht wahr, der Mund spricht oft unwahr. Und weil aus der leiblichen Existenz niemand wirklich entfliehen kann, staut sich bei vielen Betroffenen eine Wut auf, die sich mit der Zeit eine Projektionsfläche für die Aggressionen sucht, die – weil die Möglichkeit des kollektiven Widerstandes gegen die herrschenden Arbeits- und Lebensbedingungen so stark verschüttet sind – ihr Objekt, das heisst die verursachenden Bedingungen ihrer Not, weit verfehlen.

Der sozialpsychologischen Forschung ist seit langem das Problem der Überidentifikation bekannt (Dreitzel 1968). Überidentifikation bedeutet auch Überanpassung und Überverausgabung – ein Zug, der in die Gefahrenzone des Ausbrennens fährt; kombiniert mit der Idealisierung der eigenen Arbeit und dem Streben nach Perfektionismus kann dies ein Schnellzug ins Aus werden. Die Dynamik, mit der ein Subjekt in die Überanpassung gerät, kann als Verlust der Rollendistanz interpretiert werden. Sie führt, so Dreitzel, auf Dauer zu einer «marionettenhaften Existenz» und letztlich zu einer Depersonalisation, das heisst einem totalen Wahrnehmungs- und Emotionsverlust sich selbst und anderen gegenüber, konkret: zu einem Zusammenbruch der Persönlichkeit. Das Bedürfnis nach Anerkennung erzeugt einen Sog der verkennenden Anerkennung (Bedorf 2010), die sich – mit den Worten Erich Fromms – in einem Pseudoselbst verfangen kann (Fromm 1990 [1941]). Die übersteigerte Rede von «gute(r) Arbeit» nährt Idealisierung und Überidentifikation. Deutlich sichtbar ist dies bei Gesundheits- und SozialarbeiterInnen: Sie werden zu einer extremen Gratwanderung gezwungen, ihre Arbeitsqualität trotz schlechter Rahmenbedingungen hochzuhalten – was sie in hochgradig paradoxe und widersprüchliche Situationen bringt. Auch in anderen Arbeitsbereichen mehren sich berufsethische Konflikte. Die Rede von «gute(r) Arbeit» mutiert, solange Arbeitsorganisation und Personalbemessung zur Ägide der unternehmerischen Freiheit gehören, zur puren Ideologie. Es ist bestürzend zu sehen, wie gewerkschaftliche ProtagonistInnen der «gute(n) Arbeit» grosse Hoffnungen in das Konzept der Agilität setzen und sich diesen Verirrungen anbiedern – siehe das neue Gute-Arbeit-Jahrbuch (Schröder/Urban 2019, 155 f.). Selbstüberforderung und Präsentismus, das heisst Anwesenheit trotz Krankheit, Angst und Konkurrenzdruck untereinander, unterschwellige negative Bewertungen und Exklusionstendenzen – all das verbrennt die Erde, auf der «normale» Menschen in ihrer ganzen Streubreite leben können. Das sind Menschen mit ihren Schwächen, ihren Krankheiten, ihrer Langsamkeit, vielleicht ihrer mangelnden Teamfähigkeit, das heisst ihren nicht agilen Eigenheiten. Die neoliberalen Arbeitsverhältnisse fordern aber eine Anpassung an Agilität, selbst dann, wenn sich Menschen damit völlig überfordern und krank werden.

Die Verführung, durch die Subjektivierung der Arbeit eine Chance zur «Selbstverwirklichung» zu gewinnen, widerspiegelt sich in vielen standardisierten Befragungen. Die Anerkennung, die man/frau zu bekommen glaubt, treibt, insofern sie eine verkennende Anerkennung ist, Menschen in ein psychisches Abseits. Sie kennen sich nach einiger Zeit oft selbst nicht mehr. Die Frage nach Sinn und Identität ist hinsichtlich des Blickwinkels verstellt und verursacht eine Verzerrung des Fremd- und Selbstbildes. Beeinflusst durch die Arbeitswissenschaft der ehemaligen DDR, hat sich in der Nach-Wende-Arbeitswissenschaft im Konzept der menschengerechten Arbeitsgestaltung die Kategorie der «Persönlichkeitsförderlichkeit» eingebürgert (Bokranz/Landau 1991, 19). Vielleicht wäre es besser gewesen, bei der alten Begrifflichkeit von Zumutbarkeit und Zufriedenheit zu bleiben, Gefühlslagen, deren inhärente Paradoxien und Umdeutungsdynamiken schon lange bekannt sind (Neuberger 1985, 179 f.). «Es gibt Identität», doch gebe es sie nur – so formuliert Bedorf (2010, 87), angelehnt an Judith Butler – «als instabile Momentaufnahme», als höchst widersprüchliche psychische Konstellation zwischen der «besitzergreifenden Geste des Anerkennungs-Diskurses», die stets auch eine «Verletzung» bewirke, und dem Versuch, «anders» sein zu können. Dieses Anderssein ist das Nicht-Identische im Menschen, in dem sich bewusste und unbewusste leiblich-seelische Sehnsüchte, Hoffnungen und Potenziale verbergen. Die tatsächlich gelebten Identitäten können, so gesehen, als verdichtete Rollenfestlegungen verstanden werden, hinter denen oft genug handfeste Zumutungen stehen.

Corona-Pandemie und der betriebliche Gesundheitsschutz

Als Arbeits- und Gesundheitswissenschaftler wurde und wird der Autor derzeit stark auf der Ebene der Beratungstätigkeit nachgefragt. Die Corona-Krise ist gleichsam ein Lackmustest für die Frage nach der Gesundheit im Betrieb. Aus meinen bislang fragmentarisch vorliegenden Betriebseinsichten lässt sich schliessen, dass Information, Aufklärung und Kommunikation überwiegend mangelhaft und ungenügend waren. Die Bilder aus Italien führten uns den Ernst der Lage vor Augen. Und nicht nur in Italien, sondern auch hierzulande haben Managements in unverantwortlicher Weise über Wochen hinweg Produktion und Dienstleistungen weiterfahren lassen. Amazon ist ein weiteres Beispiel hierfür, ebenso die Schlachthöfe. Viele Logistikbetriebe haben komplett weitergearbeitet und tun dies immer noch, der Bausektor ist vielerorts voll aktiv. Im Gesundheits- und Sozialwesen, wo notgedrungen weitergearbeitet werden muss, haben sich teilweise chaotische Situationen ergeben. Trotz Pandemieprogrammen, die seit 2013 allen Verantwortlichen bekannt waren oder hätten bekannt sein müssen, wurden die darin enthaltenen Vorsorgemassnahmen durchwegs ignoriert. Stattdessen wurde Neoliberalisierung und Ökonomisierung vorangetrieben. Doch auch in den Belegschaften selbst, unter den KollegInnen, entwickeln sich, das zeigen erste kritische Berichte, sehr unterschiedliche Diskussionsarenen. Es gab und es gibt KollegInnen, die «das Ganze für total hochgespielt» halten; es gibt andere, die um ihren Arbeitsplatz fürchten und sich heute schon in der Arbeitslosigkeit sehen; und es gibt diejenigen, die eine mehr oder weniger grosse Angst um ihre Gesundheit entwickeln. In manchen Arbeitsbereichen greifen unsolidarische Formen der Ausgrenzung und Stigmatisierung um sich, so vor allem gegenüber Menschen, die infiziert waren und aus der Quarantäne zurückkamen, oder auch Abgrenzungs- und Stigmatisierungstendenzen gegenüber älteren Kollegen und Kolleginnen, die als «Risikopersonen» angesehen werden. In vielen Arbeitsbereichen hingegen entstehen Momente der Solidarität, das heisst Kommunikations- und Kooperationsformen, im Rahmen von gegenseitiger Hilfe und Unterstützung. Diese Alltagssolidarität – dies ist meine These – könnte ein Ansatzpunkt für eine neue Orientierung im betrieblichen Gesundheitsschutz sein.

Verletzlichkeit und die Notwendigkeit einer Basisbewegung

Die US-amerikanische Sozialphilosophin Judith Butler (2007; 2018) erinnert uns an eine existenzielle Tatsache: Wir sind als Menschen immer gefährdet, verwundbar, vulnerabel, verletzlich. Wir müssen unsere leibliche Existenz annehmen, mit all ihren Schwächen, Verletzlichkeiten und tatsächlichen Verletzungen. Insbesondere Männer werden von alters her und – trotz «neuer Männlichkeit» – immer noch zu «harten Kerls» erzogen. Der Kapitalismus hat unsere Körper zu Maschinen gemacht und hat in unser Denken das Maschinenmodell tief eingeprägt (Hien 2018). Doch unsere lebendige Leiblichkeit, die sich nach Liebe, Geborgenheit und Berührung sehnt, leidet darunter. Um uns vor Verletzungen zu schützen, werden wir hart. Wir bauen einen Panzer um uns herum und geraten – manchmal fast unmerklich – in einen Kriegszustand: jeder gegen jeden (Theweleit 1978). Doch Verpanzerungen schützen nicht wirklich, ganz im Gegenteil: Sie sperren leibliche Energien ein und verwandeln diese Energien in Aggressionen, die sich auch gegen uns selbst richten. Die Militarisierung der eigenen Subjektivität hat sich in der Menschheitsgeschichte als spezifische Eigenschaft des «Männlichseins» eingeschrieben. Was folgt aus alledem? Voraussetzung eines gelebten Gesundheitsschutzes im Betrieb ist daher nicht nur die Einhaltung von Gesetzen und Normen, sondern auch die Einsicht, dass wir alle verletzliche Wesen sind, das heisst dass Mitgefühl, Rücksichtnahme, Hilfestellung, Verantwortung füreinander und im Alltag gelebte Solidarität auf längere Sicht überlebensnotwendig für uns alle sind. Wir können uns vor Gefährdungen, Zurichtungen und Drangsalierungen nur schützen, wenn wir zunächst einmal unsere grundsätzliche Verletzlichkeit anerkennen. Dann können sich unsere Angst und unsere Wut zu einer kollektiven Kraft verwandeln; dann braucht sich die Wut kein Ersatzobjekt zu suchen. Es geht um eine Bewegung, die sich der Würde der leibseelischen Existenz, der Menschen als Gemeinschaftswesen und als Teil der Natur erinnert. Der Gesundheitsschutz am Arbeitsplatz kann in diesem Sinne systemsprengend sein, und als solchen sollten wir ihn aufgreifen.

Wie kann sich nun der einzelne Arbeiter, die einzelne Arbeiterin, der oder die Angestellte in dieser Situation und unter diesen Rahmenbedingungen verhalten? Da stehen wir gewerkschafts- oder arbeitspolitisch am Anfang einer neuen Selbstfindungsphase. Wie bei jedem gewerkschaftlichen oder syndikalistischen Beginn sind gegenseitiger Austausch, gegenseitiges Erzählen, das heisst die kommunikative Öffnung elementar, verbunden mit dem Versuch, sich selbst und die Situation ungeschminkt wahrzunehmen. Je mehr man/frau KollegInnen gewinnen kann, die nicht mehr bereit sind, HeldInnen zu spielen, desto eher ergibt sich eine Chance, die Situation zu ändern. Wir müssen uns darüber klar werden, was im Leben wirklich wichtig ist: Erfolg um jeden Preis oder menschliches Wohlbefinden? Wir müssen unseren KollegInnen den Wert der Alltagssolidarität aufzeigen, wir müssen sie ermutigen, in ihrer eigenen betrieblichen Lebenswelt *nicht allein, sondern gemeinschaftlich* Probleme anzugehen. Wir müssen Wege finden, um aus der Vereinzelung herauszukommen und wieder einen Kreis vertrauter Gleichgesinnter aufzubauen. Diese elementaren Prozesse zu umgehen, sei es über Gesundheits- und PsychoberaterInnen, Resilienz-Coacher oder sonstige Auswüchse der Managementtechniken, führt zu nichts – ausser zu noch mehr Anpassung an krankmachende Verhältnisse. Die Alternative ist, eine Bewegung von unten aufzubauen, mit KollegInnen, die zumeist unter den gleichen Problemen leiden. Ziel ist es, sich nicht mehr verbiegen zu lassen und eine Sprache des Widerstandes zu finden, kontextualisiert auf den betrieblichen Alltag. Es gilt, sich zu erinnern an die italienische Arbeitermedizin, die in den Arbeitskämpfen 1969 entstand und in den 1970er-Jahren Belastungen und Krankheiten aus einer Perspektive «von unten» thematisierte (Wintersberger 1988). Diese Bewegung generierte Ideen, die in der aktuellen Entwicklung der Arbeitsverhältnisse wieder Bedeutung gewinnen könnten: «Die Gesundheit darf nicht delegiert werden! Die Gesundheit in die eigenen Hände nehmen!» Es gilt auch, an betriebliche Gesundheits-Basisgruppen zu denken, in denen sich Arbeitende treffen, sich austauschen und Massnahmen entwickeln, um den Gesundheitsschutz zu verbessern. Es gilt, eigenes Handeln am Arbeitsplatz mit Forderungen und Aktionen zu verbinden, die die Veränderung von Strukturen zum Ziel haben. Überbetriebliche gewerkschaftliche und wissenschaftliche AkteurInnen hätten dann die Aufgabe, diese betriebliche Gesundheits-Basisarbeit zu unterstützen und zu fördern, nicht im Sinne einer Stellvertreterpolitik, sondern im Sinne eines Miteinander, das die Handlungskompetenz der Arbeitenden stärkt. So gesehen, könnte sich die von Heimann postulierte schöpferische Kraft entwickeln, die in der Lage wäre, die Klasse der Arbeitenden aus der Opferrolle heraus- und zum autonomen Handeln und Gestalten hinzuführen.

Literatur

Bedorf, Thomas, 2010: Verkennende Anerkennung. Frankfurt a. M.

Bokranz, Rainer / Landau, Kurt, 1991: Einführung in die Arbeitswissenschaft. Stuttgart

Butler, Judith, 2007: Zur Kritik der ethischen Gewalt. Frankfurt a. M.

Butler, Judith, 2018: Anmerkungen zu einer performativen Theorie der Versammlung. Frankfurt a. M.

Dreitzel, Hans-Peter, 1968: Die gesellschaftlichen Leiden und das Leiden an der Gesellschaft. Stuttgart

Fromm, Erich, 1990 [1941]: Die Furcht vor der Freiheit. München

Fuchs, Thomas u. a., 2018: Das überforderte Subjekt. Frankfurt a. M.

Heimann, Eduard 1980 [1929]: Soziale Theorie des Kapitalismus. Frankfurt a. M.

Hien, Wolfgang u. a., 2002: Am Ende ein neuer Anfang? Arbeit, Gesundheit und Leben der Werftarbeiter des Bremer Vulkan. Hamburg

Hien, Wolfgang u. a., 2007: Ein neuer Anfang wars am Ende nicht. Zehn Jahre Vulkan-Pleite: Was ist aus den Menschen geworden? Hamburg

Hien, Wolfgang, 2009: Pflegen bis 67? Die gesundheitliche Situation älterer Pflegekräfte. Frankfurt a. M.

Hien, Wolfgang, 2018: Die Arbeit des Körpers von der Hochindustrialisierung bis zur neoliberalen Gegenwart. Wien

Hien, Wolfgang / Funk, Gudrun, 2019: Chronisch krank im Klein- und Mittelbetrieb. Working Paper Nr. 124 der Hans-Böckler-Stiftung. Düsseldorf

Hien, Wolfgang, 2020: IT-Arbeit und Gesundheit/Krankheit – laufendes Eigenprojekt.

Moore, Phoebe, 2019: Agiles Arbeiten und Messung des Affektiven. In: Butollo, Florian / Nuss, Sabine (Hg.): Marx und die Roboter. Berlin, 237–255

Neuberger, Oswald, 1985: Arbeit. Begriff, Gestaltung, Motivation, Zufriedenheit. Stuttgart

Schröder, Lothar / Urban, Hans-Jürgen (Hg.), 2019: Gute Arbeit – Transformation der Arbeit. Frankfurt a. M.

Theweleit, Klaus, 1978: Männerphantasien, Band 2. Frankfurt a. M.

Wintersberger, Helmut, 1988: Arbeitermedizin in Italien. Berlin

Zwingmann, Bruno, 1998: Das Arbeitsschutzgesetz – Grundlage des modernen Arbeitsschutzes. In: Elsner, G. (Hg.): Leitfaden Arbeitsmedizin. Hamburg, 21–35

REZENSIONEN

Federici, Silvia: **Jenseits unserer Haut.** Körper als umkämpfter Ort im Kapitalismus.

Aus dem amerikanischen Englisch von Margarita Ruppel. Unrast Verlag, Münster 2020 (144 S.)

Was befindet sich jenseits unserer Haut? Mehr als nur Fleisch und Blut? Ja, sagt Silvia Federici, denn «die Geschichte des Körpers ist die Geschichte des Menschen» (S. 123). Eine jede soziale Veränderung, kulturelle oder politische Praxis wird zuallererst auf den Körper angewendet. Er ist gleichermassen Schauplatz von Ausbeutung, Kategorie des politischen Handelns und Ursprung von Widerstand.

Einige, nicht alle, der in *Jenseits unserer Haut* versammelten Artikel sind bereits in anderen Formaten erschienen. Den Anlass für die Artikelsammlung lieferten drei Vorlesungen über die Bedeutung des Körpers und der Körperpolitik in der feministischen Bewegung der 1970er-Jahre, welche Federici im Winter 2015 am California Institute of Integral Studies hielt. Die Auseinandersetzung mit dem Körper sollte sich ursprünglich auf ihre früheren Arbeiten richten. Daraus entstanden Diskussionen, die den Rahmen des Gewesenen sprengten und mit aktuellen Fragen ergänzten. Vor dem Hintergrund seiner Entstehungsgeschichte ist es nicht verwunderlich, welche Unmengen an Stoff in diesem Buch verhandelt werden. Die einzelnen Artikel sind dicht und reichhaltig, voll mit Anekdoten und Exempeln. Die Theorie ist verwoben mit der Praxis, Federici schreibt anschaulich, aber komplex. Sie involviert die Leser*in, durch die Verwendung des «wir» erzeugt ihre Sprache Unmittelbarkeit.

Der erste Teil, der die drei Vorlesungen umfasst, dient als Vorbereitung, weshalb sich – zumindest anfangs – eine chronologische Lektüre empfiehlt. Obwohl die deutsche Übersetzung zeitlich dicht nach der englischen Originalausgabe erscheint, gelingt sie präzise und sorgfältig. Die Genauigkeit stellt sich auch in Bezug auf aktuelle, sprachpolitische Diskurse und Überlegungen zu diskriminierungsarmer Sprache dar, etwa in Bezug auf die Grossschreibung von «Schwarz».

Wenn wir vom «Körper» sprechen, wovon sprechen wir? Von einer Abstraktion gesellschaftlicher Geschichten und Realitäten. Mit Anführungszeichen versehen verdeutlicht Federici dessen fiktiven Charakter (S. 18). Das Konzept «Körper» steht im Fokus des politischen und wissenschaftlichen Diskurses. Es lassen sich zwei entgegengesetzte Körper-Konzeptionen ausmachen: Den einen Pol bildet der biologische Determinismus, welcher mit einer «beinahe religiösen Obsession» der Biolog*innen in Bezug auf die Genetik ausgestattet ist, «denn alles liegt in der DNA, die uns ein unbekannter Gott zugeteilt hat» (S. 17). Am anderen Pol lassen sich diskursive und performative Körpertheorien ansiedeln, welche «biologische» Faktoren zu verwerfen suchen (ebd.). Federicis Standpunkt ist ein anderer, sie interessiert sich für die *Ursachen* der Kräfte, Zwänge und Normen, die auf unsere Körper einwirken. Sie streicht die Materialität des Körpers heraus, seine Fähigkeiten, Bedürfnisse und Widerstände.

Federici betont, dass «es nicht eine, sondern mehrere Geschichten der Mechanisierung des Körpers» gebe. Diese müssten intersektional betrachtet werden, «entlang von ‹Rasse›, Geschlecht und Generation» (S. 19). Nur dann werden die Zusammenhänge zwischen Kapitalismus und Körper(-politik) begreiflich. Der Kapitalismus basiert auf der Ausbeutung menschlicher Arbeitskraft *und* definiert Frauen als blosse Körper. Daraus ergebe sich ein «doppelter Mechanisierungsprozess» (S. 22). Nebst der Ausbeutung durch unbezahlte und bezahlte Arbeit werden Frauen zusätzlich ihrer

Körper enteignet und in «Gebärmaschinen» und «Sexobjekte» (ebd.) verwandelt. Dies geschah durch die Versklavung, die Entstehung des Plantagensystems und durch die Hexenverfolgung. Den Kern der kapitalistischen Aneignung des weiblichen Körpers bildet die Reproduktion. Sie hat einen wirtschaftlichen Wert, denn sie produziert neue Arbeitskräfte. Deswegen lohnt(e) sich die institutionalisierte Kontrolle über den weiblichen Körper durch Sozialleistungen, Verhütungsmittel und Zugang zu Abtreibung. Staat und Kapital versuchen schon immer, zu kontrollieren, wer sich fortpflanzen darf, und wer nicht (S. 25).

Doch auch Widerstandsformen existier(t)en: die feministischen Bewegungen der 1970er-Jahre, die Reproductive-Justice-Bewegung oder der Geburtsstreik. Die Reproductive-Justice Bewegung zeigte, dass wir unsere Körper nicht zurückfordern können, ohne auch die materiellen Lebensbedingungen zu verändern. Der Körper kann als politisches Machtinstrument genutzt werden. Mutterschaft beinhaltet eine *soziale Macht* – wir sollten sie als «politische, Werte setzende Entscheidung» (S. 28) verstehen. Dem entgegengesetzt steht die extremste Form der weiblichen Ausbeutung: die moderne Leihmutterschaft. Nicht nur verschränkt sich hierbei auf perfide Weise Rassismus mit Klassismus, auch findet eine Entmenschlichung von Schwangerschaft und Mutterschaft statt, welche die Frau vollends als Maschine und das Kind als Ware klassifiziert. Als Leihmutterschaftskritikerin fokussiert Federici stark auf eine einzige Form der Leihmutterschaft: diejenige im Kapitalismus. Dass auch andere Formen denkbar wären – wie beispielsweise Sophie Lewis in *Full Surrogacy Now* (2019) deutlich macht –, und dass Leihmutterschaft bei aller Kritik das Potenzial besitzt, Reproduktionsarbeit überhaupt erst sichtbar zu machen, erwähnt sie nicht.

Feministische Kämpfe sind auf ein Subjekt angewiesen. Gemeinsam erlittene Ungerechtigkeiten bilden die Basis oppositioneller Bewegungen. Federici ist überzeugt von der Relevanz der politischen, analytischen Kategorie «Frau». Dabei begreift sie «Frau» vor allem als einen bestimmten Platz in der kapitalistischen Arbeitsteilung. Der Begriff sei keinesfalls statisch, sondern «ein ständig umkämpftes und neu zu definierendes Terrain» (S. 56). Sie erachtet die unter Feminist*innen in den USA verbreitete Performanz-Theorie von Gender zwar als sinnvoll, aber begrenzt (S. 53). Dabei werde «übersehen, dass Gender das Ergebnis eines langen Prozesses der Disziplinierung ist» (S. 54). Die Ausbeutungen und Zwänge, denen «Weiblichkeit» unterliegt, werden nicht nur durch Normen geprägt, sondern auch durch Arbeitsteilung und -märkte sowie durch die Organisation von Familie, Sexualität und Hausarbeit.

Performanz suggeriert das «passive Befolgen eines Gesetzes», einen «einvernehmlichen Akt» (S. 53), obwohl es sich meist um eine unfreiwillige Unterwerfung handelt. Sie hilft uns zwar dabei, «Weiblichkeit» zu denaturalisieren, aber vergisst, dass wir nicht nur unsere individuelle Vorstellung von Gender, sondern auch die Institutionen ändern müssen, die Genderverhältnisse aufrechterhalten.

Institutionelle Machtregimes – wie dasjenige der Psychologie und Medizin – schreiben ihre Vorschriften in Körper ein. Der Körper besitzt die Fähigkeit, sich zu verändern. Die Idee, unseren Körper umzugestalten, ist uralt – sei es zur Optimierung, Verschönerung oder Gruppenidentifikation. Federici untersucht, welche «Körperpolitik» der Popularität körperlicher Umgestaltung wie Fitnesswahn oder Schönheitschirurgie zugrunde liegt. Einerseits problematisiert sie den gesellschaftlichen Druck, welcher auf unsere Körper ausgeübt wird, andererseits verdeutlicht sie, wie solche «Einzelfall-Lösungen» (S. 61) gesellschaftliche Ungleichheiten akzentuieren: «Während die Körper einiger immer fitter und perfekter werden, steigt die Zahl derer, die sich aufgrund von Übergewicht, Krankheit und schlechter Ernährung kaum noch bewegen können.» (S. 64) Unser Verhältnis zur Er- und Abschaffung unserer Körper hänge, so Federici, von der Medizin ab, also einer Institution, die von Wirtschafts- und Regierungsvorgaben bestimmt wird. Statt Mediziner*innen als göttliche Schöpfer*innen zu verklären, sollten wir also besser unseren Aktivismus darauf ausrichten, die Kontrolle über unser Verhältnis zur und das Wissen über Medizin zurückzuerlangen (S. 68).

Federicis Vorhaben ist die Beantwortung der Fragen: Was formt unseren Körper? Wer profitiert davon? Und wie erhalten wir die Kontrolle darüber zurück? Sie zeichnet dazu nicht nur Geschichte(n) des Körpers nach, sondern auch des Kapitalismus und des Widerstands. Zeitgleich versucht uns der Neoliberalismus – als Metapher für seinen liebsten Lebensentwurf – den Körper als Zellhaufen zu verkaufen, in dem jede Zelle individualistisch und egoistisch ihr eigenes Programm fährt. Diese Sichtweise perfektioniert die Selbstentfremdung. *Jenseits unserer Haut* ist eine Kampfansage: Der feministische Kampf beginnt vielleicht mit einem – von Federici als Wiederaneignungsstrategie vorgeschlagenen – Tanz, der eine «Erforschung dessen darstellt, was der Körper vermag: seiner Fähigkeiten, seiner Sprachen, seines Ausdrucks dessen, wonach das Dasein strebt» (S. 127). Sicherlich aber damit, «uns unseren Körper individuell wie kollektiv wiederanzueignen, sein Widerstandsvermögen wiederzuentdecken und schätzen zu lernen und seine Kräfte auszuweiten und zu preisen» (ebd.).

Lea Dora Illmer

Silke Helfrich / David Bollier: **Frei, Fair und Lebendig.** Die Macht der Commons.

OPEN ACCESS, transcript Verlag, Bielefeld 2019 (400 S.)

«Commoning bedeutet nicht einfach, etwas zu *teilen* oder *gemeinsam zu nutzen,* wie wir das aus dem Alltag kennen. Es bedeutet, zu teilen beziehungsweise gemeinsam zu nutzen *und zugleich* dauerhafte soziale Strukturen hervorzubringen, in denen wir kooperieren und Nützliches schaffen können.» (S. 20, Hervorhebungen im Original) Das Buch *Frei. Fair. Lebendig* ist ein Plädoyer für eine gemeinschaftliche, basisdemokratische und bedürfnisorientierte Wirtschaftsethik, die – so Helfrich/Bollier – für das Überleben der Menschen und des Planeten unerlässlich ist.

Schon 2012 hat Silke Helfrich mit *Commons. Für eine neue Politik jenseits von Markt und Staat* ein Standardwerk zur Geschichte der Almenden/Gemeingüter/Commons und zur Forschung der Wirtschaftsnobelpreisträgerin Ellenor Olstrom vorgelegt. Silke Helfrich betreibt das deutsche Commons-Institut, versteht sich als Aktivistin und gilt als wichtigste Expertin für Commons im deutschen Sprachraum.

In ihrem aktuellen Band präsentiert sie zusammen David Bollier wieder unzählige Praxisbeispiele und belegt, dass sich rund um den Erdball und in allen denkbaren Bereichen Enthusiast*innen finden, die ihre Energie «analog und digital, rurban und glokal» (S. 14) für ein gemeinschaftliches und gerechtes Verwalten von Wissen und Gütern einsetzen. Neu richten die Autor*innen ihren Fokus auf Gelingensbedingungen. Dazu gehören die Sinngebung durch soziale Beziehungen, ein Vokabular, das die Prozesse treffend beschreiben kann sowie die Auseinandersetzung mit rechtlichen und staatlichen Hindernissen für entkommerzialisiertes Haben.

Helfrich/Bollier erachten Commoning als

Instrument, das dem Nationalismus, der Ungleichverteilung, der Klimazerstörung wie auch der Werte- und Sinnkrise viel entgegensetzen kann – also als den Weg aus der Krise schlechthin. Voraussetzung sei, unsere Grundannahmen über die Wirklichkeit zu überdenken, die bestimmen, was wir für normal und wünschenswert halten (S. 36). Ihre Kritik zielt auf die Gründerväter der Aufklärung, die den Menschen als völlig frei entwarfen und ein Denken in aufeinanderprallenden Dualismen hervorbrachten: Individuum und Kollektiv, Menschheit und Natur, Geist und Materie. Diese Denktradition habe ermöglicht, den Planeten auszupressen und tauge keineswegs zu inklusiven Lösungen (S. 40). Am Beispiel des menschlichen Körpers erläutern sie das Funktionieren eines für Commons tauglichen kooperierenden Organismus (S. 50 f.), der mit der Umwelt und zahlreichen Mikroorganismen dauerhaft im wechselseitigen Austausch steht. Ihr onto-politischer Basisbegriff «ich-in-Bezogenheit» hebt die Gleichzeitigkeit und Vernetzung von «allem mit allem» hervor und fördert ein Seinsverständnis zwischenmenschlicher Verbindungen und gegenseitiger Abhängigkeit. Nur in diesem Geist könnten integrative Gemeinwesen erblühen.

Ein weiteres Kapitel widmen Helfrich/Bollier der Sprache. Denn Wörter, Begriffe und Kategorien beeinflussten wesentlich, was als relevant erachtet und welche logischen Folgerungen daraus abgeleitet würden. «Fehlt eine Ausdrucksmöglichkeit für ein Phänomen, signalisiert dies indirekt, was wir für unwichtig halten.» (S. 55) In einem ausführlichen Lexikon (S. 61 f.) diskutieren sie Begriffe und Dichotomien aus der Welt von Markt und Kapital, die mit ihrer herkömmlichen logischen Verknüpfung für das Realisieren von Commons problematisch seien, und entwickeln Begrifflichkeiten, die erlauben, in Bezogenheit auf ein soziales Miteinander zu denken und – etwas verkürzt rezipiert – sich vor alltäglicher Marktmanipulation zu schützen. Den Wortstamm von Commons – Commoning – Commoner erläutern sie zum Beispiel folgendermassen: «Alle drei Begriffe sind abgeleitet aus den lateinischen Wörtern ‹cum› und ‹munus›. ‹Cum› bedeutet ‹mit› und verbindet etwas; ‹munus› bedeutet Dienstleistung, Pflicht, Verpflichtung und manchmal Geschenk. Beide zusammen, ‹cum› und ‹munus› – etwa in Kommunion, Kommunikation und Kommunismus – verbinden zum Beispiel Reden und Zuhören oder Rechte und Pflichten. Das ‹cum› zeigt zudem an, dass eine Angelegenheit auch auf andere bezogen ist.» (S. 64)

Als wesentlich für die Entwicklung von Commons betrachten Helfrich/Bollier weiter die rechtliche Verankerung von Gemeinschaftsbesitz. Denn nicht wenige kollektive Projekte fallen bereits in der zweiten Generation dem Markt zum Opfer, wenn sie juristisch falsch aufgezäumt sind. Erneut streifen die beiden durch die Geschichte, diesmal zu den Wurzeln des Rechtsempfindens, die dem westlichen Eigentumsbegriff zugrunde liegt. Dabei geht es «im Ergebnis nicht darum, (den Rechtsbegriff) Eigentum abzuschaffen, sondern die Dinge, die wir benutzen (meist ebenfalls als ‹Eigentum› bezeichnet), in ihrem reichhaltigen, vielfältigen und sinnstiftenden Beziehungsnetz – sozial, wirtschaftlich, ökologisch und in der Zeit – zu verorten und dann inklusivere Formen des Habens zu fördern» (S. 200). Allerdings sind der dauerhaften Entkommodifizierung im westeuropäischen Rechtssystem enge Grenzen gesetzt. Teilformen, die sich im virtuellen Raum etablieren, lassen sich im Bereich von Gütern und Boden nur mit kreativen Winkelzügen juristisch sichern. Wie wenig trivial dies ist, diskutieren Helfrich/Bollier am Beispiel des deutschen Mietshäuser-Syndikats (S. 236), das ein ausgeklügeltes Rechtskonstrukt entwickeln musste, um sicherzustellen, dass einmal dem Markt entzogener Wohnraum über Generationen hinweg unverkäuflich bleibt.

«Es mag utopisch erscheinen, im modernen Leben Sphären der Nichtveräusserbarkeit schaffen zu wollen. Schliesslich hat die moderne Gesellschaft ein geradezu religiöses Verhältnis zum Eigentum. Und doch ist es weder abwegig noch unpraktikabel.» (S. 215)

Vorhaben in diese Richtung nennen Helfrich/Bollier «legal Hacking». Den Begriff entlehnen sie der freien Software-Bewegung, die sich bereits in den 1980er-Jahren gegen den Zugriff von Markt und Kapital durch Urheberrechte und Copyrights zur Wehr setzte und mit Hilfe kreativer Jurist*innen die sogenannte General Public License (GPL) erfand. Diese berechtigt Programmierende, ganz klassisch darüber zu bestimmen, wie die Software weiter genutzt werden darf, verfügt aber gleichzeitig, dass alle GLP-lizenzierten Codes allen erlauben, sie kostenfrei zu kopieren, weiterzugeben und zu verändern, ohne vorher die Erlaubnis der Urheber*in einholen zu müssen. Dieser Winkelzug hat den Aufstieg von freier und quelloffener Software rechtlich möglich gemacht und unzählige Nachahmer*innen inspiriert und vor Gerichtsverfahren bewahrt (S. 240 f.).

Äusserst selten finden Projekte, die Menschen ausserhalb des Marktes vernetzen und versorgen, staatliche Unterstützung. Dies, so Helfrich/Bollier, weil der moderne Nationalstaat systemisch auf Wirtschaftswachstum ausgerichtet ist, sich folglich zum Helfershelfer der Mächtigen und Reichen macht und freien Tausch kriminalisiert und unterbindet (S. 279). Die Chancen, staatliche Macht so nutzen und gegebenenfalls verändern zu können, dass sie commons-freundliche Modi der Selbstwerdung anerkennt, stünden schlecht. Denn staatliche Macht basiere auf bürokratischen Masterplänen und passe strukturell schlecht zu lebendigen, sozialen Systemen.

Mit ihrer Staatskritik und dem Plädoyer, sich im ausserpolitischen Raum anzusiedeln, beziehen sich Helfrich/Bollier auf den «radikalen Reformismus» von Joachim Hirsch und Murray Bookchin. Dieser setzt statt auf eine revolutionäre Machtergreifung auf Veränderung durch neue Beziehungsgeflechte und schliesst die Selbstveränderung der Menschen mit ein. «Die Veränderung beginnt damit, die Revolution zu *sein* anstatt sie zu *machen.*» (S. 275) Als Instrument der Ermächtigung könne Commoning mit Parallelökonomien den konventionellen Markt-Staat strukturell aushebeln, indem es ihm «den Treibstoff entzieht und der Mega-Maschine genau das vorenthält, was sie antreibt und aufrechterhält – nämlich uns selbst.» (S. 277)

Trotz wissenschaftlichen Anspruchs bemühen sich die beiden Autor*innen um eine allgemeinverständliche Sprache. Das wirkt auf geübte Leser*innen mitunter etwas redundant. Kritische Stimmen vermissen auch Negativbeispiele, welche gescheiterte Commons-Versuche analysieren. Lobend muss aber unterstrichen werden, dass Helfrich/Bollier einen reichen Gedankenfundus und unzählige Commons-Initiativen zusammentragen, die das Potenzial bergen, die aktuelle Weltdominanz zu unterwandern. Wer Selbstverwaltung und Umverteilung lebt, findet reichhaltig Anregung, Dinge neu zu denken, um sich «Schritt für Schritt von Märkten [...] und anderen vermeintlichen Zwängen zu emanzipieren» (S. 176).

Nina Schneider

Karl Marx: **Debatten über das Holzdiebstahlgesetz.** Von einem Rheinländer.

In: Marx, Karl / Engels, Friedrich: Werke, Bd. 1 (MEW 1) (S. 109-147)

Dieser Zeitschriftenartikel von 1842 zeigt einen sehr frühen, noch «unmarxistischen» Marx: Es ist noch keine Rede von Proletariat, Zyklus und Krise. Umso interessanter ist die Lektüre dieses journalistischen Textes gerade im Kontext der Enteignung. Sie lässt verstehen, warum bereits der (ganz) junge Marx für die zarte Demokratiebewegung jener Zeit ein zentraler Autor war, und was den ungestümen Hass der Behörden ausgelöst hat, die ihn zunächst zensiert, dann exiliert haben. Er tritt auf als scharfer Analytiker der politischen Ereignisse, dessen Parteinahme für die entrechteten Schwachen kein partikularistisches Sektierertum ist (wie ihm bis heute vorgeworfen wird), sondern der die Mächtigen an allseits geteilten normativen Standards misst und die Inkonsistenz ihrer Herrschaftspraktiken detailliert und ungeschönt sichtbar macht. Er zeigt auf, wie vielschichtig die fortschreitende Etablierung marktförmigen Privateigentums (Marx nennt es «ein Gemeingut monopolisieren», S. 120) nichtbesitzende Menschen *enteignet*: Der gewohnte Zugang zu bis dato geteilten Ressourcen – hier dem umherliegenden «Raffholz» (S. 119) – wird versperrt, auch Recht und Staat drohen zur Beute zu werden (Entrechtung und politische Entmündigung folgen). Mit ihrer Hilfe wird schliesslich eine weitere Ausbeutung in Angriff genommen: neben die eigentumsbasierte Ressourcensperre tritt die Androhung empfindlicher Strafen für den blossen Versuch, sich weiterhin mit dem Nötigsten zu versorgen. Marx zeigt in der Nachzeichnung der Debatten darüber (die de facto eher Monologe der Profiteure sind), wo rechtliche «Erschleichungen» liegen und wie eine der zunehmenden Vermarktlichung *angemessenere* Gesetzgebung aussehen müsste. Es gibt daneben innovative Methoden, die kulturtheoretisch von bleibendem Interesse sind: neben der Sprachkritik etwa hochinteressante visuelle Metaphern, theatrale Momente der Metamorphose, und eine Kritik des modernen Fetischismus, der Dinge über Menschen stellt.

Der normative Fluchtpunkt dieser Schrift ist demokratisch: Marx analysiert Verhandlungen des rheinischen Landtags – einer preussisch-deutschen Schrumpfform des Parlamentarismus, in der nur städtische und ländliche Grundbesitzer repräsentiert waren und die als beratendes Gremium keine Gesetze erlassen durfte. Das Beispiel sollte den demokratisch Gesinnten zeigen, «was von einer Ständeversammlung der Sonderinteressen, würde sie einmal ernstlich zur Gesetzgebung berufen, zu erwarten sei» (S. 146); nämlich eine Aushöhlung von Recht und Staat zugunsten ökonomischer Sonderinteressen. Der Waldeigentümer wolle «das öffentliche Recht in sein Privateigentum» verwandeln und «sich selbst an die Stelle des Staats» setzen (S. 140). Wer die bestehende Rechtslage ernst nahm, musste alarmiert sein von der Bedenkenlosigkeit, mit der über sie hinweggeschritten wurde. Wer gar an weiterer Demokratisierung interessiert war, wurde zur Einsicht gedrängt, dass eine Kompetenzerweiterung der bestehenden Ständeversammlungen dafür nicht ausreichen würde, sondern neue Institutionen anzustreben waren. Der Text nimmt damit einen empfindlichen Punkt späterer Debatten in der Sozialdemokratie vorweg – das Verhältnis der Bewegung zum bestehenden Staat und die künftige Rolle des Staates im Sozialismus.

Benennen wir zuerst, worum es in der Sache geht. Den späteren Schriften Karl Polanyis vergleichbar, beobachtet Marx eine Ausweitung und Verschärfung verrechtlichter privater Eigentumsansprüche, die zu sozialen Verwerfungen führte. Zwar glorifiziert er nicht das Mittelalter, doch zeigt er, wie lang eingespielte Gewohnheiten im Prozess der Marktausweitung verloren gehen – die bürgerliche Umstellung vollzieht sich «einseitig» (S. 118): Sie radikalisiert Herrschaftsansprüche der Besitzenden, vergisst jedoch die Gegen-Rechte des «Nichtbesitzers» (ebd.). Den Feudalismus zeichnet Marx als unaufhebbare und darin naturalisiert erscheinende Ungleichheit («das geistige Tierreich», S. 115). Dagegen transportiert die neue Zeit ein Freiheitsversprechen für alle: Das «menschliche Recht» sei das «Dasein der Freiheit» (S. 115), das sich durch die «Form des Gesetzes, der Allgemeinheit und Notwendigkeit» (S. 116) Geltung verschaffe (alle sollten vor dem Recht gleich sein, darin steckt mehr Kant als Hegel). Bislang allerdings hätten «selbst die liberalsten Gesetzgebungen» nur die Vorrechte der *Besitzenden* in Rechtsform gebracht, weil nur sie schon positiviert waren («Wo sie keine Rechte vorfanden, gaben sie keine», S. 117). Damit gehen die Vorteile verloren, die das alte Rechtssystem für ärmere Schichten noch parat hielt. Marx nennt drei davon:

Erstens waren die alten Rechtstitel «dualistischen, zwiespaltigen Wesens» (S. 118) zwischen Privat- und Gemeineigentum. Da nicht alles «den Charakter des vorherbestimmten Privateigentums erlangen» konnte (ebd.), gab es *Nischen* und Oasen. Zweitens war gerade durch die fixen sozialen Unterschiede eine «zufällige», das heisst nicht rechtlich fixierte, doch gewohnheitsmässige *Unterstützung* für die Armen verbreitet, etwa in den Klöstern oder Almosen der Reichen (S. 117, 119); es gab eine Verpflichtung des «schwankenden Eigentums gegen die ärmere Klasse» (S. 118). Drittens schliesslich herrschte selbst da, wo es zu Mundraub kam, eine Kultur der *Billigkeit* («Milde», S. 120). Ein solcher Raub würde privatrechtlich («bürgerlich», S. 111), nicht strafrechtlich geahndet, Armut oder Unglück war kein Verbrechen. Marx folgert daraus, dass der «weise Gesetzgeber» auch die nicht-positivierten Rechte in die neue Rechtsform überführen müsse: auch das alte Gemeineigentum wäre in moderne Form, alte, «zufällige Konzessionen» in «gesetzliche Ansprüche» zu transformieren (S. 117). Klassenschranken müssten durchlässiger werden, und ärmere Klassen bedürften «einer realen Möglichkeit von Rechten» (S. 120), wirtschaftlicher wie politischer Art (es gelte, ihnen eine «angemessene Stelle» in der «bewussten Staatsgliederung» zu geben, S. 119). Eine Transformation der «Milde» schliesslich ist in Marx' Einsatz für faire Rechtskultur und konsequenten «Staatsgedanken» (S. 126) zu sehen: «Der Staat muss in einem Holzfrevler mehr sehen als einen Frevler am Holz [...] einen Menschen, [...] vor allem einen Staatsbürger» (S. 121).

Marx legt also den Finger in die Wunde der halb-vollendeten Modernisierung der überkommenen Wirtschafts- und Rechtskultur. Er beschreibt dann, wie die Profiteure, adlige und bürgerliche Waldeigentümer, statt dieses Werk zu Ende zu bringen, den Zustand festzuzurren versuchen, ja für ihre Interessen zurückschrauben wollen. Den Armen wird ihr Gewohnheitsrecht, umherliegendes totes «Raffholz» zu sammeln, streitig gemacht (obwohl es nicht dem Baumeigentümer gehöre, da der Baum es von sich abgeworfen habe, S. 119). Zuwiderhandeln solle gleich mehrfach *bestraft* werden: durch Ersetzen des Schadens, zusätzliches Schmerzensgeld sowie staatliche Ordnungsstrafen, die abermals den Eigentümern zukämen. Da der (geringe) Wert des toten Holzes so auf wundersame Weise auf Kosten der Armen vermehrt werde, spricht Marx bereits von «Mehrwert» (S. 139), Kapital und Ausbeutung (S. 132). «Es wundert uns nur, dass der Waldeigentümer nicht auch seinen Ofen mit den Walddieben heizen darf.» (S. 139) Ebenso schwer wiegt jedoch, dass durch diese «masslose Rücksichtslosigkeit» der Sinn des Staates unterhöhlt wird: Es hat «das Privatinteresse den Staat zu den Mitteln des Privatinteresses» erniedrigt (S. 126), so werde auch die Funktion des Rechtes «auf das Tiefste herabgewürdigt» (S. 123). Neben die Kritik der Enteignung tritt also bereits eine frühe Verdinglichungskritik; ebenfalls zu erahnen ist schon Marx' Zweifel am Willen des Bürgertums, die «politische Emanzipation» zu erkämpfen.

Schliesslich wird auch das Kulturverständnis berührt. Da die Vorgeschichte bislang uneingelöst ist, gilt es, sie gegenwärtig zu halten (das erinnert an anti- und postkoloniale Bewegungen, die ja nicht anti-modern sind, sondern eine *volle* Transformation verlangen, auch der bewahrenswerten Seiten eigener Traditionen). Sie wirkt einstweilen auf gespenstische Weise weiter: Marx zeigt, wie uneingelöste ältere Rechte der Armen Traumgestalten annehmen, ihre unterdrückte Emanzipation führt zu fantastischen Transmutationen. Wie in der schwarzen Romantik erscheint alles seltsam verhext. Erhalten die Waldeigentümer «in poetischer Selbstentzückung» (S. 128) eine hölzerne Seele (S. 120; noch im Fetischkapitel des *Kapitals* der Tisch einen «Holzkopf», MEW 23, 85) und feiern, wenn «die hölzernen Götter siegen, und die Menschenopfer fallen» (S. 111), so neigt sich andererseits die Natur selbst, wo die Menschen es nicht tun, den Armen wie in einem Schauspiel zu: «Die Natur selbst stellt [...] den Gegensatz der Armut und des Reichtums dar». Die menschliche Armut «empfindet in diesem Treiben der elementarischen Mächte eine befreundete Macht, die humaner ist als die menschliche» (S. 119). Hoffnung erwächst also aus der Natur. Hier folgt Marx einer literarischen Imagination und deutet bereits auf Freud vor, doch haben die Fantasien bei Marx eine klare politische Botschaft. In ihrer ungeahnten Aktualität und Reichhaltigkeit ist diese frühe Marxsche Arbeit noch heute der Lektüre wert, sie wird durch zahllose Entdeckungen belohnt!

Christoph Henning

Thomas Piketty: **Kapital und Ideologie.**

München, C.H.Beck, 2020 (1312 S.)

Er war ein Überflieger. 1971 geboren und aus vermögenden Verhältnissen stammend, studierte Thomas Piketty an der École Normale Supérieure, einer der prestigeträchtigsten Eliteschulen Frankreichs. Seine Dissertation, die er bereits 1993 in sehr jungem Alter abschloss, erstellte er im Rahmen eines europäischen Doktoratsprogramms für Wirtschaftswissenschaften an der Pariser École des Hautes Études en Sciences Sociales (EHESS) und an der London School of Economics (LSE). Anschliessend war er als Assistenzprofessor am Massachusetts Institute for Technology in den USA tätig, bevor er nach Frankreich zurückkehrte und Studienleiter am nationalen Forschungszentrum CNRS wurde. 2005 beauftragte Premierminister Dominique de Villepin ihn mit der Gründung einer neuen Wirtschaftshochschule in Paris: Die Paris School of Economics (PSE) entstand durch die Fusion der Forschungsabteilungen mehrerer renommierter Hochschulen und setzte sich das Ziel, mit der angelsächsischen Konkurrenz rivalisieren zu können. Nach drei Jahren in der Leitung dieses Projekts beziehungsweise als erster Direktor der PSE gab Thomas Piketty dieses Amt wieder ab, um sich vermehrt der eigenen Forschung widmen zu können.

Aus dem Überflieger ist ein Schwergewicht im Feld der Wirtschaftswissenschaften sowie ein öffentlicher Intellektueller geworden. Entscheidend für seine internationale Reputation war die Veröffentlichung des Buchs *Das Kapital im 21. Jahrhundert* (2013 im französischen Original erschienen, 2014 auf Englisch und Deutsch), in dem Thomas Piketty die langfristige Entwicklung der wirtschaftlichen Ungleichheiten dokumentiert und die These vertritt, dass die Kapitalrendite über dem durchschnittlichen Wirtschaftswachstum liegt, was zu einer steigenden Konzentration der Vermögen führt. Das Buch passte sehr gut zur Stossrichtung der seit 2011 durch Occupy Wall Street in den USA und Bewegungen in zahlreichen anderen Ländern ausgelösten Diskussionen, welche die Macht des «einen Prozent» der Reichsten skandalisierte. Der Verfasser scheut selbst ebenfalls nicht vor politischen Stellungnahmen zurück. Dabei mischt er sich aber nicht primär unter die protestierenden Menschenmengen, sondern tritt als Berater von Politiker*innen auf, etwa von Ségolène Royal in Frankreich oder von Jeremy Corbyn in Grossbritannien. Seine Rolle als öffentlicher Intellektueller nimmt er auch durch aktuelle Beiträge in den Medien wahr, zum Beispiel auf seinem Blog bei der Tageszeitung *Le Monde*.

Mit *Kapital und Ideologie* legt Thomas Piketty nun ein umfangreiches Nachfolgewerk vor. Es stützt sich im Wesentlichen auf die Ergebnisse eines seit Beginn der 2000er-Jahre entwickelten Netzwerks von Forscher*innen aus verschiedenen Ländern, die sich heute als World Inequality Lab bezeichnen und auf der Seite der World Inequality Database (WID.world) ihre Publikationen, Grafiken und Zahlenreihen zugänglich machen. So sehr das neue Buch *Kapital und Ideologie* als grosses Werk eines einzelnen Autors erscheint, so wichtig ist es, diese kollektive Forschungsarbeit im Auge zu behalten, ohne die es niemals möglich geworden wäre. Im Vorwort würdigt der Verfasser die gemeinsamen Anstrengungen von über hundert Forschenden, die sich mit mehr als achtzig Ländern auf allen fünf Kontinenten beschäftigen. Er bemüht sich zudem um Transparenz in Bezug auf Daten und Methoden: Auf seiner persönlichen Seite an der PSE sind das Buch ergänzende Dokumente greifbar, darunter ein technischer Anhang, der die Quellenlage präzisiert und das methodische Vorgehen erläutert (piketty.pse.ens.fr/fr/ideologie). Dies ist vermutlich auch eine Antwort auf die vielfältigen, teilweise forschungsmethodischen Kritiken, welche *Das Kapital im 21. Jahrhundert* hervorgerufen hat.

Kapital und Ideologie setzt in vielerlei Hinsicht die Untersuchungen fort, auf denen das vorgehende Opus Magnum beruhte. Gleichzeitig verschiebt es den Fokus in zweifacher Hinsicht: Zum einen will Thomas Piketty seine ökonomischen Untersuchungen mit einer Analyse von Ideologien verbinden, die zur Rechtfertigung von Ungleichheiten dienen. Letztlich schreibt er eine Geschichte der Abfolge von Ideologien, welche die Gesellschaft in verschiedene Gruppen teilen und soziale Ungleichheiten rechtfertigen. Dabei verwendet er keinen pejorativen Ideologiebegriff: Jede Gesellschaft ist schliesslich gezwungen, soziale Ungleichheiten zu rechtfertigen, und der Verfasser will diese Ideologien ernst nehmen und etwas aus dem Widerstreit der Ideen lernen. Zum anderen hat er sich das Ziel gesetzt, die einseitig westliche Perspektive, die *Das Kapital im 21. Jahrhundert* prägte, zu relativieren und eine Dezentrierung des Blicks vorzunehmen, indem er aussereuropäischen Gesellschaften (allen voran Indien, China und Brasilien) ausführliche Kapitel widmet und die kolonialen Beziehungen zwischen dem Westen und den anderen Weltregionen einer kritischen Analyse unterzieht. Kein einfaches Unterfangen für einen Autor, der nur des Französischen und des Englischen mächtig ist, wie er im Schlusswort selbstkritisch festhält – doch ist das Bemühen um den Einbezug der postkolonialen Literatur an vielen Stellen spürbar. Um die politischen Kämpfe um soziale Ungleichheiten zu analysieren, stützt sich Thomas Piketty zudem oft auf das Begriffspaar des Eigentums und der Grenze: An der Eigentumsordnung entzündet sich die soziale Frage, während das Grenzregime die nationale Frage aufwirft – oder anders gesagt: die Frage nach den Zugehörigkeiten und Identitäten. Das Zusammenspiel beider Aspekte ist zentral, um zu verstehen, wie Wirtschafts- und Gesellschaftsordnungen aufgebaut sind und funktionieren.

Das Buch umfasst 1312 Seiten und ist in vier Hauptteile gegliedert. Im ersten Teil untersucht Thomas Piketty den Übergang von den dreigliedrigen Gesellschaften des europäischen Mittelalters (Klerus, Adel und arbeitender Stand) in die Eigentümergesellschaften der Moderne. Bei diesem Prozess stand nicht nur die Auflösung der alten Stände auf dem Spiel, sondern auch die Trennung von Wirtschaft und Politik: Hoheitliche Aufgaben sollten von wirtschaftlicher Macht entflechtet und an den Staat übertragen werden, während es allen Menschen offenstehen würde, Eigentum zu erwerben und wirtschaftliche Aktivitäten nach ihrem Gutdünken zu betreiben. Im zweiten Teil widmet sich der Verfasser den Sklavenhalter- und Kolonialgesellschaften. Er untersucht, wie sich die Abschaffung der Sklaverei in die Eigentumsordnung der westlichen Staaten einfügte: Zum Beispiel wurden in Frankreich und England die Sklavenhalter für den Verlust ihres Eigentums finanziell entschädigt, nicht aber die Sklaven und Sklavinnen für das erlittene Unrecht. Und er geht der Frage nach, wie die koloniale Herrschaft sich auf die Entwicklung der dreigliedrigen aussereuropäischen Gesellschaften auswirkte. So festigte etwa die britische Kolonialverwaltung das indische Kastenwesen und machte es zum Ausgangspunkt politischer Auseinandersetzungen, die das Land bis heute prägen. Im dritten Teil geht es sodann um die «grosse Transformation im 20. Jahrhundert», auf Grund derer sich sozialdemokratische und kommunistische Gesellschaften entwickelten und eine in der früheren Geschichte unerreichte Dekonzentration von Einkommen und Eigentum herbeiführten, bevor sich ab den 1980er-Jahren das Blatt wendete und ein Hyperkapitalismus Fuss fasste, der das Privateigentum heiligt und die Reichen bewundert. Die proprietaristische Ideologie, der es um die prinzipielle Verteidigung des Eigentums ohne Rücksicht auf Verluste geht, erlebt vor diesem Hintergrund eine spektakuläre Renaissance. Im vierten und letzten Teil wendet sich der Verfasser schliesslich dem Wandel der politischen Auseinandersetzungen in den letzten Jahrzehnten zu, die sich im Westen insbesondere durch einen Rückzug der unteren Schichten von den Wahlen sowie durch die Akademisierung der linken Parteien auszeichnen. Die Klassenfrage verschwindet deshalb hinter Identitätskonflikten, während sich zum Beispiel in Indien und Brasilien im Gegensatz dazu neue Konfliktlinien entfalten, die deutlich an Klassenunterschieden orientiert sind.

Während Thomas Piketty der kommunistischen Erfahrung auf Grund ihrer einseitigen Fixierung auf Staatseigentum und des autoritären Charakters kaum Positives abzugewinnen vermag, möchte er an die Errungenschaften der sozialdemokratischen Gesellschaften anknüpfen und diese vertiefen, um eine Alternative zum oben erwähnten Hyperkapitalismus zu entwerfen. In seinen Augen sind die sozialdemokratischen Gesellschaften insbesondere an zwei Herausforderungen gescheitert. Zum einen ist es ihnen nicht gelungen, angesichts der Bildungsexpansion und des steigenden Zugangs zum Hochschulstudium adäquate Normen der Bildungsgerechtigkeit zu entwerfen und umzusetzen. Am Beispiel Frankreichs rechnet der Verfasser vor, wie ungleich und ungerecht auch in einem staatlichen Bildungssystem die Ressourcen verteilt sind. Die sozialdemokratischen Parteien haben es nicht nur unterlassen, für mehr Gerechtigkeit zu sorgen; vielmehr sind sie selbst zu den Parteien der Gewinner*innen des verschärften Bildungswettbewerbs geworden. Es verwundert deshalb nicht, dass Angehörige der unteren Schichten sich in zunehmendem Ausmass rechten Parteien zuwenden, sofern sie überhaupt noch an Wahlen und Abstimmungen teilnehmen. Zum anderen haben die sozialdemokratischen Gesellschaften keine überzeugende Antwort auf die Internationalisierung der wirtschaftlichen Prozesse gefunden. Sie blieben im nationalstaatlichen Denken verhaftet und liessen sich in eine Logik des Standortwettbewerbs einbinden, welche Länder im Wettbewerb miteinander sieht, statt auf internationale Kooperation zu setzen. Dieses Versagen setzt sich in der Entwicklung der Europäischen Union fort, die einseitig auf marktwirtschaftliche Politiken setzt und kaum solidarische Prozesse über die Ländergrenzen hinweg zur Entfaltung bringt.

Wenn Thomas Piketty am Ende des Buchs seine Vorschläge für einen «partizipativen Sozialismus des 21. Jahrhunderts» präsentiert, meint er mit Partizipation sowohl die Teilhabe an gesellschaftlichen Gütern als auch die aktive Teilnahme an politischen Prozessen. In seinen Augen ist es möglich, den Kapitalismus durch Weiterentwicklungen von Institutionen sozialdemokratischer Gesellschaften zu überwinden. In diesem Sinne könnte seine Strategie als ein institutioneller Radikalismus bezeichnet werden. Die Erfahrungen mit der betrieblichen Mitbestimmung in Deutschland und den nordischen Staaten sollen vertieft werden, um die Macht in den Unternehmen wirklich aufzuteilen – etwa durch Beschränkungen der Stimmrechte von Grossaktionären und Aktien für Beschäftigte, damit diese als Kollektiv mehrheitsfähig werden. An die Erfolge der progressiven Besteuerung von Einkommen, Vermögen und Erbschaften im 20. Jahrhundert soll wieder angeknüpft werden, um dafür zu sorgen, dass Eigentum einen temporären Charakter erhält – indem es zum Beispiel dank einer sehr hohen Besteuerung von Erbschaften nur noch in begrenztem Mass von einer Generation auf die nächste weitergegeben werden kann – sowie in der Gesellschaft breit gestreut und gleichmässiger verteilt wird – etwa indem jede*r junge Erwachsene mit 25 Jahren eine einmalige Kapitalausstattung in der Höhe von sechzig Prozent des Durchschnittsvermögens erhält. Der Verfasser plädiert zudem für progressive Sätze bei Umweltsteuern, für neue Normen der Bildungsgerechtigkeit – zum Beispiel ein gesetzlich verbürgter Anspruch auf weitere Ausbildungen für Menschen ohne höhere Abschlüsse – sowie für allgemeine Gutscheine zur Parteifinanzierung. Diese sollen allen Mitgliedern der Gesellschaft ein grösseres Gewicht im politischen Prozess geben und die Abhängigkeit der Parteien von grossen Spenden einschränken. Am Ende der reichhaltigen Palette von Vorschlägen steht ein Plädoyer für einen globalen Sozialföderalismus, um aus dem wirtschaftlichen Wettbewerb zwischen Staaten und Regionen auszubrechen und mit neuen Formen der Solidarität und Souveränität zu experimentieren.

Kapital und Ideologie ist ein beeindruckendes Werk. Vor dem gewaltigen Umfang braucht niemand zurückzuschrecken, denn das Buch ist so geschrieben, dass durchaus einzelne Teile oder Kapitel zum Lesen herausgepickt werden können. Die sehr breite empirische Datenbasis wird durch Thomas Piketty mit einem fast schon enzyklopädisch anmutenden Wissen über verschiedene Länder und Epochen verbunden. In konzeptueller Hinsicht ist die Argumentation allerdings nicht immer stringent und präzise. Es fällt zunächst ein gewisses Ungleichgewicht zwischen den beiden Schlüsselbegriffen Eigentum und Grenze auf: Während der Verfasser sich in den Theorien des Eigentums wie ein Fisch im Wasser bewegt, bleiben die Ausführungen zur Grenze relativ vage. Er beklagt zwar wiederholt die «sozialnativistische Falle», die soziale Rechte für die einheimische Bevölkerung mit einer Abwehr von Zugewanderten verbindet, lässt aber eine Analyse der Migrationspolitiken und Grenzregimes vermissen. Absolut überzeugend ist seine These von der Akademisierung der linken Parteien, doch für ein vertieftes Verständnis der Bedeutung der Bildungssysteme für die Reproduktion sozialer Ungleichheiten wäre es notwendig, sich systematischer mit Erkenntnissen der Bildungssoziologie auseinanderzusetzen. Ähnliches lässt sich mit Blick auf den Ideologiebegriff festhalten: Hier könnte ein Bezug auf die französische Konventionen-Ökonomie weiterhelfen, die sich mit der Pluralität von Rechtfertigungsordnungen im Wirtschaftsleben beschäftigt. Inwiefern die Entwestlichung des Blicks gelungen ist, scheint ebenfalls fraglich: Letztlich muss sich der Verfasser eben doch vorhalten lassen, eine weitere grosse Erzählung geschrieben zu haben, die im Kern von der europäischen Geschichte ausgeht.

Ein solches Buch bringt zwangsläufig die Gefahr mit sich, dass eine gewisse Rezeption sich darauf stützen möchte wie auf eine Bibel, in der alles bereits gesagt ist. Thomas Piketty stünde dann als Salon-Sozialist da, der im stillen Kämmerlein endlich die richtigen Lösungen für die Zukunft der Menschheit gefunden hätte. Er selbst merkt zwar an unzähligen Stellen an, seine Überlegungen und Vorschläge seien unvollendeter Natur und bloss als Grundlagen für weitere Beratungen gedacht. Aber das Werk ist von einem totalisierenden Duktus durchdrungen, der zweifellos manchen Leser*innen – den wohlwollenden eher noch als den kritischen – die Sprache verschlägt. Es ist deshalb unbedingt unsere Aufgabe, *Kapital und Ideologie* nicht nur zu lesen, sondern auch zu kritisieren. Denn der partizipative Sozialismus, den sich der Verfasser herbeiwünscht, wird nicht ohne Kontroverse und Widerspruch auskommen: auch dies eine Lehre aus der Vergangenheit, die wir uns zu Herzen nehmen sollten.

Peter Streckeisen

Ernst Hubeli: **Die neue Krise der Städte.** Zur Wohnungsfrage im 21. Jahrhundert.

Rotpunktverlag, Zürich 2020 (192 S.)

Das kleine Buchformat täuscht: Die gut 150-seitige Auslegeordnung über die Herausforderungen und Anachronismen der Wohnbaupolitik sowie die individuellen Ansprüche ans Wohnen beinhaltet eine geballte Ladung an historischen Querverweisen, Analogien, Hintergründen und Denkanstössen. Die Lektüre fordert den Leser, die Leserin. Die Übersicht zu behalten ist nicht immer einfach angesichts der zahlreichen Ebenen und Zugänge zur Thematik. Im Zentrum stehen nicht nur Fragen nach dem Recht auf Wohnen, das im Widerspruch steht zu Boden- und Immobilienbesitz, sondern auch grundsätzliche Überlegungen zur Rolle von Heimat, Wohnen und urbanem Leben.

Der Autor holt weit aus. Ernst Hubeli, ehemaliger Professor und Leiter des Instituts für Städtebau an der Technischen Universität Graz, Chefredaktor der Fachzeitschrift *Werk* und Mitinhaber des Architekturbüros Herczog Hubeli in Zürich, kann aus dem Vollen schöpfen. Und tut dies mit grosser Lust. Schon im Einführungskapitel spannt er den Bogen von Homers Volksepos mit Odysseus' Heimkehr ins Ehebett unter dem Olivenbaum über Friedrich Engels' Schilderungen des Wohnungselends im London des 19. Jahrhunderts bis zu Martin Heideggers Definition von Wohnungsnot als «Heimatlosigkeit der Menschen». Abgeleitet von Heideggers Frage, «ob Wohnen erst ‹das Sein› ermöglicht und ob ‹das Sein› sich im Wohnen wiedererkennen kann», spinnt Hubeli den Faden weiter und fragt: «Spiegelt das Wohnen die Gesellschaft? Oder spiegelt die Gesellschaft das Wohnen?» (S.10)

Globales Kapital entmachtet die Stadtgesellschaft. Ausgehend von solchen Grundsatzfragen, beleuchtet der Autor in einer fast 40-seitigen Einführung erst einmal die «politische Ökonomie der Seelenkisten» (S.8). Hubeli ortet in der heutigen Gesellschaft einen Rückzug ins Private. Das eigene Zimmer ist gleichzeitig intimes Nest und der Hub zur Welt. Genauso, wie wir als Individuen Teil eines weltweiten Netzwerks sind, verhält es sich mit unseren Wohnungen: Immer öfter gehören sie global agierenden Immobilienkonzernen. Die US-amerikanische Soziologin Saskia Sassen spricht in diesem Zusammenhang von einer «Finanzialisierung der Städte, deren dereguliertes Wachstum eine schleichende Entmachtung der Stadtgesellschaft nach sich zieht, die in der Folge einer zunehmenden Verödung und Entwertung ihrer urbanen Alltagskultur ausgesetzt ist» (S.18). Doch nicht nur die Stadtkultur ist bedroht, sondern letztlich auch das Wohnen in der Stadt. Durch die wachsende Nachfrage nach städtischen Immobilien vervielfachten sich die Bodenpreise in den Zentren. Dies wiederum hat dramatische Auswirkungen auf die Mietpreise, sodass sich vielerorts Normalbürgerinnen und -bürger die Wohnung in der Innenstadt gar nicht mehr leisten können. Dazu zitiert Hubeli eine Stadtanalyse von UN-Habitat, dem Wohn- und Siedlungsprogramm der Vereinten Nationen: «Im Unterschied zum Kapital kann Boden weder akkumuliert noch vernichtet werden. Er ist ein Allgemeingut und seine Privatisierung in sich ein Widerspruch. Ohne eine Sozialisierung des Bodens sind Entwicklungen der Städte nicht zu lenken. Das gilt auch für das Wohnen.» (S.21)

Im Kapitel «Wohnen – Paradox und Widerspruch» – veranschaulicht Hubeli seine These, dass die Immobilienwirtschaft an überholten Wohnformen festhält und heute nach wie vor Unterkünfte für bürgerliche Kleinfamilien baut, obschon sich der Grossteil der Gesellschaft längst von dieser Lebensform verabschiedet hat. Trotzdem gibt es für die Branche keinen Grund, ihre Investitionspolitik zu ändern, solange die Nachfrage nach bezahlbarem Wohnraum weiterbesteht. In zehn Punkten zeigt Hubeli auf, in welche Richtung sich das Wohnen und die Bodenpolitik entwickeln müssten, um städtisches Leben zu schützen und zu fördern, damit es nicht so weit kommt wie etwa in Berlin, aber auch in vielen anderen Städten: «Wer unten ist, wird in eine andere Stadt oder an die Ränder verbannt. Und die verteuerte Stadt entmischt und homogenisiert sich, das Urbane und dessen Vitalität sterben ab. Dieser Kreislauf hat ein selbstzerstörerisches Moment: Wenn die Stadt und ihr Zusammenhalt auf ein Geschäft schrumpfen, wird ihr auch die Luft entzogen; wenn die Stadtgesellschaft zur Aktiengesellschaft verkümmert, wird ihr auch das wirkliche Kapital einer Stadt entzogen: ihre Leerstellen, ihre Möglichkeiten, unterschiedliche Lebensentwürfe zu realisieren, im konkreten, mentalen und im metaphorischen Sinn.» (S.69)

Im Kapitel «Enteignung» stellt Hubeli den aktuellen «Berliner Aufstand» gegen die Vormacht der Immobilienkonzerne, die enormen Mietpreisentwicklungen und die damit verbundene rasante Gentrifizierung der Stadt ins Zentrum. Als Beispiel einer besonders negativen Stadtentwicklung schildert der Autor die Entwicklung Dublins, einer einst beschaulichen charaktervollen Stadt, deren sich globalisierte Konzerne widerstandslos bemächtigen konnten. Das wirkt sich negativ auf die Architektur der Stadt aus, wie auch auf das Stadtleben: Weil ein Zimmer in einer Wohngemeinschaft nicht unter 1000 Euro, und eine Einzimmerwohnung nicht unter 1800 Euro zu haben ist, können es sich immer weniger Menschen leisten, in Dublin zu wohnen. «Obdachlos sind selbst Angestellte, die zwar einen Job haben, aber keine Wohnung finden» (S. 50), schreibt Hubeli. Ganz anders die Situation in Wien, wo über sechzig Prozent des Wohneigentums dem freien Markt entzogen sind. Die vergleichsweise gute Situation hat ihre Wurzeln im «Roten Wien», das vor hundert Jahren im Kampf gegen die Wohnungsnot gemeinnütziges und städtisches Eigentum gezielt und dauerhaft dem Wohnungsmarkt entzogen hat.

Berlin, so Hubeli, stehe diesbezüglich zwischen Dublin und Wien. Auch in Berlin spielte der gemeinnützige Wohnungsbau während Jahrzehnten eine entscheidende Rolle. Die grosse Wende ortet der Autor im Jahr 2004, als die linke Berliner Stadtregierung damit begann, «den städtischen und gemeinnützigen Bestand an Private zu verhökern. Rund 200 000 Wohnungen mit angemessenen Mieten wurden verkauft; sie fehlen nun. Die Haushaltslöcher, die damit gestopft werden sollten, entleerten die Haushaltskassen der Mieter.» (S. 92 f.) Schliesslich habe die «Finanzialisierung» von Immobilien und Bodeneigentum die ganze Stadt erfasst, was zum aktuellen «Aufstand gegen die Wohnungsnot» führte (S. 94).

Anhand konkreter Beispiele liefert der Autor eine packende Analyse, wie es so weit kommen konnte. Da das Buch in der ersten Hälfte 2019 geschrieben wurde, bleibt leider offen, ob und wie der Mietendeckel – ein Moratorium für Mietpreiserhöhungen – in Berlin schliesslich eingeführt wurde, und ob die geplante Teilenteignung von Immobilienkonzernen tatsächlich umgesetzt wird.

Der letzte Teil des Buches ist ein Rundumschlag über Heimat und Zuhause. Dabei lässt Hubeli erneut viele Denker zu Wort kommen und plädiert unter anderem für eine Befreiung des Terrors des Ortes: «Die Trennung von Ort, Kultur, Zeit ist eine Folge der Gleichzeitigkeit von physischen, medialen und virtuellen Wirklichkeiten. Die Uneindeutigkeiten und Ambivalenzen, die dabei unvermeidbar entstehen, können belastend sein, selbst wenn sie befreiend wirken. Unabhängig davon haben sie den Vorteil, dass vieles, auch das Wohnen, an Schwere und Bedeutungslast verliert. Wo fast alles vieldeutig und unbestimmt ist, gibt es auch neue Möglichkeiten.» (S. 155 f.) Somit kann Heimatlosigkeit auch als Chance verstanden werden.

In welche Richtung sich der Architekt und Stadtplaner Ernst Hubeli die Entwicklung neuer Möglichkeiten wünscht, fasst er ganz am Ende seiner dichten Streitschrift zusammen: «Das Verhältnis von Stadt und Architektur kann als eine Überform beschrieben werden. Die einzelnen Objekte sollen schweigen und ihre Selbstbezogenheit aufgeben zugunsten einer Öffnung für den städtischen Zusammenhalt. Diesen können Objekte ohnehin nicht herstellen. Was Stadt zur Stadt macht, ist ein Prozess und ein Zusammenspiel, in dem das Gegenständliche Hintergrund bleibt und die Entfaltung eines urbanen Alltags so wenig wie möglich behindert.» (S. 166)

Gabriela Neuhaus

Ruth Ammann: **Berufung zum Engagement?** Die Genossenschafterin und religiöse Sozialistin Dora Staudinger (1886–1964).

Schwabe Verlag, Basel 2019 (442 S.)

Obwohl seit einigen Jahren eine Strasse in Zürich-Affoltern ihren Namen trägt, war über das umfangreiche Schaffen Dora Staudingers bisher erstaunlich wenig bekannt. Unter dem Titel *Berufung zum Engagement?* beleuchtet Ruth Ammann in ihrer an der Universität Bern verfassten Dissertation das Leben der Genossenschafterin und religiösen Sozialistin – und rückt damit zwei zentrale Aspekte ihrer Person in den Mittelpunkt.

Anhand der Biografie Dora Staudingers fragt die Autorin nach dem zugrunde liegenden politischen Selbstverständnis und rekonstruiert gesellschaftliche «Veränderungen aus *ihrer* Sicht, durch *ihre* Person in ihrem spezifischen – persönlichen, politischen – Umfeld als Frau» (S. 17). Gegliedert ist die Publikation in drei chronologische Hauptkapitel, die in sich mehrheitlich thematisch, stellenweise aber auch chronologisch strukturiert sind. Aufgrund der Heterogenität der Tätigkeiten und Engagements behandelt Ruth Ammann nicht das gesamte Leben Dora Staudingers, sondern legt einen Fokus auf die Zeit zwischen 1912 und 1929, während der sie in der Stadt Zürich lebte, ohne dabei die Jahre davor und danach gänzlich ausser Acht zu lassen. Die Quellenbasis setzt sich zum einen aus Ego-Dokumenten Dora Staudingers zusammen (die allerdings nur punktuell vorliegen) und zum anderen aus Material der verschiedenen Organisationen, in denen sie engagiert war oder von Personen, die ihr nahestanden.

Auf dem Weg zum Deutschen Frauenkongress 1912, der den ersten Teil umrahmt und der gleichzeitig den Ausgangspunkt ihres aktiven politischen Engagements markiert, begann für Dora Staudinger eine rund sechs Monate dauernde intensive Phase des Tagebuchschreibens. Am Frauenkongress konnte sie sich gänzlich und unabhängig von ihrem familiären Umfeld den politischen Themen widmen, die sie interessierten. Neben inhaltlichen Referaten unter anderem zu den Einflussmöglichkeiten von Frauen in Genossenschaften hinterliess insbesondere das progressive Verständnis der anderen Kongressteilnehmerinnen zu Freundschaft, Ehe und Kameradschaft einen bleibenden Eindruck bei Dora Staudinger. In diesem ersten Teil stellt Ruth Ammann auch Bezüge in die Vergangenheit her und beleuchtet die unterschiedlichen Milieus, durch die Dora Staudinger von ihrer eigenen und der Familie ihres Ehemannes Hermann Staudinger geprägt worden war. Bereits hier werden erstmals die wiederkehrenden Rollenkonflikte sichtbar, mit denen sie als Ehefrau eines erfolgreichen Akademikers und Mutter sowie als politisch engagierte Frau zu Beginn des 20. Jahrhunderts konfrontiert wurde.

Der zweite Teil deckt die ersten zehn Jahre Dora Staudingers in Zürich ab. Bereits kurze Zeit nach dem Umzug in die neue Stadt 1912 – aufgrund der Berufung ihres Ehemannes auf einen Lehrstuhl für Chemie an der ETH (Eidgenössische Technische Hochschule) – fand sie Anschluss im religiös-sozialistischen Umfeld und bald darauf auch in der Genossenschafts-, Frauen- und Friedensbewegung. Der Kriegsbeginn führte zu einer raschen Intensivierung aller dieser Tätigkeiten. Aufgrund von politischen und persönlichen Überschneidungen entstanden bald enge Freundschaften zu Clara Ragaz und zu Leonhard Ragaz. Selbst bezeichnete sie dieses für sie sehr anregende Umfeld als Ort der «‹Sehnsucht› nach ‹Taten und Worten›, [...] als ‹Fortsetzung und Synthese dessen [...], was ich vom eignen Elternhaus und von der Familie Staudinger empfangen [hatte]›» (S. 272). Von zentraler Bedeutung waren in dieser Zeit insbesondere auch Dora Staudingers rege Publikations-, Vortrags- und Kurstätigkeiten, in denen sie ihre feministischen, religiös-sozialistischen und genossenschaftlichen Ideen darlegte und propagierte. Kurz nach dem Krieg schrieb sie insbesondere viel für die Zeitschrift *Neue Wege* und verfasste als damals einzige Frau auch mehrere theologische Leitartikel. Im Lebensmittelverein und in der Allgemeinen Baugenossenschaft Zürich, die zuvor mehrheitlich durch Männer geprägt wurden, gehörte Dora Staudinger zu den ersten weiblichen Vertreterinnen und sorgte dafür, dass auch die Sichtweisen von Frauen als Konsumentinnen, Müttern und Hausfrauen mehr Beachtung fanden. Auch wenn die weiblichen Einflussmöglichkeiten teilweise gering blieben, prägte sie damit die Idee der genossenschaftlichen Selbsthilfe, beeinflusste deren Politik und war Expertin für kommunale Wohnbaupolitik.

Im Unterschied zu den beiden ersten ist der dritte Teil weniger thematisch, sondern chronologisch strukturiert und deckt die Jahre 1923 bis 1929 ab. Auch weil Dora Staudinger zu Beginn dieses Zeitraums erneut Tagebuch schrieb, ist das Kapitel geprägt durch den bereits seit Jahren schwelenden Konflikt mit ihrem Ehemann, der ihre ausserhäuslichen, das heisst politischen Tätigkeiten missbilligte – ein Konflikt, der schliesslich zur Scheidung führte. In eben diesen Jahren übernahm Dora Staudinger als Fürsorgerin des Stadtzürcherischen Vereins für Mutter- und Säuglingsschutz eine neue Stelle und intervenierte in dieser Rolle gegen eine disziplinierende Armenfürsorge von wirtschaftlich schlecht gestellten Frauen, indem sie beispielsweise Zwangssterilisationen verhinderte. Eine einschneidende Zäsur stellte 1929 Dora Staudingers Wegzug aus der Stadt Zürich und ihre Wiederverheiratung dar. Damit ging auch ihr Abschied aus der religiös-sozialen Bewegung wie das Ende ihrer Freundschaft mit Clara und Leonhard Ragaz einher. Ruth Ammann schneidet abschliessend die darauffolgenden gut dreissig Lebensjahre und damit das weitere Wirken Dora Staudingers knapp an – und regt damit zu weiteren Forschungen an.

Dank Dora Staudingers bemerkenswert vielfältigen Engagements erlaubt diese überzeugende Forschungsarbeit Einblicke in eine Fülle von Bewegungen und Debatten, die das erste Drittel des 20. Jahrhunderts entscheidend prägten. Gleichzeitig werden durch die rege Schreibtätigkeit Dora Staudingers die unterschiedlichen Hindernisse deutlich, mit denen sich politisch aktive Frauen sowohl im privaten als auch im öffentlichen Kontext konfrontiert sahen. Nicht zuletzt zeigt die Dissertation eindrücklich, wie Dora Staudinger immer darum bemüht war, Menschen an den Rändern institutionalisierter Machtstrukturen durch Gemeinschaft und Bildung neue politische Räume zu eröffnen. Da die Autorin ihre Protagonistin als Teil eines grossen sozialen Gefüges versteht, rückt sie neben Dora Staudinger auch viele weitere engagierte Frauen ins Rampenlicht und macht damit grosse Lust, deren Spuren in- und ausserhalb von Archiven nachzuverfolgen.

Dass dies notwendig ist, ergibt sich aus der Erkenntnis, dass Wirken und Tätigkeiten von Frauen in der historischen Auseinandersetzung bis heute grundsätzlich unterrepräsentiert sind. Besonders deutlich wird dies durch einen Blick auf die Biografien im Historischen Lexikon der Schweiz (HLS). Auch wenn über Dora Staudinger seit 2015 ein von Ruth Ammann verfasster Eintrag existiert und das HLS anlässlich des Frauenstreiks von 2019 um einige weitere Frauenbiografien ergänzt wurde, sprechen die Zahlen für sich: Rund 24 000 Biografien von Männern stehen rund 1200 Biografien von Frauen gegenüber. Nachzulesen in «Gleiches Recht auf Geschichte. 24 neue Artikel zur Frauen- und Gendergeschichte im HLS», www.infoclio.ch/en/gleiches-recht-auf-geschichte-24-neue-artikel-zur-frauen-und-gendergeschichte-im-hls (Abfrage 8.7.2020). Es besteht also weiterhin grosser Handlungsbedarf!

Lisia Bürgi

Simona Isler: **Politiken der Arbeit.** Perspektiven der Frauenbewegung um 1900.
Schwabe Verlag, Basel 2019 (272 S.)

Céline Angehrn: **Arbeit am Beruf.** Feminismus und Berufsberatung im 20. Jahrhundert.
Schwabe Verlag, Basel 2019 (338 S.)

Arbeit ist nicht gleich Arbeit und nicht einmal alle Arbeit gilt als Arbeit. Dass es sich bei dieser strukturellen Unhaltbarkeit weder um einen historischen Überhang noch um einen abgeschlossenen Prozess handelt, beleuchten die Dissertationen von Céline Angehrn und Simona Isler. Entstanden sind die beiden historischen Analysen im Rahmen des von 2012 bis 2015 an der Universität Basel angesiedelten SNF-Projekts (Schweizerischer Nationalfonds) «Differenzierungsarbeit. Aushandlungen von Arbeitskonzepten in Berufsberatung und Frauenbewegung (Schweiz, 20. Jahrhundert)».

Die Arbeiten zeichnen die Entwicklung der Konzeption von Arbeit im 20. Jahrhundert zwar mit unterschiedlichem thematischem Fokus nach, teilen aber theoretische Ansätze und methodische Vorgehensweisen. Beide arbeiten mit einem Feminismusbegriff, der grundsätzlich alles Handeln und Denken einschliesst, welches die Situation von Frauen verbessern will; und beide arbeiten mit der Methode der kontrastierenden Symmetrie. Das heisst, die jeweiligen Politiken werden in ihren jeweiligen historischen Kontexten zugänglich gemacht und ausschliesslich mit zeitgenössischen Gegenpositionen konfrontiert, ohne sie mit heutigen Deutungsschemata zu interpretieren: «Zeitnähere Feminismen werden nicht als per se ‹weiter entwickelt› oder fortschrittlicher verstanden.» (Angehrn, S. 23) Dadurch gelingt es den beiden Autorinnen, die heutigen «Arenen von Gleichstellungsbemühungen» (Isler, S. 17) als Resultat einer linearen Erfolgsgeschichte feministischer Kämpfe infrage zu stellen.

Simona Isler lässt in *Politiken der Arbeit – Perspektiven der Frauenbewegung um 1900* drei nationale Dachverbände zu Wort kommen: Den Schweizerischen Gemeinnützigen Frauenverein (SGF), den Bund Schweizerischer Frauenvereine (BSF) sowie den Schweizerischen Arbeiterinnenverband (SAV). So unterschiedlich die Perspektiven dieser drei Vereine auch waren, hatten sie doch auch gemeinsame Nenner: Sie alle sahen die fortgeschrittene Industrialisierung als Ursprung der gesellschaftlichen Neuordnung, auf welche sie reagieren mussten.

Für den BSF war beispielsweise klar, dass die industrielle Güterproduktion die Frauen ihrer Arbeit im Haus entledigt hatte. Denn was zuvor im Haushalt hergestellt wurde, konnte plötzlich billiger und besser in der Fabrik hergestellt werden. Das Haus hatte seine Legitimität als Arbeitsplatz eingebüsst und war zu einer Sphäre jenseits des gesellschaftlichen Lebens geworden. Deshalb mussten die Frauen «das Haus und die Arbeit darin verlassen, um neuerdings in der Welt tätig zu sein, wo sie Lohn, Bildung und Rechte einforderten» (S. 37). Während Hausarbeit neu organisiert werden musste – die Ideen reichten von genossenschaftlicher Organisation bis zur Entlohnung –, erwuchs aus der neuerlichen Erwerbstätigkeit der Frauen ausserdem ein Rechtsanspruch.

Ganz anders sah dies aus der Perspektive des SGF aus. Die Industrie hatte das Haus nicht in eine private Sphäre als Gegenstück zu Arbeitswelt und Politik verwandelt, nein: «Das Häusliche hatte sich in die Welt ausgebreitet und war neuerdings nicht mehr nur innerhalb des konkreten Hauses gefragt, sondern überall da, wo Menschen lebten und arbeiteten.» (S. 233) Um diesem Anspruch gerecht zu werden, mussten Frauen ausgebildet und erzogen werden. In logischer Konsequenz galt es, Haus- und Erziehungsarbeit als Beruf anzuerkennen. Und ebenso klar war, dass häusliche, sorgende und liebende Arbeit in allen Lebensbereichen, also auch in der Berufswelt, eine wichtige Qualifikation war.

Während sowohl SGF wie auch BSF die neue industrialisierte Arbeitsordnung für ihre Politiken nutzen konnten, sahen die Vertreterinnen des SAV in der aktuellen Situation kein Verbesserungspotenzial. Ihre Lebensrealität bestand aus Armut, auszehrender und gesundheitsschädigender Arbeit in der Fabrik inklusive Haus- und Familienarbeit, für die sie fast keine Zeit fanden. Aus ihrer Sicht musste der Kapitalismus überwunden, die Gesellschaft sozialistisch organisiert werden: «Die Trennlinie verlief nicht zwischen Haus und Fabrik, beziehungsweise zwischen der Arbeit im eigenen und derjenigen im fremden Haushalt, sondern zwischen Klassen – aber auch zwischen den Geschlechtern.» (S. 56) So war für die Arbeiter*innen die Forderung des BSF nach Egalität im Gesetz nicht nachvollziehbar. Sie brauchten «Sonderschutzgesetze», denn sie waren innerhalb der ausgebeuteten Klasse eine Klasse für sich. Ihr Zugang zu Zeit, Geld und Gesundheit war besonders prekär: Diesem Umstand musste Rechnung getragen werden.

Die unterschiedlichen feministischen Forderungen der drei Dachverbände ergaben sich aus den unterschiedlichen Arbeits- und Lebensrealitäten, denn: «Die von den gemeinnützigen Frauen politisierte hauswirtschaftliche Arbeit war nicht identisch mit der Hausarbeit, die vergesellschaftlicht oder bezahlt werden sollte. Die für die Frauen des BSF befreiende Berufsarbeit war etwas anderes als die erdrückende Lohnarbeit von Arbeiterinnen.» (S. 243).

Während all diese Politiken als gemeinsamen Aushandlungs- und Streitpunkt die Arbeit, ihre Definition, ihre Wertigkeit und ihre Verteilung hatten, fokussieren heutige gleichstellungspolitische Diskurse oftmals einzig auf die Erwerbsarbeit. So plädiert Isler in ihren Schlussbetrachtungen denn auch für eine Repolitisierung des Arbeitsbegriffs und kritisiert Gleichstellungsbemühungen, die sich in der «Angleichung der weiblichen Arbeitsbiografien an diejenigen der Männer» erschöpfen (S. 247).

Céline Angehrns Dissertation *Arbeit am Beruf – Feminismus und Berufsberatung im 20. Jahrhundert* knüpft an diesem Kritikpunkt an, indem sie die Politisierung von Arbeit untersucht, «wie sie sich in den unterschiedlichen Politiken der Zentralstelle für Frauenberufe in den 1920er-Jahren, der Akademischen Berufsberatung in der Mitte des 20. Jahrhunderts und der gleichstellungsorientierten Berufsberatung seit den 1980er-Jahren manifestierte» (S. 282). Mit Blick auf diese drei historischen Momente zeichnet Angehrn eine Entwicklung nach, die zu unserer heutigen Arbeitsorganisation in zwei geteilten Sphären – der Erwerbs- und der unbezahlten Hausarbeit – geführt hat und den Fokus heutiger Gleichstellungspolitik bestimmt.

Angehrn macht sichtbar, dass und inwiefern die Organisation von Arbeit in den 1920er-Jahren noch ein offenes und kontroverses Verhandlungsgebiet war. Die 1923 gegründete Zentralstelle für Frauenberufe prägte die Debatte massgeblich mit. Sie legte dabei nicht nur fest, welche von Frauen ausgeübte Tätigkeiten als

Beruf qualifizierten, sondern auch, wie solche Qualifikation über Ausbildung erreicht werden konnte. Darin forderte die Zentralstelle für Frauenberufe sowohl einen Berufsbegriff, der «neben bezahlter Arbeit auch die unbezahlte Hausarbeit von Ehefrauen umfasste», wie auch Zugang zu erwerbsbefähigenden Ausbildungen für Bürgertöchter, womit sie deren Ausschluss aus der Berufsgesellschaft problematisierten – wiederum unter Ausschluss der Fabrikarbeiterinnen, welche sich nicht in ihr Bild von «Frauenberufen» integrieren liessen (S. 112).

Am Beispiel von Martha Bieder, der ersten akademischen Berufsberaterin der Schweiz, die ihre Stelle zwischen 1931 und 1960 in Basel besetzte, zeigt Angehrn auf, wie die Institutionalisierung der berufsberaterischen Tätigkeit es ermöglichte, eine Expertise bezüglich Frauenberufen zu behaupten. Dabei war Bieders Definition der «gehobenen Frauenberufe», für die sie sich stark machte, weit breiter gefasst, als der Begriff vermuten lässt: Insbesondere pflegerische, soziale und pädagogische Berufe standen bei ihr hoch im Kurs; waren es schliesslich jene Arbeiten, die für das Funktionieren der Gesellschaft von höchster Relevanz waren. Komplementiert wird dieses Engagement mit Bieders Zeitgenossin Iris von Roten. Ihr zufolge «würde allen Frauen unter den bestehenden Verhältnissen, auch den gut ausgebildeten, Subjektwerdung, Entfaltung und Einflussnahme qua Beruf verunmöglicht» (S. 192).

Der Blick auf die Zeit zwischen 1980 und 1995 ermöglicht es schliesslich, «das Zusammentreffen der institutionalisierten feministischen Politik, welche mit dem Gleichstellungsartikel von 1981, dem revidierten Eherecht von 1988 und der Einrichtung von Gleichstellungsfachstellen in den 1980er-Jahren wichtige Erfolge erzielte, mit einer aktivierenden neoliberalen Arbeitsmarktpolitik» als ein Zusammenspiel zweier historischer Momente zu erfassen (S. 196).

In diesem Zeitraum setzte sich nicht nur der Beruf als wichtigster Parameter für gleichstellungspolitische Bemühungen durch, es wurde im Rahmen der Problematisierung von Geschlechterrollen auch festgeschrieben, wessen «Rolle» ausgedient hatte: Mädchen und Frauen mussten ihr «geschlechtstypisches» Verhalten hinterfragen und ablegen. So hiess es in einer Studie der Eidgenössischen Kommission für Frauenfragen im Jahr 1979 beispielsweise: «Unser Bericht beschreibt die Situation der Frau, indem er Mass nimmt an derjenigen des Mannes.» (S. 207)

Dass die Forderung nach ökonomischer Unabhängigkeit aus feministischen Bewegungen der 1970er-Jahre nur in stark reduzierten und markttauglichen Versionen Eingang in die institutionalisierten Gleichstellungskonzepte fand, macht Angehrn etwa am Beispiel von Alice Schwarzers Buch *Frauenarbeit – Frauenbefreiung* (1973) deutlich, denn: «Die angestrebte ‹revolutionierende Veränderung› war in Schwarzers Perspektive an gesamtgesellschaftliche, über eine verstärkte Berufstätigkeit von Frauen hinausgehende Veränderungen gebunden» (S. 264), an kollektive Haus- und Erziehungsarbeit oder generelle Reduktion der Lohnarbeitszeit beispielsweise. Diese massive Verkürzung der Gleichstellungskonzepte bringt Angehrn mit den Worten der Soziologin Ulrike Prokop auf den Punkt: «Das pragmatisch Machbare [...] wird formelhaft zusammengefasst, wobei die emanzipatorische Legitimation darin besteht, im Rahmen der institutionalisierten Zielvorgaben jeweils quantitativ ‹mehr› zu fordern; mehr Frauen in leitende Positionen etc.» (S. 267 f.)

Simona Isler und Céline Angehrn leisten mit ihren Dissertationen einen wichtigen Beitrag zur Feminismus- und Geschlechtergeschichte. Darüber hinaus ermöglichen es beide Arbeiten, die Konzeption von Arbeit als immer noch andauernden Aushandlungsprozess zu verstehen. Mehr noch: Als Prozess, der auch in Reaktion – nicht als logische Konsequenz einer historischen Entwicklung – auf feministische Forderungen zu lesen ist. Insofern eignen sich diese beiden Analysen feministischer Politiken des 20. Jahrhunderts hervorragend, um den Status Quo in seiner Selbstverständlichkeit zu hinterfragen; aber auch, um die damaligen Forderungen und Perspektiven in ihrer Vielfalt für heutige Feminismen anschlussfähig zu machen.

Mirjam Aggeler

Cristina Cattaneo, 2020: **Namen statt Nummern.** Auf der Suche nach den Opfern des Mittelmeers.

Rotpunktverlag, Zürich (208 S.)

In Lampedusa betreibt das Kollektiv Askavusa einen Raum, PortoM genannt. M steht dabei für *Mediterraneo, Migrazioni, Militarizzazione, Memoria, Mare, Madre.* PortoM beinhaltet auch einen Ausstellungsraum mit Objekten von MigrantInnen, von Askavusa am Strand oder auf dem sogenannten Schiffsfriedhof gesammelt und gereinigt. Gegenstände wie Kleider, Schuhe, Getränkeverpackungen, Zahnpastatuben, Banknoten bis hin zu Briefen und Koranen. 2014 war während der 1. Mai-Feiern ein Teil davon auch in der Alten Kaserne in Zürich zu sehen.

An dieses Museum, das keines sein will, erinnert der Buchumschlag von Cristina Cattaneos *Namen statt Nummern,* auf der Titelseite ein Plastikbeutelchen mit SIM-Karte, Medikamenten und Euro-Scheinen, auf der Rückseite eine Zahnbürste, nummeriert mit 390 065. Und hinter beiden, sowohl von PortoM in Lampedusa wie auch diesem Buch aus dem Rotpunktverlag, steht derselbe Grundgedanke: den Menschen auf der Flucht, ob lebendig oder tot, ihre Würde zurückzugeben.

Das Schiffsunglück vom 3. Oktober 2013 mit 366 Toten, nur wenige hundert Meter vor der Küste Lampedusas, war für Cristina Cattaneo ein tief prägendes Erlebnis, und so beginnt auch das erste Kapitel: «Oktober 2013 – den Toten einen Namen geben.» (S. 15) Cattaneo ist «auf der Suche nach den Opfern des Mittelmeers», wie der Untertitel des Buches heisst. Ihr Beruf: Forensikerin, Rechtsmedizinerin. Was in ihrem Mailänder Labor für forensische Anthropologie und Zahnmedizin Alltag ist, «menschlichen Überresten eine Geschichte, eine Identität und sogar ihre Würde zurückzugeben» (S. 18), ist bei den auf der Flucht im Mittelmeer ertrunkenen Menschen nie gemacht worden.

«Dabei weiss man, was es für Angehörige bedeutet, wenn sie in Ungewissheit über den Verbleib ihrer Liebsten leben müssen. Ohne Klarheit über den Tod können sie nicht anfangen zu trauern», meinte Cristina Cattaneo kürzlich in einem Interview in Bern mit der *Aargauer Zeitung* (16.5.2020). Und wiewohl die universellen Bestimmungen des humanitären Völkerrechtes und der Menschenrechte verlangen, dass Tote ihren Namen zurückbekommen, wird auf Opferidentifizierung nur zu gerne verzichtet. Das ist allerdings nicht immer so, wie Cattaneo feststellt: «Ich kann mich noch gut erinnern, wie in den Tagen nach dem Tsunami von Phuket in den Mailinglisten einschlägiger staatlicher und nicht staatlicher Organisationen Hunderte von Expertinnen und Experten anboten, sofort hinzureisen, um Hilfe zu leisten.« (S. 34)

Cattaneo ist schockiert, dass nun in der forensischen Gemeinschaft nichts dergleichen geschieht, nach all den Schiffbrüchen überfüllter Flüchtlingsboote, und so macht sie sich auf die Suche nach Verbündeten und einer Finanzierung ihres Unterfangens. In Zusammenarbeit mit der – europaweit einzigen – staatlichen Vermisstenbehörde Italiens, finanziert von ihrem der Universität Mailand angeschlossenen Labor sowie mit Hilfe von FachkollegInnen wird die Identifizierung der 366 Opfer vom 3. Oktober 2013 in Lampedusa zum Pilotprojekt. Die Ausgangslage ist dafür geeignet: Die Toten wurden relativ schnell geborgen (unauslöschlich die Bilder der an der Mole aufgereihten schwarzen Leichensäcke oder die 366 Särge im Hangar des Flughafens von Lampedusa), zuständig war nur eine Staatsanwaltschaft und alle 366 Leichen wurden einheitlich mit Fotos und DNA-Proben registriert. Zudem stammten die meisten Ertrunkenen aus Eritrea mit einer grossen Community in Europa.

Anschaulich beschreibt die Autorin die Vorbereitungen, wie sie und ihr Team ein Archiv mit allen Details über die Leichen und eine Art Totenbuch erstellten, und berichtet von den ganz praktischen Schwierigkeiten der Logistik in ihrem Arbeitsalltag. Am 1. und 2. Oktober 2014, kurz vor dem Jahrestag der Tragödie, kommt es dann zu den ersten Besuchen von Verwandten und Bekannten von vermissten Opfern und zu ersten Identifizierungen. Nach monatelanger forensischer Detektivarbeit wurden 35 eritreische Opfer identifiziert, 35 Menschen bekamen wieder Namen.

Am Rande gestreift wird auch das Schiffsunglück vom 11. Oktober 2013 zwischen Malta und Italien, bei dem die Opferzahl nur deshalb so hoch war, weil sich italienische und maltesische Behörden ein stundenlanges Kompetenzgerangel lieferten, während das Schiff mit hauptsächlich syrischen Flüchtlingen bereits am Sinken war. 22 Leichen wurden von den italienischen Behörden geborgen, 18 von Malta – rund 260 liegen wohl noch auf dem Meeresgrund. Dieses Drama war dann 2014 das auslösende Moment zur Gründung des Alarmphones von Watch The Med durch freiwillige AktivistInnen und diverse NGOs. Das Alarmphone ist eine Telefonnummer für Flüchtende, um Unterstützung und Rettung zu organisieren.

Schwerpunkt des Buches und grösste Herausforderung für Cattaneos Projekt ist der Schiffbruch eines ägyptischen Fischkutters am 18. April 2015, 96 Kilometer vor der libyschen Küste. Dieser wurde in Italien später als «Barcone» berühmt. In ein Schiff von 22 m Länge, 6 m Breite und 7 m Höhe pferchten die Schlepper fast tausend MigrantInnen. Spätere Berechnungen ergaben, dass sich fünf Personen einen Quadratmeter teilen mussten, alle in Fötusstellung.

Der italienische Staat wollte ein Zeichen setzen und beschloss, das Schiff aus 370 m Tiefe zu bergen. Cattaneo beschreibt diesen beispiellosen Kraftakt verschiedenster Behörden unter Leitung der Marine, der rund zehn Millionen Euro kostete und heute kaum mehr denkbar ist. In den ersten vier Einsätzen, die Cattaneos Team leisteten, konnten 169 Obduktionen vorgenommen werden. Dann, mehr als ein Jahr nach dem Unglück, erfolgte die Hebung des 140 Tonnen schweren Schiffes mit möglicherweise weiteren achthundert Leichen, der Aufbau einer Leichenhalle am Meer auf der italienischen Militärbasis Melilli in Sizilien, die Bergung der Opfer, die Kühllager, die Obduktionen, die Einsargung: alles präzis und so sachlich wie mitfühlend beschrieben. Das Zwischenergebnis dieses wohl einmaligen Aktes: «Wir hatten 528 Opfer obduziert, ebenso viele Proben inventarisiert und über zweitausend Knochen und 325 Schädel zusammengetragen.» (S. 183) Und damit konnte die eigentliche Arbeit beginnen.

Alle Beteiligten seien sich einig gewesen, dass der «Barcone» das perfekte Mahnmal sei und «ein Symbol für die Verzweiflung ganzer Generationen [...]. Das Schiff mahnt vor dem, was nie wieder passieren darf, oder vielleicht eher davor, wie einfach es ist, zu vergessen oder nicht hinschauen zu wollen» (S. 188). Deshalb beantragte Cattaneo einen Platz für das Schiff an ihrer Universität:

«Das Schiff repräsentiert nicht nur das grösste Mittelmeerunglück, es ist auch ein Sinnbild für diese an tragischen Ereignissen so reiche historische Epoche, die nicht in Vergessenheit geraten darf. Dieser Fischkutter voller sterblicher Überreste ist ein unvergleichliches Symbol für die Menschenrechtsverletzungen und die bisher grösste Katastrophe im Zusammenhang mit den Migrationsbewegungen dieses Jahrhunderts. Er zeugt auch von der einzigartigen Rolle Italiens in Europa, vom italienischen Engagement, diesen sterblichen Überresten von Menschen mit Würde zu begegnen und die Rechte der Nachkommen, Eltern und Geschwister der bei der Überfahrt Ertrunkenen zu wahren.» (S. 189)

Ein Platz für das Schiff wurde noch nicht gefunden, es steht immer noch am Pier der Marinebasis. 2019 stand es während zwei Monaten auf einer Mole an der Biennale von Venedig. Dem Schweizer Künstler Christoph Büchel war es gelungen, das Schiff unter dem Titel «Barca nostra» auszustellen. Er löste damit einen Sturm der Entrüstung im deutschen Feuilleton um die Frage aus, was das denn mit Kunst zu tun habe. Es ist nicht Kunst, es ist ein Mahnmal für die Schande Europas.

Flucht und Migration werden ein grosses Thema bleiben. Obwohl Europa alles daransetzt, die Festung uneinnehmbar zu machen und seine Grenzen stetig weiter vorverlagert bis weit in den afrikanischen Kontinent hinein (so weht z. B. im Niger die EU-Flagge), wird das Massensterben im Mittelmeer weitergehen. Cristina Cattaneos Buch ist nur zwischen den Zeilen eine Anklage gegen Europas Flüchtlingspolitik, aber ein sehr einfühlsames und eindringliches Plädoyer für mehr Menschlichkeit, und man wünscht diesem schmalen Band viele LeserInnen. Dass es stellenweise harte Kost ist und zu Tränen rührt, gehört dazu.

Daniel Scherf

Autor*innen

Jonas Aebi 1985, Redaktor *Widerspruch*, Stadtforscher, Basel

Mirjam Aggeler 1986, Geschäftsleiterin FemWiss, Biel

Orhan Akman 1975, politischer Gewerkschaftssekretär der Vereinten Dienstleistungsgewerkschaft (ver.di), Koordinator des Arbeitskampfes gegen Amazon in Deutschland, Berlin

Lisia Bürgi 1990, Historikerin, Doktorandin und Assistentin Universität Bern

Luisa Gehriger 1989, Doktorandin der Sozial- und Kulturgeografie der Universität Zürich, Basel

Eva Gelinsky 1961, freiberufliche Geografin und Agrarwissenschaftlerin, politische Koordinatorin der IG Saatgut, Baldegg

Christian Hänggi, Kommunikationswissenschaftler, Medienphilosoph und Amerikanist. Präsident der IG Plakat | Raum | Gesellschaft, Zürich

Christoph Henning 1973, je zur Hälfte Vater und Philosoph am Max Weber Kolleg der Universität Erfurt, Höchberg

Johanna Herrigel 1985, Wirtschaftsgeografin Universität Zürich

Wolfgang Hien, Arbeits- und Gesundheitswissenschaftler, Bremen

Lea Dora Illmer 1991, Master-Studentin (Philosophie und Geschlechterforschung) und Hilfsassistentin (Gendercampus Bern), Basel

Philippe Kellermann 1980, Herausgeber der *Ne znam – Zeitschrift für Anarchismusforschung*, Berlin

Julia Klebs 1977, Germanistin und Redaktorin *Widerspruch*, Basel

Nora Komposch 1993, Sozial- und Kulturgeografin, Doktorandin und Assistentin Universität Bern, Bern

Mira Liepold 1993, Sozialwissenschaftlerin, Mitarbeiterin am Institut für Politikwissenschaft Universität Wien, Wien

Urs Marti-Brander 1952, emeritierter Professor für Politische Philosophie, Universität Zürich, Cully

Andrea Mühlebach 1972, Ethnologin, Professorin am Department of Anthropology, University of Toronto, Toronto

Gabriela Neuhaus 1961, freischaffende Journalistin und Filmemacherin, Zürich

Gisela Notz 1942, Sozialwissenschaftlerin, Historikerin, Aktivistin, Redakteurin *Lunapark21*, Berlin

Lukas Peter, Dozent für Philosophie an der Universität St. Gallen und Käser im Toggenburg, Zürich

André Scheer 1972, ehemaliger Leiter des Ressorts Internationales der Tageszeitung *junge Welt*, aktuell im Bereich Branchenpolitik der ver.di-Bundesverwaltung im Fachbereich Handel tätig, Berlin

Daniel Scherf 1958, Zürich und Linescio

Niklaus Scherr 1944, Journalist, Alt-Gemeinderat, pensionierter Geschäftsleiter Mieterverband Zürich, Zürich

Beat Schneider 1946, emeritierter Professor für Kunst- und Designgeschichte an der Hochschule der Künste Bern (HKB), Bern

Nina Schneider 1964, Soziologin und feministische Aktivistin, Redaktorin *Widerspruch*, Zürich

Franziska Schutzbach 1978, Soziologin und Geschlechterforscherin, Basel

Baldassare Scolari Religionswissenschaftler und Dozent für Medienethik, Meilen

Bernhard Siegl 1990, Sozialwissenschaftler, Graz

Katharina Stengel 1965, Historikerin, Frankfurt a. M.

Peter Streckeisen 1975, Dozent am Departement Soziale Arbeit der Zürcher Hochschule für Angewandte Wissenschaften (ZHAW) und Privatdozent für Soziologie an der Universität Basel, Basel

Jutta Weber Technikforscherin und Professorin für Mediensoziologie an der Universität Paderborn